그림과 수식으로 배우는 토토 인공지능

통통(洞通)
사나 사물을 꿰뚫어
알거나 통하다

ILLUSTRATION DE MANABU JINKOU CHINOU GAIRON

ⓒ Tadahiro Taniguchi 2014

All rights reserved.
Original Japanese edition published by KODANSHA LTD.
Korean translation rights arranged with KODANSHA LTD.
through Shin Won Agency Co.

초판 1쇄 발행 2017년 9월 29일

지은이 타니구치 타다히로
옮긴이 심효섭
펴낸이 장성두
펴낸곳 제이펍

출판신고 2009년 11월 10일 제406-2009-000087호
주소 경기도 파주시 회동길 159 3층 3-B호
전화 070-8201-9010 / **팩스** 02-6280-0405
홈페이지 www.jpub.kr / **원고투고** jeipub@gmail.com
독자문의 readers.jpub@gmail.com / **교재문의** jeipubmarketer@gmail.com

편집부 이민숙, 황혜나, 이 슬, 이주원 / **소통·기획팀** 민지환, 현지환 / **회계팀** 김유미
교정·교열 이 슬 / **본문디자인** 황혜나 / **표지디자인** 미디어픽스
용지 신승지류유통 / **인쇄** 한길프린테크 / **제본** 광우제책사

ISBN 979-11-85890-94-4 (93000)
값 23,000원

제이펍은 독자 여러분의 아이디어와 원고 투고를 기다리고 있습니다. 책으로 펴내고자 하는 아이디어나 원고가 있으신
분께서는 책의 간단한 개요와 차례, 구성과 제(역)자 약력 등을 메일로 보내주세요.　　jeipub@gmail.com

그림과 수식으로 배우는 통통 인공지능

통통(洞通)
사타나 사물을 꿰뚫어
알거나 통하다

[Artificial Intelligence]

타니구치 타다히로 지음 | 심효섭 옮김

Jpub
제이펍

차 례

CHAPTER 1 인공지능을 만들자 · 1

CHAPTER 2 탐색(1): 상태 공간과 기본적인 탐색 기법 · 17

CHAPTER 3 탐색(2): 최적 경로 탐색하기 · 35

옮긴이 머리말

연일 화두가 되는 인공지능을 두고 많은 말이 오갑니다. 인공지능 덕분에 노동의 종말이 찾아와 모든 사람이 편리한 생활을 영위하리라는 희망적인 관측이 있는 반면, 인공지능이 사람의 일자리를 빼앗아 경제를 파탄 나게 할 것이라는 부정적인 관측도 있습니다. 그러나 어떤 입장을 취하든 우리가 인공지능을 주목하고 있다는 점은 같을 겁니다.

저도 학창시절에 인공지능 강의를 수강했습니다. 교양과목으로는 나름대로 흥미 있는 강의였지만, 솔직히 종강 이후에는 '도대체 이 내용을 어떻게 응용할 수 있을까?' 하는 의구심이 들었습니다. 이후 취업을 하면서 컴퓨터공학과를 졸업한 많은 사람을 만났지만, 인공지능 과목에 대한 평가는 대체로 제가 느낀 의구심과 크게 다르지 않았습니다.

이 책은 이런 의구심이 들지 않는 인공지능 교재를 염두에 두고 만들어졌습니다. 인공지능이 대체 무엇인지, '인공적인' 지능을 만드는 데 필요한 구성요소는 무엇인지 설명하며, 이 구성요소를 어떤 기법으로 갖춰 왔는지를 '바퀴오리 2호'라는 가상의 로봇과 이 로봇에 부여된 과제를 예로 들어 알기 쉽게 설명합니다.

상태 공간 및 탐색, 의사결정 등 이 책에 나오는 대부분 기법은 매우 고전적인 것들로, 오래되기는 하였으나 지금도 많은 영역에서 활용되고 있는 유용한 기법입니다. 또한, 자연어 처리나 강화 학습처럼 최근에 활발히 연구되는 주제에 대해서도 다룹니다. 인공지능이라는 학문이 어떤 과정을 통해 발전해 왔는지 앎과 동시에, 관련 분야의 다른 학문에도 이 책이 좋은 출발점이 되어 주기를 바랍니다.

마지막으로, 부모님, 아내 정이, 제이펍의 장성두 대표님, 담당자 이슬 님께 감사를 드립니다.

심효섭

머리말

~~~

이 책은 대학생이 배우기 쉽고, 교수님은 가르치기 쉬운 '인공지능 개론' 교과서를 목표로 쓴 책입니다. 20세기 후반부터 대학에서 가르치는 '인공지능'이라고 하면, 프로덕션 시스템이나 술어 논리 같은 1960년대 성행했던 연구 방법이 주로 다뤄졌습니다. 그러나 이들은 현재의 인공지능 연구 현장에서는 그다지 쓰이지 않는 도구입니다. 1990년대부터 소프트 컴퓨팅이나 머신러닝이 부상한 뒤로, 고전적인 인공지능 연구에서 다뤘던 내용이나 시간 순서를 따르는 지도법은 이젠 그 근거를 상당 부분 잃었다고 생각합니다. 인공지능이라는 학문이 시작된 지 50년이 훌쩍 지났으니, 이젠 인공지능 입문을 위한 지도법도 바뀌지 않으면 안 됩니다.

저는 리츠메이칸 대학 정보이공학부에서 '인공지능 개론' 과목을 두세 번 담당하였습니다. 수강생 수가 약 350명에 이르는, 학부에서 규모가 가장 큰 강의입니다. 2013년 강의에서 강의계획서와 수업 자료를 새로 개편하면서, 이 책의 주인공 '바퀴오리 2호'가 처음 등장했습니다. 바퀴오리 2호가 '성장해 나가는 이야기'를 기반으로 한 강의는 대학 내에서 화제가 될 만큼 높은 인기를 얻었습니다.

이 이야기를 전해 들은 고단샤 사이언티픽의 요코야마 신고 님이 책을 써 보지 않겠냐는 제안을 주셨습니다. 처음부터 강의 내용을 잘 정리해서 대학 외에도 널리 퍼뜨리고 싶은 뜻이 있었기 때문에 이를 기쁘게 받아들이기로 하였습니다.

이러한 이유로 이 책은 분명한 독자층을 갖고 있습니다. 이 책은 정보시스템 학부 2학년 이하의 학생을 대상으로 하는 인공지능 입문 교과서로 집필되었습니다. 따라서 고등학교 수학 과정을 마치고, 미적분, 선형대수 및 데이터 구조와 알고리즘의 기초(리스트, 그래프 등)에 대해서는 이미 알고 있다고 가정합니다.

앞에서 '인공지능 입문 수업의 지도법도 바뀌어야 한다'고 하였지만, 이 책에는 종래의 인공지능 교과서와 호환성을 갖추기 위한 현실주의적인 면도 있습니다. A* 알고리즘이나 술어 논리, 게임 트리, 자연언어 처리 기초 같은 인공지능 개론의 단골 분야는 이번에도 포함되어 있습니다. 그러므로 이 점에 대해서는 안심하고 기존 강의의 교과서로 사용할 수 있습니다. 한편으로, 머신러닝이나 로봇의 위치 추정 같은 비교적 새로운 내용도 야심 차게 포함시켰습니다. 이들이 균형 잡힌 구성을 갖도록 하는 것이 쉽지는 않지만, 바퀴오리 2호의 활약 덕분에 학생들에게 위화감이 들지 않는 정도로는 마무리할 수 있었다고 생각합니다.

이 책은 모두 15장으로 구성되어 있습니다. 대학 강의 교재로 쓰일 것을 가정하고, 평균 강의 횟수에 맞춰 집필하였습니다. 중간에 중간고사를 포함하는 경우에는 1, 2장을 첫 수업에 다루도록 구성하였습니다. 또, 15장은 강의자의 판단에 따라 가감할 수 있습니다.

인공지능은 지금부터 꽃을 피우게 될 학문입니다. 또한, 다양한 학문과 기술을 연결할 '허브'와 같은 존재이기도 합니다. 이 책을 시발점으로 하여 더 많은 사람이 인공지능이라는 학문을 좋아하게 되고, 공상과학 영화에 나오는 인공지능을 만드는 일에 공헌하게 되기를 바랍니다. 배우고 싶은 분이 많아진다면 더할 나위 없이 기쁠 것입니다.

교토 자택에서

타니구치 타다히로

베타리더 후기

🕊 김예리(링크잇)

아무것도 몰랐던 바퀴오리 2호가 인공지능을 갖춰나가는 여정을 함께하면서 인공지능을 배울 수 있어서 재미있었습니다. 인공지능에 이렇게 많은 이론과 수학이 들어가는지 이전에는 잘 몰랐습니다. 저처럼 아직 인공지능 지식이 많지 않은 분이라면 책이 조금 어려울 수 있습니다. 그러나 그럼에도 불구하고 인공지능 분야에 도전하고 싶은 분이라면, 인공지능 기술의 전체적인 흐름을 잡을 수 있는 좋은 책이 되어 줄 것입니다.

🕊 송영준

바퀴오리 2호를 발전시키면서 인공지능의 다양한 주제에 대해 배울 수 있는 구성이 재미있습니다. 실생활의 문제를 컴퓨터로 풀기 위해, 어떻게 문제를 정의하고 어떤 방법으로 해결하는지 배우는 책입니다. 다만, 많은 내용을 다루는 만큼 각 주제에 관해 깊이 있게 학습하기 위해서는 보조 자료가 필요할 수 있습니다.

🕊 유형진(데브구루)

바퀴오리 2호와 함께 떠나는 인공지능 학습서라고 할 수 있을 것 같습니다. 바퀴오리 2호에 인공지능을 부여하는 데 필요한 다양한 개념과 알고리즘, 기술 등을 이야기로 풀어 가며 설명합니다. 다만, 책 제목처럼 수식이 많이 등장하므로 수식을 이해하는 데 어려움을 겪는 독자라면 책을 끝까지 읽기가 어려울 수 있습니다.

✿ 이아름

어쩌면 어른을 위한 인공지능 동화일 것이란 생각이 들었는데, 그림으로 배운다고 무조건 쉽지는 않습니다. 그러나 그렇다고 너무 어렵지도 않습니다. 그리고 바퀴오리 2호는 귀엽습니다.

✿ 이요셉(솔루티스)

이보다 더 깔끔하고 명쾌한 인공지능 입문서는 본 적이 없습니다. 인공지능 관련 분야의 큰 그림을 한 번에 잡아 주는 책인 것 같습니다. 코딩보다는 수식이나 알고리즘으로 개념을 설명하는 부분이 많아 어려울 수도 있지만, 오히려 그런 점이 학습 의욕을 불태웁니다.

✿ 장윤하(안랩)

무지했던 가상 로봇을 단계적으로 '인공지능'으로 만든다는 독특한 설정 안에서, 저자가 촘촘하게 구성해 둔 시나리오대로 이야기가 펼쳐집니다. 마치 아기를 키우듯이 바퀴오리에 기능을 하나하나 탑재해 나가다 보니, 어느샌가 인공지능 구현에 필요한 핵심 기술을 이해하게 된 저를 발견할 수 있었습니다. 마지막에 집으로 돌아가는 바퀴오리 2호의 뒷모습을 보며 뭉클한 감동이 일 정도로 몰입하여 읽었던 것 같습니다.

제이펍은 책에 대한 애정과 기술에 대한 열정이 뜨거운 베타리더들로 하여금 출간되는 모든 서적에 사전 검증을 시행하고 있습니다.

1

인공지능을 만들자

스토리

이 책에서 펼쳐질 '바퀴오리 2호의 모험'은 인공지능으로 동작하는 가상의 로봇, 바퀴오리 2호를 주인공으로 하는 이야기이다. 바퀴오리 2호는 던전으로 들어가 던전의 출구에 있는 스핑크스를 물리쳐야 하는 임무가 있다. 던전에는 사람이 들어갈 수 없으므로 바퀴오리 2호는 완전히 자율적으로 이동하여 출구까지 가야 한다. 이런 로봇을 만들기 위해서는 최소한 어느 정도의 지적인 계산 처리가 필요할까?

최후의 적이 될 스핑크스는 이론적인 '수수께끼'를 던질 것이다. 이 수수께끼를 스스로 풀지 못하면 바퀴오리 2호는 죽음을 맞게 된다. 그럼, 바퀴오리 2호에 지능을 주도록 하자.

가정

• 바퀴오리 2호는 프로그램을 입력하면 자율적으로 이동할 수 있다.
• 바퀴오리 2호는 음성 입력, 시각 입력을 받을 수 있는 센서를 가지며, 만능 바퀴를 사용하여 어떤 방향으로든 자유롭게 이동할 수 있다.

그림 1.1 바퀴오리 2호에 인공지능을 탑재한다.

1.1 인공지능이란 무엇인가?

1.1.1 공상과학 작품에서 묘사된 인공지능

현대인이 갖고 있는 인공지능에 대한 이미지는 학문에서 말하는 것도, 기술적인 문서에서 말하는 인공지능도 아닌, 수많은 애니메이션이나 공상과학 작품을 통해서 형성된 것이다. 특히, 애니메이션이나 게임 문화가 발달한 일본에서 이런 경향은 더욱 두드러진다(그림 1.2). 이런 공상과학 작품에 등장하는 대부분의 인공지능이 학문적 근거를 갖는 것은 아니다. 그러나 이들은 우리가 갖는 인공지능에 대한 막연한 개념을 형성하고 있다. 이 인공지능은 소위 말하는 학문적인 인공지능과 완전히 같은 것은 아니다. 그러나 학문에서 정의하는 인공지능이 무엇이냐고 묻는다면, 대다수의 연구자들이 이 학문의 범위를 명확하게 설명하지 못할 것이다. 왜냐하면 학문으로서의 인공지능은 명확한 정의나 다른 분야와의 뚜렷한 경계를 갖지 않고, 인지 과학, 로보틱스, 머신러닝, 최적화 이론, 패턴 인식 기술, 자연어 처리 등 많은 분야와 인접해 있는 애매하고 복잡한 분야이기 때문이다. 인공지능이라는 학문은 선형대수나 미적분, 정보 이론 같은 학부 저학년에서 이수하는 다른 학문과도 다르며, 학문으로서의 기반이 조금은 불안정한 느낌도 있다. 인공지능이란, 하나의 확립된 이론 체계라기보다는 '인간의 지능을 만들고 싶다'라는 욕구로부터 형성된 아직 발전 중인 학문 체계라고 할 수 있다. 이런 의미로 보면, 애니메이션이나 공상과학 작품 속 인공지능의 이미지를 인공지능을 배우려는 동기로 삼아도 틀린 것은 아닐 것이다.

그림 1.2 **애니메이션이나 공상과학 작품에 나오는 로봇, 인공지능.** (왼쪽) 공각기동대 STAND ALONE COMPLEX의 '타치코마', (오른쪽) 소드 아트 온라인의 '유이'

1.1.2 학문으로서의 인공지능

선형대수나 미적분의 예를 들자면, 이들 학문은 긴 역사를 거쳐 기초적인 이론이 거의 고정화되고 완성된 학문이라 할 수 있다. 이에 비하면 인공지능은 미완성인 학문이라고 할 수 있는데, 이는 아직 누구나 인정할 만한 진정한 인공지능이 아직 만들어진 바가 없기 때문이다. 인공지능이라는 학문은 아직 변화하는 중인 동시에, 매우 많은 다른 학문과 연관된 학문이기도 하다. 단지 '지능을 만든다'는 목적만이 일관될 뿐이라고 할 수 있다. 그 때문에, 인공지능을 배우기 위해서는 광범위한 구성 요소를 구조화하고, 이를 지능을 만든다는 관점에서 공학적으로 접근할 필요가 있다.

이 책에서는 지능을 만든다는 관점으로부터 스토리에 기반을 두고 내용을 전개해 나가고자 한다. 또, 동시에 수학적인 기술을 과도하게 생략하지 않음으로써, 다양한 수리적 구성 요소가 어떻게 지능을 구성하는 데 공헌하는지 알 수 있도록 할 것이다.

이 책에서는 실제 세계에서 자율 로봇을 움직이는 것을 목표로 하여, 언어나 논리 같은 추상적인 지능으로부터 위치 추정이나 패턴 인식 같은 비교적 덜 추상적인 지능에 이르기까지 지식 시스템과 관련된 다양한 지식을 소개한다. 한편으로, 이 책은 '인공지능 개론'으로써 전체를 조망하되 적합한 순서를 따라 소개하는 데 주안을 두어 낱낱의 기술을 깊이 파고들지는 않을 것이다.

인간의 지능이란, 우리가 하는 모든 활동과 관련되므로 인공지능이라는 학문은 그 활동 하나하나를 구현할 수 있도록 구성하여야 한다. 이런 관점에서 생각해 보면, 인공지능이 광범위한 학문이라는 것을 자연스럽게 이해할 수 있다. 따라서 모든 것을 이해하려면 매우 많은 지식이 요구된다. 이는 지능 자체를 이해하겠다는 큰 목표에 도전하는 한 피할 수 없는 것이며, 이 학문의 숙명이라 해도 좋다. 이 책에서는 그중에서도 기본적이고 중요한 토픽을 추려 소개한다. 이 장의 남은 부분에서는 인공지능의 학문으로서의 간단한 역사와 유명한 철학적 문제를 소개하겠다.

1.2 인공지능의 역사

1.2.1 여명기(1950년대부터)

학문으로서의 인공지능은 20세기 중반부터 활발히 연구되었다. 그 시작은 20세기 전반부터 서서히 형성되기 시작한 컴퓨터 기술에 기반을 두고 있다. '인공지능'이라는 단어의 역사는 1956년 **다트머스 회의(Dartmouth conference)**로 거슬러 올라간다. 다트머스 회의에서 존 매카시(John McCarthy)가 처음으로 **인공지능(Artficial Intelligence, AI)**이라는 단어를 최초로 사용하였다. 다트머스 회의는 존 매카시가 마빈 민스키(Marvin Lee Minsky), 클로드 섀넌(Claude Elwood Shannon) 등과 함께 제안하여 개최되었다. 마빈 민스키는 프레임 이론을 제안하고 퍼셉트론이 선형 분리가 불가능한 패턴을 식별할 수 없다는 점을 지적하는 등 인공지능의 역사의 여러 부분에 영향을 미친 인물이며, MIT 인공지능 연구소의 창설자이기도 하다. 클로드 섀넌은 정보 이론의 창안자이며, 앨런 튜링(Alan Mathison Turing), 폰 노이만(John von Neumann)과 함께 현대 컴퓨터의 기초를 다진 인물이다. 다트머스 회의에서는 오랫동안 인공지능에 대한 논의가 이루어졌다.

이후 1980년대까지 인공지능에 대한 연구는 꿈과 희망에 가득찬 시기였다고 일컬어진다. 이 시기에 활발하였던 형식주의적 인공지능 연구를 **좋았던 옛 시절의 인공지능(Good Old Fashioned AI, GOFAI)**이라 부르기도 한다. 이 시기엔 주로 전문가 시스템이나 탐색 기법에 대한 연구가 이루어졌다. 또한, 체커나 체스 같은 보드게임에 대한 연구도 활발하였다. 사람의 이성적 혹은 논리적 정보 처리의 모사를 대상으로 하는 연구가 많았다.

GOFAI의 특징 중 하나로 **물리 기호 시스템 가설(physical symbol system hypothesis)**을 들 수 있다. 물리 기호 시스템 가설이란, '세계에서 벌어지는 모든 일은 기호로 치환할 수 있으며, 지능은 기호의 조작 형태로서 찾을 수 있다'는 내용으로, 본질적으로 기호 시스템 자체를 일반적 지식 활동의 필요충분조건으로 보는 가설이다.[1]

---

[1] R.Pfeifer, C.Scheier. Understanding Intelligence, 1999

그림 1.3에 물리 기호 시스템 가설에 따른 접근법을 도식으로 나타내었다. 현재 상태 X_1은 기호에 의해 내부 표현 R_1으로 부호화된다. 실세계에서 상태를 X_2로 변화시키기 위한 조작 T는 내부 표현 중에 이동 조작으로 대응시킬 수 있다. 이렇게 세계가 기호로 나타낸 내부 표현으로 치환될 수 있으므로 지능을 이 기호에 대한 조작으로 나타낼 수 있다는 주장이다.

그러나 기호 조작을 중심으로 하는 인공지능 연구는 그 한계가 점차 분명해져, 1980년대 이후로는 실세계의 행동을 어떻게 표현할지 또 실세계의 불확실성에 어떻게 대응할 것인지를 지능의 본질이라 보는 연구도 늘어났다.

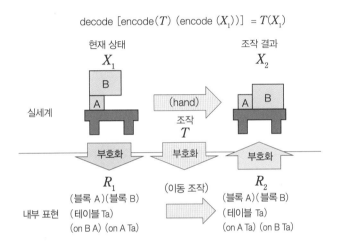

그림 1.3 **물리 기호 시스템 가설.** 실세계의 상황을 반영한 기호를 조작하고 그 결과가 실세계의 결과에 대응한다면, 내부 표현에 대한 기호 조작을 통해 지능을 나타낼 수 있다. [R. Pfeifer, C. Scheier 저, Understanding Intelligence, 1999에서 참조]

1.2.2 1980년대 이후

GOFAI의 접근법으로는 실세계에서 활동할 수 있는 로봇을 만들 수 없었다. 1980년대에는 로드니 브룩스(Rodney Brooks) 등이 이 점을 강도 높게 비판하고, 포섭 구조(subsumption architecture)를 중심으로 하는 행동주의 로보틱스를 주장하였다. 이들은 물리 기호 시스템 가설을 전혀 따르지 않고, 단순한 자극 응답 계통을 갖는 로봇을 구상하였다. 그리고 몸체를 가지며 환경과의 적극적인 상호작용을 통해 명시적인 기호 시스템이 없어도 실제 환경에서 기민하게 움직이는 로봇을 선보일 수 있었다.

이와 달리, GOFAI의 접근법을 따르는 연구도 계속되었다. 전문가 시스템에 대한 연구도 1970년대부터 활발히 이어지면서, 지식 공학이라는 새로운 학문을 낳았다. 일본에서도 추론 기능이나 지식 베이스를 갖는 컴퓨터를 만드는 것을 목적으로 한 제5세대 컴퓨터 프로젝트라는 국가 프로젝트가 추진되었다.

1990년대에는 보다 '말랑말랑한' 지능에 대한 관심이 높아져서, 1980년대 말부터 신경망이나 퍼지(Fuzzy) 이론, 유전적 알고리즘, 강화 학습 등이 큰 붐을 일으켰다. 이를 통칭하여 **소프트 컴퓨팅**(soft computing)이라 부르기도 한다. 그리고 지능을 만드는 것을 목표로 하는 것이 아니라, 그보다 더 원초적인 생명을 만들겠다는 목표로 인공 생명이라는 학문도 생겨났다. 인공 생명, 카오스, 프랙탈, 네트워크 과학이라는 키워드 아래 **복잡계**(complex system)라는 학문이 만들어져 인공지능의 인접 영역을 형성하였다.

1.2.3 2000년대 이후

2000년대에는 컴퓨터와 인터넷의 보급에 의해 이미지 인식이나 음성 인식, 자연언어 처리 등의 기술이 실생활에 활용되고, 인공지능에 대한 연구는 점점 더 폭넓은 정보 기술과 접목되었다. 또, 센서나 컴퓨터의 가격 하락에 힘입어, 실세계의 데이터를 대량으로 계측하고, 인터넷을 통해 공유할 수 있게 되었다. 그로 인해 이렇게 얻어진 대량의 데이터를 기반으로 하는 머신러닝이나 데이터 마이닝 기술이 주목받기에 이르렀다. 2010년대에는 머신러닝이 자연언어 처리나 이미지 인식, 음성 인식 같은 분야에서도 필수적인 기술로 여겨지게 된다. 이런 대량의 데이터는 빅데이터라 불리며 주목을 받고 있다.

인공지능의 2010년대까지의 역사는 위와 같이 요약할 수 있으나, 인공지능은 그 다면적인 특성 때문에 인공지능의 역사를 바라보는 관점도 다면적이다. 이 책에서 소개하는 자연언어 처리나 이미지 인식, 로보틱스와 같은 학문은 인공지능의 일부 혹은 인접 영역이라 할 수 있지만, 이들 학문에 더욱 다가가 보면, 각각의 관점에 따른 별개의 역사가 펼쳐진다. 신경망이나 강화 학습, 전문가 시스템 등도 독자적인 역사관이 존재하므로 이들 역사관에 대해서는 각각의 입문서를 참고하기 바란다. 인공지능은 '변함없는 중심'이 결코 존재하지 않는 학문으로, 다양한 구성 요소가 계층적 그리고 병렬적으로 함께 영향을 주고받으며 발전해 나가는 학문이다. 인공지능을 배우는 데 있어서 이 점을 염두에 두고, 다양한 관점에서 유연함을 견지하며 익히는 것이 매우 중요하다.

그리고 인공지능은 그저 정보 기술을 개발하기 위한 학문이 아니라, 인간의 지능을 이해하는 틀로서 기능하기도 한다. 인공지능 연구를 인지 과학이라는 학문의 일부로 간주하는 의견도 있다. 인간의 지능을 재현하는 과정을 통해 인간을 이해하려는 접근법을 **구성론적 접근법**이라 부른다. 인지 발달 로보틱스는 인지 심리학이나 발달 심리학, 그리고 로보틱스, 인공지능이 서로 만나는 부분에 영역을 형성한다. 또, 계산 이론적 신경학은 뇌신경과학과 인공지능, 로보틱스의 중간쯤에 해당한다. 그리고 내가 속한 연구 그룹은 기호 창발(symbol emergence) 로보틱스라는 영역을 개척하기 위해 노력하고 있다. 이들 관련 분야 외에도, 이렇게 구성론적으로 접근하려는 방법론은 인공지능의 중요한 한 측면이라고 할 수 있다.

1.3 인공지능의 기본 문제

1.3.1 프레임 문제

인공지능에는 다양한 문제가 있지만, 이들 중에서도 철학적인 문제를 포함하는 근본적 문제를 기본 문제라고 부른다. 이번 절에서는 인공지능에 대한 논제로서 반드시 알아 두어야 할 유명한 기본 문제를 소개하겠다.

인공지능의 기본 문제 중에서도 가장 유명한 것 중 하나가 **프레임 문제**(frame problem)이다. 이 문제는 물리 기호 시스템 가설과 관계가 깊다. 프레임 문제에 대하여 실제 예를 들어 설명하도록 하겠다.

예를 들어, 자율적으로 물체를 다루거나 운반하는 로봇이 있다고 하자(그림 1.4). 이 로봇은 방 안에 있는데, 이 방에 있는 책상 위에 폭탄이 있다고 하자. 이 로봇에게 "시한폭탄을 책상 위에서 집어 방 밖으로 가져가"라는 명령이 내려졌다. 이에 따라 로봇은 다음과 같이 행동하였다.

① 로봇 1호가 단순히 명령받은 대로 책상 위의 폭탄을 들어 올리자 폭탄이 폭발하였다. 책상과 접촉이 떨어지면 폭발하도록 하는 장치가 있었기 때문이다.

② 이를 보완하기 위해 로봇 2호는 모든 조건을 미리 고려하도록 만들어졌다. 그 결과로, 로봇 2호는 행동을 정지해 버렸다. 왜냐하면, 벽과의 거리, 온도, 책상과의 관계, 의자와의 관계, 빛이 들어오는 방향 등 실제 세계에서는 고려할 수 있는 것이 무한히 많았기 때문이다. 로봇이 모든 가능성을 따지는 사이에 시한폭탄은 폭발하고 말았다.

③ 다시 이를 보완한 로봇 3호는 불필요한 정보를 고려하지 않도록 개량되었다. 방으로 들어온 로봇 3호는 이 과제에서 '무엇이 상관없는지'를 하나하나 고려해 나간다. 벽과의 거리, 온도, 의자와의 관계가 상관없는지 따져 보는 사이에 시한폭탄이 다시 폭발하고 말았다.

결국, 모든 로봇이 문제를 해결하는 데 실패하였다. 로봇이 세계의 모든 것을 이해하고, 모든 가능성을 고려하려고 시도하여 계산 시간이 많이 걸렸기 때문이다. 이것이 프레임 문제이다. **일반화 프레임 문제**란, 외부 세계를 모두 기호적인 표현으로 나타낼 수 있다 해도, 실제 문제에서는 관계되는 대상의 수가 폭발적으로 증가하기 때문에 실시간으로 문제를 해결하기 어려워진다. 그러나 다른 한편으로, 이러한 문제는 로봇뿐 아니라 인간도 풀지 못하지 않느냐는 지적도 있다. 인간도 해결하지 못한다면, 왜 인간은 이 로봇과 달리 실제 세계에서 어려움 없이 활동할 수 있는 것일까? 이 점도 인공지능이 해결해야 할 큰 문제 중 하나다. 프레임 문제는 해결하지 않으면 안 되는 여느 공학적 문제와 달리, 철학적 문제 같은 측면도 갖고 있음을 의식할 필요가 있다.

그림 1.4 **프레임 문제.** 너무 많은 가능성을 고려하느라 동작할 수 없게 되는 로봇

1.3.2 튜링 테스트와 중국어 방

기계에 지능을 갖게 한다면, 기계가 무엇을 할 수 있어야 지능을 가졌다고 할 수 있을까? 이는 딱 잘라 공학의 영역이라고 하기 어려운 철학적 성격을 지닌 문제다. **튜링 테스트(Turing test)**는 기계가 지능을 가졌다고 할 수 있는지를 판정하기 위한 방법으로, 1950년에 앨런 튜링에 의해 고안되었다. 간단하게 말하면, 사용자와 기계가 컴퓨터 콘솔의 텍스트 문자를 통해 서로 대화하도록 한 뒤, 사용자가 대화 상대가 사람인지 기계인지 구분할 수 없다면 그 기계는 지능을 가졌다고 볼 수 있다는 것이 튜링 테스트의 아이디어다(그림 1.5). 외부에서는 들고나는(출입하는) 텍스트만을 관측할 수 있도록 하고, 지능을 가졌는지 여부를 판단하는 것이 특징이다.

이에 대해 철학자 존 설(John Rogers Searle)은 **중국어 방(Chinese Room)**이라는 이야기로 반론하였다. 이 이야기는 작은 방에 중국어를 알지 못하는 사람을 들어가게 한 후, 이 방에 중국어 문장이 적힌 종이를 밀어 넣어 대답을 적도록 하는 상황을 가정한다. 그리고 방 안에는 중국어에 대한 완전한 매뉴얼이 있다고 가정한다. 이 매뉴얼을 통해 주어진 문장에 대해 적절한 중국어 대답을 할 수 있을 것이다. 이때, 방 안에 있는 사람이 실은 중국어를 이해하지 못함에도 불구하고, 중국어를 사용할 수 있다고 평가된다는 점을 지적하는 이야기다.

그림 1.5 튜링 테스트. 사람이 콘솔을 통해 텍스트로 대화를 나눈 상대가 로봇인지 기계인지 판단하고 있다.

설은 이러한 이유로, 인공지능이 갖는 '기능'으로 지능을 가졌는지 여부를 판단하는 방식을 부정하였다. 이렇게 인공지능이 갖는 기능이나 동작을 보고 지능을 가졌는지 판단하자는 주장을 **기능주의**(functionalism)이라고 부른다. 튜링 테스트는 기계가 어떻게 동작하는지를 통해 지능을 가졌는지 판단하는 기능주의의 상징적인 예이며, 이러한 관점도 존재한다는 사실로 이해하면 될 것이다.

그러나 설의 비판도 단지 사고 실험에 지나지 않으며, 실제로 이 과업을 인공지능으로서 어떻게 구성할 것인지에 대해서도 다양한 논쟁이 발생하였기 때문에, 설의 비판도 타당하다고 하기만은 어려운 부분이있다. 또, 튜링 테스트도 텍스트를 통한 상호작용만을 허용하며, 실제 튜링 테스트에 합격한 로봇도 실제 사람과 같이 물체를 인식하거나, 움직이거나, 그 외 실제 세계의 과업을 수행할 수 있는 것은 아니다. 튜링 테스트도 지능을 측정하기 위한 한 가지 방법에 지나지 않는다는 점도 이해할 필요가 있다.

1.3.3 기호 접지 문제

기호 접지 문제(symbolic grounding problem)란, 1990년대에 스티븐 하나드(Steven Harnad)가 제안한 문제다. 물리 기호 시스템을 엄밀히 구현하든, 좀 더 완화된 방식을 취하든, 로봇이나 인공지능의 인식 상황을 기호로 표현하는 경우는 흔하다. 기호 접지 문제는 로봇 안에 구축된 기호 시스템에서 기호를 어떻게 실세계의 의미와 결부할 것인가에 대한 문제로, 반드시 고려해야 할 인공지능의 기본 문제다.

예를 들어, '사과'라는 기호를 컴퓨터가 알고 있다고 하자. 컴퓨터는 사과가 '붉다' 혹은 '먹을 수 있다'는 속성을 갖는다는 것도 알고 있다고 하자. 그러나 컴퓨터는 실제로 사과를 본 적도 먹어본 적도 없을 것이다. 이 컴퓨터가 과연 사과라는 말의 의미를 알고 있다고 할 수 있을까(그림 1.16)?

로봇에게 사과라는 기호를 가르칠 때, 로봇은 자기가 가진 센서 혹은 구동계를 통해 이 사과라는 말의 의미를 이해해야만 할 수도 있다. GOFAI적인 접근법에서는 기호를 실제 세계와 결부시키는 부분은 별것 아닌 문제로 치부되고, 기호화된 다음에 이루어질 이론적인 사고나 지식에 중점을 두었다. 그러나 실세계의 인식이나 단어, 기호를 해석하는 데는 매우 큰 불확실성이 따른다. 이 기호 세계와 실세계를 어떻게 연결할 것인지가 기호 접지 문제다.

한편으로, 애초에 사람과 다른 몸을 갖는 로봇이나 컴퓨터가 같은 기호에 같은 의미를 가질 수 있는지에 대한 문제도 있다. 예를 들어, '사과를 먹을 수 없는 로봇이 인간과 같은 의미로 사과를 이해할 수 있을까' 하는 문제와 같다. 이렇게 생각하면 원점으로 돌아가 기호가 필요한 이유부터 다시 생각할 필요가 있다. 기호가 처음부터 존재한다고 가정하고 인간이 로봇에 부여한 기호를 실세계와 연결한다는 생각은, 거꾸로 보면 로봇이 자신의 기호를 만들어내는 것 자체에 대한 문제인 **기호 창발 문제**(symbol emergence problem)라고도 할 수 있다.

그림 1.6 **로봇 입장에서의 사과와 사람 입장에서의 사과.** 서로 느끼거나 경험할 수 있는 것이 다르므로 사과의 의미도 달라질까?

1.4 바퀴오리 2호의 모험

1.4.1 2호가 왜 필요한가?

인공지능은 매우 넓은 의미를 갖는 개념이다. 또, 인공지능은 그 결과를 상상하기는 쉽지만, 이를 실현하기 위한 각각의 기술이 어떻게 연결되어야 하는지를 상상하기는 어렵다. 하나의 기술로 인공지능을 뚝딱 만들어 내는 것은 불가능하다. 인공지능을 실현하기 위해서는 탐색, 인식, 언어 처리나 자신의 위치 추정, 지도 학습 등의 요소 기술을 하나하나 습득하고, 이 기술들을 조합해야 한다. 인공지능의 실현을 위해 다양한 요소 기술이 필요하다는 것은 인간의 뇌가 다양한 활동을 수행하는 부위로 나뉜다거나, 우리의 감각이 청각, 시각 등으로 나뉘는 것과 같다고 할 수 있다. 어쩌면 미래에는 보다 근본적인 원리로 인공지능을 자동으로 생성할 수 있게 될지도 모르지만, 이는 아직 이루어지지 않았다. 이런 근본적인 원리에 도달하기 전에, 우리는 인간의 지능을 먼저 하나하나 이해해야 한다.

인공지능을 배우기 위해 탐색 기법, 언어 처리 등 개별적인 요소 기술만을 배우다 보면 '지능을 만든다'는 애초의 목표를 잃기 쉽다. 인공지능이란 배움의 대상이기 이전에 만들어 내야 하는 대상이기도 하다. 그러므로 '나는 인공지능 전체를 만들려고 한다. 무엇부터 하면 될까?'라는 생각을 갖는 것이 바람직하다. 그래서 이 책에서는 앞으로 우리가 만들어 갈 인공지능을 탑재하기 위한 몸체로써 가상의 자율 로봇 '바퀴오리 2호'를 주인공으로 삼으려고 한다.

이 책을 통해 지능을 부여하게 될 바퀴오리 2호는 그림 1.7과 같은 외관을 갖는다. 어딘가 얼빠진 듯한 이 로봇은 이 책의 첫 단계인 지금은 어떠한 지능도 탑재하고 있지 않다. 아무 지능도 갖지 않은 이 로봇을 서서히 지능을 갖도록 하는 이야기가 앞으로 이 책의 골자가 될 것이다.

이 책에서는 기본적으로 바퀴오리 2호의 하드웨어는 미리 결정해 둔 채, 소프트웨어 쪽을 만들어가는 방향을 취할 것이다. 단, 어떤 하드웨어를 갖추었는지가 인공지능을 구성하는 데도 중요한 문제인 만큼, 이 책에서는 15장에서 하드웨어의 발전이나 몸체의 중요성에 대해서도 다룬다.

그림 1.7 **바퀴오리 2호**

1.4.2 '바퀴오리 2호의 모험' 줄거리

자세한 이야기는 각 장의 도입부에 실린 스토리에서 차츰 진행해 나가겠지만, 큰 줄거리는 미리 밝히도록 하겠다. 바퀴오리 2호는 던전에 들어가서 던전의 출구에 있는 스핑크스를 쓰러뜨려야 한다. 던전 안은 미로처럼 되어 있고, 이 미로 안에는 보물 상자와 출구로 통하는 문이 있다. 이 외에도 던전 안에는 바퀴오리 2호를 방해하는 적과 함정도 있다. 미로는 그 구조를 미리 알 수 있는 층이 있는가 하면, 그렇지 않은 층도 있다. 스핑크스와의 싸움은 논리적인 수수께끼의 형태를 가지며, 스핑크스가 내는 수수께끼의 정답을 맞추면 스핑크스를 쓰러뜨릴 수 있다.

그동안 개발자는 바퀴오리 2호에 접근할 수 없다. 바퀴오리 2호는 완전히 자율적으로 이동하며 스핑크스를 쓰러뜨려야 한다. 자 그럼, 바퀴오리 2호에 어떤 기능을 탑재시켜야 할까?

1.4.3 바퀴오리 2호의 사양

바퀴오리 2호의 하드웨어에 대해서 잠시 설명하고 가도록 하자. 이번 절에서 다루는 내용은 이 책에서 바퀴오리 2호를 키워 가면서 독자가 실감할 수 있도록 하기 위한 설정이므로 읽지 않고 넘어가도 무방하다.

바퀴오리 2호는 바퀴로 움직이는 완전 자율 이동 로봇이다. 펭귄을 형상화하여 디자인되었지만, 오히려 오리에 가까운 모습 때문에 바퀴오리라는 이름이 붙게 되었다. 이전 모델인 바퀴오리 1호가 존재하지만 이 책에는 등장하지 않는다.

바퀴오리 2호의 다리 부분에는 왼쪽, 오른쪽, 뒤쪽에 각각 옴니휠이 달려 있다. 옴니휠이란 바퀴의 가장자리에 자유롭게 회전할 수 있는 롤러가 달린 바퀴로, 일반적인 바퀴는 차체를 앞뒤로만 움직이지만 옴니휠은 차체를 좌우로도 움직일 수 있게 한다. 바퀴오리 2호는 이런 옴니휠을 3개 장착하고 있어서 앞뒤뿐만 아니라 좌우 이동도 동시에 할 수 있다. 바퀴오리 2호는 자동차처럼 핸들을 돌려서 우회전 혹은 좌회전을 하는 게 아니라 측면으로도 이동이 가능하다. 이 때문에 바퀴오리 2호를 움직일 때는 진행 방향에 대한 제약이 거의 없으므로 이동 계획을 짜기에 편리하다.

바퀴오리 2호의 머리 위에 달린 깔때기 모양의 물체는 360도 카메라 거울이다. 360도 카메라는 위를 보도록 카메라가 달려 있고 깔때기 모양의 거울에 반사된 주변의 시야를 촬영하여 360도 전방향 영상을 얻는다. 바퀴오리 2호는 이 360도 카메라를 이용하여 스스로 회전하지 않고도 주변의 영상을 찍을 수 있다. 예를 들면, 뒷면이나 측면에 벽이 있는지 없는지 같은 정보를 이 카메라를 통해 인식할 수 있다.

그러나 360도 카메라는 넓은 범위의 영상을 찍기 위해 해상도가 낮아지는 경향이 있다. 그래서 눈앞에 있는 물체의 이미지 인식 등 더욱 자세한 정보가 필요한 경우를 위해, 사람의 눈에 해당하는 부분에 고해상도 CCD 카메라를 2대 장착하고 있다. 카메라가 2대이므로 대상이 되는 물체에 대해 대략의 3차원 정보를 얻을 수도 있다.

바퀴오리 2호는 음성 인식과 음성 합성 기능을 통해 다른 사람이나 로봇과 대화를 할 필요가 있다. 음성 합성의 결과를 출력하기 위해 입 부분에 스피커가 장착된다. 또, 음성 입력은 그림 1.7에는 보이지 않지만 여러 개의 지향성 마이크가 숨겨져 있다.

또, 몸체 안에는 고성능 컴퓨터가 내장되어 있다. 특별히 OS를 한정 지을 필요는 없지만, 여기서는 무료로 사용 가능한 Linux를 사용하는 것으로 한다. 그리고 장시간 운용이 가능한 리튬이온 배터리가 몸체 바닥부분에 장착되어 있다.

추가로 설명하자면, 좌우에 손처럼 보이는 것은 손이 아니라 흡배기구의 뚜껑이다. 흡배기구 안에는 대형 팬이 달려 있어서 컴퓨터나 모터에서 발생하는 열을 방출한다. 우천 시에는 뚜껑을 닫아서 침수를 방지한다. 머리 부분에 머리털처럼 보이는 것은 안테나다. 목에는 붉은 머플러를 감고 있는데, 이것은 그냥 장식이다.

이 책의 나머지 부분에서는 이와 같은 하드웨어를 갖추었다는 전제로부터 바퀴오리 2호가 멋지게 활약할 수 있도록 지능을 만들어 가도록 하겠다.

📎 **정리**

- 인공지능이라는 학문의 특징과 대략적인 역사를 훑어보았다.
- 인공지능의 기본적인 문제인 프레임 문제와 기호 접지 문제를 배웠다.
- 기능주의적 관점에서 지능의 유무를 확인하는 튜링 테스트를 배웠다. 그리고 이에 비판적인 관점인 중국어 방의 비유를 배웠다.

1. 인공지능이라는 단어가 처음 사용되면서 인공지능에 대한 연구의 시작이자 기념비적인 이벤트로 여겨지는 다트머스 회의가 열린 것은 몇 년도의 일인가?

2. 튜링 테스트란 무엇인지 설명하라. 또, 현재 소셜 미디어에는 봇(bot)이라 불리는 대화형 에이전트가 있다. 이 봇 중에 튜링 테스트에서 지능을 가진 것으로 판정된 봇이 있는지 조사하고, 자신의 의견을 서술하라.

3. 바퀴오리 2호가 외부 세계를 지각하기 위해 갖는 센서 계통 세 가지와 외부 세계를 조작하기 위해 갖는 넓은 의미의 구동계를 두 가지 열거하라.

그림과 수식으로 배우는
통통 인공지능

2

탐색(1):
상태 공간과 기본적인 탐색 기법

스토리

바퀴오리 2호는 던전에 들어가 보물 상자나 출구 등을 찾아야 한다. 바퀴오리 2호는 보물 상자에 들어 있는 아이템이나 보물을 입수하면서 출구에 빠르게 도달하고, 스핑크스를 쓰러뜨린 다음 돌아와야 한다.

던전 안은 미로 구조로 되어 있다. 이 미로를 그저 더듬으면서 나아가서 출구에 도달할 수도 있지만, 같은 곳을 뱅뱅 돌 수도 있고, 막다른 길에 도달할 수도 있을 것이다. 그럼 어떻게 해야 효율적이고 확실하게 보물 상자나 출구를 찾을 수 있을까?

가정

- 바퀴오리 2호는 미로의 완전한 지도를 갖고 있다. 단, 지도에 출구 위치는 나와 있지 않다.
- 바퀴오리 2호는 미로 안에서 자신의 위치가 어디인지 알 수 있다.
- 바퀴오리 2호는 연속적인 미로 공간을 이산적 상태 공간으로 적절하게 구성할 수 있다.
- 바퀴오리 2호는 원하는 (물리적으로 연결된) 장소와 상태에 도달할 수 있다.

그림 2.1 미로 안에서 보물 상자를 발견한 바퀴오리 2호

2.1 상태 공간 표현

2.1.1 로봇과 상태 공간

바퀴오리 2호는 환경과 상호작용하며 주변 상황을 인식하고 행동한다. 이렇게 바퀴오리 2호의 지각과 행동이 순환하는 것을 수리적으로 포착하고, 이를 컴퓨터에 나타내는 것이 지능을 만드는 일의 첫 단계가 된다. 로봇이 자신의 상태 인식과 행동을 나타내는 방법이 넓은 의미의 **상태 공간 표현**(state space representation)이다.

로봇은 **센서계**(sensor system)와 **구동계**(motor system)를 갖는다. 일반적으로 로봇이 환경으로부터 정보를 읽어 들이기 위한 장치의 그룹을 센서계, 로봇이 환경에서 활동하기 위한 장치의 그룹을 구동계라 부른다. 센서계를 감각계, 구동계를 운동계라고 부르기도 한다. 센서계는 적외선 센서, GPS, 자이로 센서 등 무엇이든 제한을 두지 않는다. 구동계 역시 로봇 팔, 서보 모터, 기압 액추에이터 등 종류에는 제한이 없다. 여기서 말하는 환경은 광범위한 개념으로, 다른 로봇이나 인간을 환경에 포함하는 경우도 있다.

로봇은 스스로 구동계를 이용하여 환경과 상호작용하고, 이를 통해 스스로와 환경의 상태에 변화를 가한다. 그리고 그 결과에 대한 정보를 다시 자신의 센서계로 읽어 들이는 식으로 행동하게 된다(그림 2.2). 이제 이런 상황을 수학적으로 나타내도록 하자.

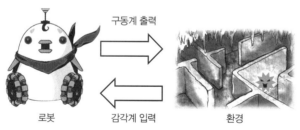

구동계 출력

로봇　　　감각계 입력　　　환경

그림 2.2 **로봇과 환경의 상호작용**

2.1.2 시스템의 모형화와 불확실성

로봇과 환경의 상호작용은 어떤 시스템으로 볼 수 있다. 이 시스템은 현실적 규모에서는 복잡하고 불확실성이 높으며, 단순한 수식으로 완전히 나타내기 어려운 '잘 알 수

18 CHAPTER 2 탐색(1): 상태 공간과 기본적인 탐색 기법

없는 것'이다. 그러나 이를 그냥 잘 알 수 없는 것인 채로 두면 로봇을 어떻게 움직일지 정할 수가 없다. 그래서 우리는 "이렇게 파악하자. 이렇게 파악하면 아주 틀리지는 않을 거야."라는 식으로 시스템을 수리적으로 나타낸다. 이를 **모형화**(modeling)라 부른다.

시스템을 모형화할 때, 불확실성을 어떻게 다룰 것인지는 매우 중요한 문제다. 실세계에는 항상 불확실성이 존재한다. 이때 불확실성이란 앞으로의 상태나 직접 관측할 수 없는 현재 혹은 과거의 상태가 확정적으로 결정되지 않고, 확률적으로 결정되는 혹은 아예 알 수 없는 성질을 가리킨다.

예를 들어, 내일의 날씨는 아무리 애써서 예상하려고 해도, 확실하게 맞추기는 어렵다. 공을 정해진 투구 폼으로 던진다고 해도 비거리는 던질 때마다 달라진다. 스스로의 무의식적인 근육 사용이나 풍향 등이 미묘하게 달라지기 때문이다. 실세계의 이러한 불확실성을 포함하는 형태로 시스템을 나타내려면, 시스템의 표현에 확률 개념을 도입할 필요가 있다.

이와 달리, 이런 불확실성을 무시해도 좋다고 판단한다면, 확률적인 영향을 포함하지 않도록 모형화하여도 무방하다. 예를 들어, 루빅큐브는 한 번 회전시킨 뒤의 상태가 어떻게 회전시키느냐에 따라 한 가지로 정해지므로 상태의 변화는 결정적이라고 할 수 있다. 또, 공중에 던져진 공의 운동도 초기 속도만 안다면, 거의 오차 없이 운동을 예측할 수 있기 때문에 불확실성이 없다고 할 수 있다.

불확실성 없이 행동 후의 상태가 한 가지로 정해지는 시스템을 **결정적 시스템**(deterministic system)이라고 하고, 행동 후의 상태가 한 가지로 결정된 것이 아니라 확률적으로 변화하는 시스템을 **확률적 시스템**(stochastic system)이라고 부른다. 로봇이 행동을 취한 후의 결과는 물리적으로 결정되는 경우가 많으므로 결정적 시스템이라 생각할 수 있지만, 반드시 그렇지만은 않다. 로봇의 이동에도 예측할 수 없는 외부의 바람이나 충돌, 지면의 미끄러짐 등의 영향으로 행동의 결과가 변화한다. 그렇기 때문에 확률적 시스템으로서 모형화하는 쪽이 나을 때가 많다. 또, 실제로는 결정적인 환경이지만, 그 환경과 상호작용하는 주체에 따라 확률적으로 보이는 경우가 있다. 예를 들어, 마작을 하고 있는 사람을 생각해 보자. 게임이 시작되면 패가 쌓여 있는 상태로부터 어떤 패가 어떤 순서대로 나올지는 이미 확정되어 있다. 그러나 게임을 하고 있는 사람은 미래를 확률적으로만 이해할 수 있다. 그 때문에 마작 게임에 참가한 사람 한 명의 입장에서는 마작은 확률적인 게임이라 생각하고 모형화하는 것이 타당할 것이다.

이 책에서는 먼저 5장까지 결정적 시스템만을 다룰 것이며, 6장부터 확률적 시스템을 다룬다.

2.1.3 연속 시스템

상태 행동 변수를 연속값으로 보느냐 이산적으로 보느냐에 따라 로봇과 환경의 상호작용을 나타내는 수식이 바뀔 수 있다. 시스템 제어 이론이나 역학에서는 연속적인 상태 공간으로 나타내는 경우가 많다. **연속 시스템**(continuous system)은 통상적으로 시간 간격 t에 대해, 상태와 행동을 유한차원 실벡터인 **상태 벡터**(state vector) x_t와 **행동 벡터**(action vector) u_t로 다음과 같이 정의된다.

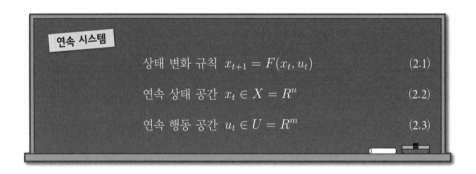

연속 시스템

$$상태\ 변화\ 규칙\quad x_{t+1} = F(x_t, u_t) \tag{2.1}$$

$$연속\ 상태\ 공간\quad x_t \in X = R^n \tag{2.2}$$

$$연속\ 행동\ 공간\quad u_t \in U = R^m \tag{2.3}$$

여기서 X와 U는 각각 상태 벡터 공간과 행동 벡터 공간을 나타내며, F는 상태 벡터 x_t와 행동 벡터 u_t를 입력으로 받아 다음 시각의 상태 벡터 x_{t+1}을 함숫값으로 하는 함수다. 그리고 이 책에서는 벡터 변수를 특별히 대문자로 나타내거나 위에 화살표를 붙이는 표기를 사용하지는 않을 것이다. 맥락에 따라 해석하기를 바란다.

예를 들어, 그림 2.3과 같이 두 바퀴로 이동하는 로봇은 자신의 위치 (x_t^{pos}, y_t^{pos})와 방향 θ_t^{pos}로 상태 x_t가 기술된다($x_t = (x_t^{pos}, y_t^{pos}, \theta_t^{pos})$). 행동은 좌우 바퀴의 속도 $u_t = (v_t^R, v_t^L)$로 기술된다. 다시 말하면, 상태 공간은 3차원, 행동 공간은 2차원으로 표현된다.

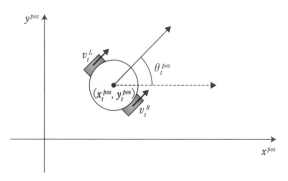

그림 2.3 **두 바퀴로 이동하는 로봇의 상태 공간**

여기서 시간은 이산적으로 고려한다. 시간 방향도 연속적으로 고려하면 미분방정식계가 된다. 시스템 제어 이론에서는 시간 방향도 연속적인 시스템을 다루는 경우가 많다. 시간 방향에 연속적인 미분방정식계는 오일러 방법과 같은 근사 기법으로 이산 시간으로 변환할 수 있다. 물체나 로봇을 제어하는 데는 이런 연속적인 상태 공간을 다루는 경우가 많지만, 이 책에서는 다루지 않는다. 이 책에서는 다음 절에서 설명할 이산 시스템만을 다루기로 한다.

2.1.4 이산 시스템

이산 시스템(discrete system)은 **상태**(state)와 **행동**(action)이 모두 이산값 중 하나를 값으로 갖는다. 연속 상태 공간에서는 상태를 x_t, 행동을 u_t로 나타내는 경우가 많지만, 이산 상태 공간은 상태를 s_t, 행동을 a_t로 다음과 같이 나타낸다.

이산 시스템

$$\text{상태 변화 규칙} \quad s_{t+1} = f(s_t, a_t) \tag{2.4}$$

$$\text{이산 상태 공간} \quad s_t \in S = \{1, 2, \ldots, \#(S)\} \tag{2.5}$$

$$\text{이산 행동 공간} \quad a_t \in A = \{1, 2, \ldots, \#(A)\} \tag{2.6}$$

이 식의 #(·)는 집합이 갖는 원소의 수를 나타내는 함수다. 그리고 S와 A는 각각 상태 집합과 행동 집합을 나타낸다.

원래의 공간이 연속적이었던 경우, 연속적인 상태로부터 이산적인 상태 공간을 만드는 것을 **기호화**(symbolization)라 부르기도 한다. 기호화라고 하면 '의미를 갖는 단위'로 분할하여 이산적 상태 공간을 만드는 것을 가리키는 경우가 많다. 실세계에서는 인간의 인식 없이 이산적인 상태가 존재하는 경우는 거의 없고, 기호화 자체가 인간의 지능에 의한 것이라 할 수 있다. '어떻게 로봇이 환경을 기호화하도록 할 것인가' 하는 것도 인공지능의 주요한 문제 중 하나다. 적절하게 기호화할 수 있다면, 컴퓨터로 다루기 어려운 연속 시스템 문제를 상대적으로 다루기 쉬운 이산 시스템 문제로 변환할 수 있다.[1]

이렇게 상태 공간으로 정의할 수 있는 개념은 매우 다양하다. 연속적인 공간을 기호화하여 얻은 이산 상태 공간뿐만 아니라, 그림 2.4와 같이 로봇의 감정 상태를 '기쁨, 보통, 슬픔'의 세 가지 상태로 정의하여 감정의 상태 공간을 만들듯이 다양한 대상을 상태 공간 표현으로 도입할 수 있다.

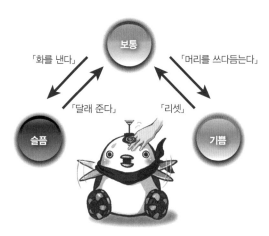

그림 2.4 **기쁨, 슬픔, 보통의 상태 변화**

---

[1] 반대로 이산적인 문제를 연속적으로 다루거나, 연속적인 문제를 그대로 연속적으로 다룰 때 더 간단해지는 경우도 있다.

A, S의 원소는 반드시 자연수일 필요는 없다. 여기서는 표현을 간소화하기 위해 대표적으로 자연수로 인덱스를 정의하였다. 예를 들면, 행동 공간의 원소로써 $A = \{\text{"move"}, \text{"stop"}\}$처럼 로봇의 동작명을 사용하는 경우도 많다.

2.1.5 이상 시스템과 그래프 표현

이산 결정적 시스템에서는 $s_{t+1} = f(s_t, a_t)$에 의해 상태 변화를 나타낸다. 이것은 상태가 s_t일 때 행동 a_t를 취하면 상태가 s_{t+1}로 바뀐다는 것을 의미한다. 다시 말하면, a_t와 (s_t, s_{t+1})의 쌍을 동일시할 수 있다는 것이다. 간단한 감정 표현에 대한 이산 상태 공간의 예를 들어 보자. 그림 2.4를 보면, '기쁨, 보통, 슬픔'의 세 가지 상태가 있고, '보통'에서 머리를 쓰다듬는 행동을 하면 상태가 '기쁨'으로 바뀐다. 이 경우 그래프의 **노드(node)**가 상태, 화살표가 행동에 해당한다. 이 화살표는 **유향 에지(directed edge)**라고 부른다. 일반적으로 유향 에지는 노드와 노드 사이를 연결하므로 유향 에지는 노드 두 개의 조합으로 나타낼 수 있다. 이 때문에 이산 결정적 시스템은 상태의 쌍과 행동을 같은 것으로 볼 수 있으므로 (보통, 기쁨) 쌍과 '머리를 쓰다듬는' 행동을 같은 것으로 볼 수 있다. 따라서 이산 결정적 시스템은 노드와 유향 에지로 구성된 그래프로 나타낼 수 있다. 이를 상태 공간의 **그래프 표현**이라고 부른다.

2.2 미로의 상태 공간 구성

2.2.1 칸 단위의 상태 공간 구성

바퀴오리 2호가 미로에 들어간다. 이때 바퀴오리 2호는 미로의 완전한 지도를 가지고 있다고 가정한다. 이 미로의 지도를 그림 2.5에 실었다. 어떻게 하면 이런 지도를 통해 이산 상태를 갖는 결정적 시스템에 대한 상태 공간을 구성할 수 있을까?

익히 해 본 미로 탈출 게임의 요령을 떠올려 보면, 한 칸 한 칸을 하나의 상태로 보는 것을 우선 생각해 볼 수 있다. 이 방법으로 구축한 상태 공간을 나타낸 그래프를 그림 2.6에 실었다. 각각 이웃하는 상태 사이는 양방향 이동이 가능하므로 노드 사이는

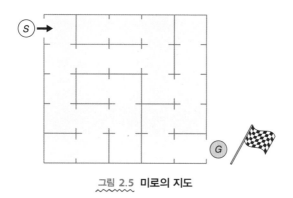

그림 2.5 미로의 지도

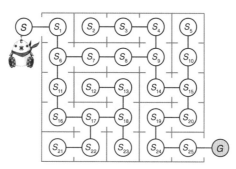

그림 2.6 미로의 상태 공간(한 칸에 한 개의 상태)

무향 에지(undirected edge)로 연결된다. 무향 에지는 유향 에지가 양쪽 다 걸쳐져 있는 것과 같은 의미다.

이렇게 이산적 상태 공간을 구성하였다. 그러나 한편으로 비효율적인 표현이라는 것도 알 수 있다. 예를 들어, S_7, S_8, S_9 사이에는 분기가 존재하지 않고, 일직선으로만 진행할 수 있다. 달리 말하면, S_7, S_8, S_9 사이에는 행동을 선택할 수 없다. 그렇다면, 이들을 축약하여 표현하는 것이 문제를 단순하게 해 주지는 않을까?

2.2.2 분기와 막다른 길의 상태를 갖는 상태 공간 구성

이제 '분기'와 '막다른 길'에 대해서만 상태를 두는 상태 공간을 구성해 보자. 분기와 막다른 길만을 노드로 하고, 이들을 무향 에지로 연결한 그래프를 그림 2.7에 실었다.

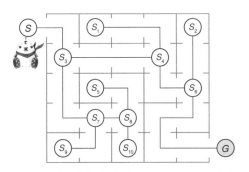

그림 2.7 **미로의 상태 공간**(분기와 막다른 길을 상태화함)

그림 2.7의 노드를 상태 기호로, 에지를 그 시작점과 끝점 상태의 조합으로 나타내고 이를 집합으로 표기하면, **상태 집합**(state set) S와 **행동 집합**(action set) A는 다음과 같이 나타낼 수 있다. 이런 방법으로 **탐색**에 쓰일 그래프를 얻을 수 있다.[2]

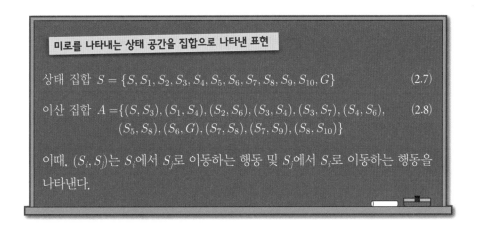

미로를 나타내는 상태 공간을 집합으로 나타낸 표현

상태 집합 $S = \{S, S_1, S_2, S_3, S_4, S_5, S_6, S_7, S_8, S_9, S_{10}, G\}$ (2.7)

이산 집합 $A = \{(S, S_3), (S_1, S_4), (S_2, S_6), (S_3, S_4), (S_3, S_7), (S_4, S_6),$ (2.8)
$(S_5, S_8), (S_6, G), (S_7, S_8), (S_7, S_9), (S_8, S_{10})\}$

이때, (S_i, S_j)는 S_i에서 S_j로 이동하는 행동 및 S_j에서 S_i로 이동하는 행동을 나타낸다.

2.2.3 물체를 조작하는 과업의 상태 공간 구성

미로는 이산 결정적 시스템으로 모형화할 수 있는 하나의 예에 지나지 않는다. 이산 상태 공간으로 나타낼 수 있는 시스템에 대하여, 초기 상태로부터 목표 상태로 시스템을 이동시키기 위한 과업은 미로와 마찬가지로 상태 공간 내의 경로 탐색 문제로 귀결된

---

[2] 이 그래프가 트리 구조를 갖는 경우에는 **탐색 트리**(search tree)라고 부른다.

다. 또 하나의 예로, 로봇에 의한 물체 조작 과업을 살펴보자. 상자와 봉제 인형이 있고, 이들이 놓일 수 있는 장소가 세 군데 있다고 하자. 상자 위에 봉제 인형을 놓을 수는 있지만, 봉제 인형 위에 상자를 놓을 수는 없다. 로봇은 상자나 봉제 인형 중 하나만을 들어 올려 임의의 장소로 이동시킬 수 있고, 양쪽을 동시에 이동시킬 수는 없다. 그림 2.8에 이 상태 공간에 대한 그래프 표현을 실었다. 이 과업은 왼쪽 끝에 상자가 놓이고 그 위에 봉제 인형이 놓인 상태로부터 오른쪽 끝에 상자가 놓이고 다시 상자 위에 봉제 인형이 놓인 상태로 이동하는 것과 같은 목적을 가질 수 있다.

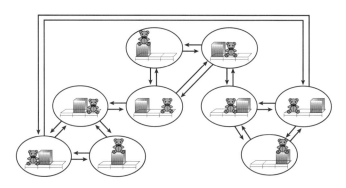

그림 2.8 **물체 조작 과업의 상태 공간 도식**

2.3 기본적인 탐색

2.3.1 지식을 이용하지 않는 탐색

상태 공간의 표현을 얻었다면, 바퀴오리 2호가 다음으로 할 일은 상태 공간 안에서 보물 상자와 목표 지점을 찾는 일이다. 보물 상자와 목표 지점은 어디에 존재하는지 알 수 없으므로 바퀴오리 2호는 기본적으로는 미로 안의 모든 곳, 그러니까 상태 공간 전체를 탐색할 필요가 있다. 말 그대로 이 잡듯이 뒤지는 망라적(exhaustive) 탐색이 필요하다. 이를 위한 가장 기본적인 탐색 기법은 깊이우선 탐색과 너비우선 탐색이다.

망라적 탐색은 그다지 똑똑하다는 인상은 주지 않지만, 꼭 그렇지만도 않다. 망라적 탐색을 수행하기 위해서는 이미 확인한 곳인지 아닌지, 어디를 아직 확인하지 않았는지에 대한 정보를 관리하고, 효율적으로 돌아다닐 필요가 있다. 그렇지 않으면, 같은 장소를 맴돌거나 미처 확인하지 못한 곳이 생기기 때문이다.

탐색 문제는 초기 상태로부터 목표 상태에 이르기 위한 행동의 연속열을 구하는 과정이다. 이 행동의 연속열을 **해**(solution)라고 부른다. 탐색 문제에서 행동을 오퍼레이터라고 부르는 경우도 있지만, 이 책에서는 간단히 행동이라고 부르겠다.

2.3.2 오픈 리스트와 클로즈드 리스트

탐색을 수행하기 위해서는 아직 탐색하지 않은 후보 상태의 집합과 탐색을 마친 상태의 집합을 관리해야 한다. 대부분의 탐색 기법은 아직 탐색하지 않은 후보 상태의 집합을 **오픈 리스트**(open list)라 부르는 목록으로 관리하고, 탐색을 마친 상태의 집합은 **클로즈드 리스트**(closed list)라 불리는 목록에서 관리한다(그림 2.9). 이 책에서 소개할 몇 가지 탐색 기법의 차이는 결국, 오픈 리스트에 담긴 상태를 어떤 순서대로 탐색할 것인지에 있다.

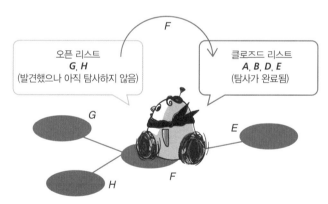

그림 2.9 **오픈 리스트와 클로즈드 리스트**

2.3.3 깊이우선 탐색

깊이우선 탐색(depth-first search, DFS)은 세로형 탐색이라고도 불린다. 탐색 대상이 트리 구조의 그래프인 경우, 트리의 깊은 쪽부터 탐색하므로 이러한 이름이 붙었다. 그림 2.10에서 보듯, 초기 상태에서 시작하여 막다른 길에 도달할 때까지 계속 전진한다. 막다른 길에 다다르면 바로 이전으로 돌아가, 다시 또 다른 막다른 길까지 전진하며 탐색해 나간다. 이때, 한 번 지나간 노드로는 전진하지 않는다. 이 책에서는 탐색 과정 중 아직 방문하지 않은 상태로 이동하여 조사하는 일을 탐사라고 부르기로 하겠다. 노드의 왼쪽 위에 나타난 숫자는 이 노드를 몇 번째로 방문하였는지를 나타낸다.

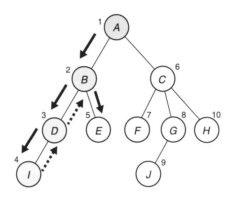

그림 2.10 깊이우선 탐색을 수행한 예

깊이우선 탐색은 **스택(stack)** 데이터 구조와 관계가 깊으며, 탐색에 쓰이는 오픈 리스트를 스택으로 표현하면 자연스럽게 구현할 수 있다. 스택은 데이터를 후입선출(last in first out, LIFO) 구조로 유지한다(그림 2.11). 또, 탐사를 마친 노드는 모두 클로즈드 리스트에 기록하여 같은 장소를 다시 탐사하지 않도록 한다. 깊이우선 탐색의 알고리즘을 알고리즘 2.1에 실었다. 또한, 이 알고리즘을 따라 그림 2.10을 탐색하였을 때 오픈 리스트와 클로즈드 리스트가 어떻게 변화하는지를 표 2.1에 실었다.

알고리즘 2.1 깊이우선 탐색

❶ 초기 상태를 오픈 리스트에 넣는다. 클로즈드 리스트는 빈 리스트로 초기화한다.

❷ **while** 오픈 리스트가 비어 있지 않다면 **do**

❸   오픈 리스트로부터 첫 요소 s를 꺼낸다. 클로즈드 리스트에 s를 추가한다(s 탐사).

❹ s가 목표 상태라면, 해를 발견하였으므로 탐색을 종료한다.

❺ s에 인접한 상태 중 아직 탐사하지 않은 상태를 모두 오픈 리스트의 **첫 요소(head)**에 추가한다(**스택**에 **푸시**한다).

❻ **end while** 탐색을 종료한다.

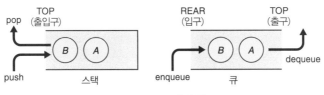

그림 2.11 스택과 큐

표 2.1 깊이우선 탐색에서 오픈 리스트와 클로즈드 리스트의 변화

단계	오픈 리스트	클로즈드 리스트
1	A	빈 리스트
2	B, C	A
3	D, E, C	A, B
4	I, E, C	A, B, D
5	E, C	A, B, D, I
6	C	A, B, D, I, E
7	F, G, H	A, B, D, I, E, C
8	G, H	A, B, D, I, E, C, F
9	J, H	A, B, D, I, E, C, F, G
10	H	$A, B, D, I, E, C, F, G, J$
11	빈 리스트	$A, B, D, I, E, C, F, G, J, H$

2.3.4 너비우선 탐색

너비우선 탐색(breadth-first search, BFS)은 가로형 탐색이라고도 불린다. 탐색 대상이 트리인 경우, 트리 구조의 얕은 쪽부터 탐색하므로 이러한 이름이 붙게 되었다. 그림 2.12에 너비우선 탐색의 예를 실었다. 깊이가 얕은 곳부터 가로 방향으로 탐색해 나가는 것을 알 수 있다.

너비우선 탐색은 **큐**(queue) 데이터 구조와 관계 깊으며, 탐색에 쓰이는 오픈 리스트를 큐로 표현하면 자연스럽게 구현할 수 있다. 큐는 데이터를 선입선출(first in first out, FIFO) 구조로 유지한다(그림 2.11). 너비우선 탐색 알고리즘을 알고리즘 2.2에 실었다. 깊이우선 탐색 알고리즘과 다른 부분을 볼드체로 나타내었는데, 차이점은 결국 스택을 큐로 대체했다는 것이며, 이 점이 매우 중요하다.

이 알고리즘으로 그림 2.12를 탐색하는 과정에서 오픈 리스트와 클로즈드 리스트가 어떻게 변화하는지를 표 2.2에 나타내었다. 그림 2.12의 노드 왼쪽 위에 나타난 숫자는 해당 노드를 몇 번째로 방문하였는지를 나타낸다.

🗡️ 알고리즘 2.2 　너비우선 탐색

❶ 초기 상태를 오픈 리스트에 넣는다. 클로즈드 리스트는 빈 리스트로 초기화한다.

❷ **while** 오픈 리스트가-비어 있지-않다면 **do**

❸ 　오픈 리스트로부터 첫 요소 s를 꺼낸다. 클로즈드 리스트에 s를 추가한다(s 탐사).

❹ 　s가 목표 상태라면, 해를 발견하였으므로 탐색을 종료한다.

❺ 　s에 인접한 상태 중 아직 탐사하지 않은 상태를 모두 오픈 리스트의 첫 요소를 제외한 **나머지 부분(tail)**에 추가한다(큐에 **인큐(enqueue)**한다).

❻ **end while** 탐색을 종료한다.

표 2.2 너비우선 탐색에서 오픈 리스트와 클로즈드 리스트의 변화

단계	오픈 리스트	클로즈드 리스트
1	A	빈 리스트
2	B, C	A
3	C, D, E	A, B
4	D, E, F, G, H	A, B, C
5	E, F, G, H, I	A, B, C, D
6	F, G, H, I	A, B, C, D, E
7	G, H, I	A, B, C, D, E, F
8	H, I, J	A, B, C, D, E, F, G
9	I, J	A, B, C, D, E, F, G, H
10	J	$A, B, C, D, E, F, G, H, I$
11	빈 리스트	$A, B, C, D, E, F, G, H, I, J$

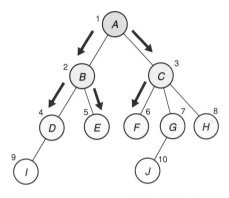

그림 2.12 너비우선 탐색을 수행한 예

2.4 바퀴오리 2호의 미로 탐색

2.4.1 보물 상자와 목표 지점을 찾아 미로를 탐색하는 바퀴오리 2호

미로에 들어선 바퀴오리 2호는 지도를 보며 보물 상자와 목표 지점이 있는 곳을 찾아야 한다. 1층에 있는 보물 상자의 수와 위치도 알지 못한 채 이들을 전부 찾아내야 한다면, 1층 전체를 찾아보는 수밖에 없을 것이다. 바퀴오리 2호는 그림 2.7의 그래프에 대해 깊이우선 탐색과 너비우선 탐색을 수행하여 1층을 탐색하기로 하였다.

깊이우선 탐색을 수행한 경우의 오픈 리스트와 클로즈드 리스트가 어떻게 변화하는지를 표 2.3에 너비우선 탐색을 수행한 경우의 오픈 리스트와 클로즈드 리스트의 변화를 표 2.4에 실었다. 오픈 리스트에 추가할 때는 목표 지점을 우선하고, 다른 상태에 대해서는 인덱스가 작은 쪽을 우선한다. 그리고 이와 함께 모든 노드를 탐색할 수 있음도 알 수 있다.

표 2.3 깊이우선 탐색에 의한 바퀴오리 2호의 미로 탐색

단계	오픈 리스트	클로즈드 리스트
1	S	빈 리스트
2	S_3	S
3	S_4, S_7	S, S_3
4	S_1, S_6, S_7	S, S_3, S_4
5	S_6, S_7	S, S_3, S_4, S_1
6	G, S_2, S_7	S, S_3, S_4, S_1, S_6
7	S_2, S_7	S, S_3, S_4, S_1, S_6, G
8	S_7	S, S_3, S_4, S_1, S_6, G, S_2
9	S_8, S_9	S, S_3, S_4, S_1, S_6, G, S_2, S_7
10	S_5, S_{10}, S_9	S, S_3, S_4, S_1, S_6, G, S_2, S_7, S_8
11	S_{10}, S_9	S, S_3, S_4, S_1, S_6, G, S_2, S_7, S_8, S_5
12	S_9	S, S_3, S_4, S_1, S_6, G, S_2, S_7, S_8, S_5, S_{10}
13	빈 리스트	S, S_3, S_4, S_1, S_6, G, S_2, S_7, S_8, S_5, S_{10}, S_9

표 2.4 너비우선 탐색에 의한 바퀴오리 2호의 미로 탐색

단계	오픈 리스트	클로즈드 리스트
1	S	빈 리스트
2	S_3	S
3	S_4, S_7	S, S_3
4	S_7, S_1, S_6	S, S_3, S_4
5	S_1, S_6, S_8, S_9	S, S_3, S_4, S_7
6	S_6, S_8, S_9	S, S_3, S_4, S_7, S_1
7	S_8, S_9, G, S_2	S, S_3, S_4, S_7, S_1, S_6
8	S_9, G, S_2, S_5, S_{10}	S, S_3, S_4, S_7, S_1, S_6, S_8
9	G, S_2, S_5, S_{10}	S, S_3, S_4, S_7, S_1, S_6, S_8, S_9
10	S_2, S_5, S_{10}	S, S_3, S_4, S_7, S_1, S_6, S_8, S_9, G
11	S_5, S_{10}	S, S_3, S_4, S_7, S_1, S_6, S_8, S_9, G, S_2
12	S_{10}	S, S_3, S_4, S_7, S_1, S_6, S_8, S_9, G, S_2, S_5
13	빈 리스트	S, S_3, S_4, S_7, S_1, S_6, S_8, S_9, G, S_2, S_5, S_{10}

2.4.2 깊이우선 탐색과 너비우선 탐색의 비교

지금까지 본 예를 되짚어 보며, 깊이우선 탐색과 너비우선 탐색의 탐색 과정을 비교해 보도록 하자.

깊이우선 탐색의 이점으로 먼저, 오픈 리스트에 담기는 노드 수가 너비 우선 탐색에 비해 많이 늘어나지 않는다는 점을 들 수 있다. 그러나 초기 상태에 가까운 곳에 해가 있는 경우에도 깊은 지점을 먼저 탐색하기 때문에 해를 발견할 때까지의 탐색이 낭비되는 경우도 많다. 그러나 위에 나온 바퀴오리 2호의 미로 탐색 예처럼 운이 좋은 경우에는 매우 빠른 속도로 목표 지점에 도달할 수도 있다. 단지, 깊이를 우선하여 탐색하기 때문에 탐색 대상이 되는 그래프가 '매우 깊은' 경우에는 시작점으로 돌아오기 어려우므로 주의가 필요하다.

이와 달리 너비우선 탐색은 초기 상태와 가까운 곳에 해가 있는 경우 해를 빠르게 발견할 수 있다. 그러나 탐색 트리의 구조가 가로로 넓은 경우, 다시 말해 분기가 많은 경우에는 오픈 리스트에 유지해야 할 노드의 수가 많아지는 단점이 있다.

두 가지 방법 모두 망라적 탐색을 수행하는 기법이므로 어느 방법이 효율적인지는 탐색 대상의 구조에 따라 결정된다.

> **정리**
> - 이산적 시스템의 상태 공간에 대한 그래프 표현을 배웠다.
> - 상태 공간 표현을 얻는 방법을 배웠다.
> - 기본적인 탐색 기법으로 깊이우선 탐색과 너비우선 탐색을 배웠다.
> - 깊이우선 탐색과 너비우선 탐색에서 오픈 리스트와 클로즈드 리스트를 어떻게 관리하는지 배웠다.

1. 신호등은 파랑, 빨강, 노랑 세 가지 상태를 갖는 이산 결정적 시스템이다. 상태와 상태 변화를 나타내는 그래프를 그려라.

2. 깊이우선 탐색과 너비우선 탐색에서 오픈 리스트를 관리하는 데이터 구조로 적절한 것은 각각 무엇인가? 각 기법에 대하여 답한 데이터 구조의 특징을 설명하라.

3. 그림 2.8에 나온 물체 조작 과업에서, 상자가 왼쪽 끝에 있고 그 위에 봉제 인형이 있는 상태에서 오른쪽 끝에 상자가 있고 그 위에 봉제 인형이 있는 상태로 이동하려고 한다. 깊이우선 탐색을 따를 때, 이렇게 상태를 바꾸기 위한 조작 경로를 탐색하라.

4. 아래 그림과 같은 그래프에 대해, S를 초기 상태로 하여 깊이우선 탐색, 너비우선 탐색을 각각 수행하라. 단, 탐색을 수행하며 오픈 리스트와 클로즈드 리스트가 어떻게 변하는지를 함께 답하라.

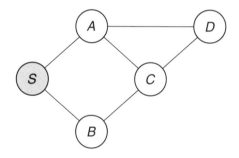

3

탐색(2):
최적 경로 탐색하기

스토리

바퀴오리 2호는 문득 깨달았다. 깊이우선 탐색이나 너비우선 탐색은 목표 지점을 발견할 때까지 쓸데없이 긴 거리를 이동해야 했다. 목표 지점이 어디인지 알 수 없을 때는 다른 방법이 없지만, 목표 지점의 위치를 알고 있는 경우도 있다. 모른다고 해도 되도록 짧은 거리만 이동해서 목표 지점에 도달하기를 원한다. 바퀴오리 2호는 모든 곳을 확인하며 탐색하는 것이 아니라, 효율적으로 목표 지점에 다가가 보겠다고 생각했다.

가능한 한 짧은 시간 안에 혹은 짧은 거리로 목표 지점에 도달하는 경로를 찾으려고 한다. 어떻게 하면 이런 경로를 발견할 수 있을까?

가정

- 바퀴오리 2호는 미로의 완전한 지도를 가지고 있다.
- 바퀴오리 2호는 미로 안에서 스스로의 위치를 알 수 있다.
- 바퀴오리 2호는 연속적인 미로 공간을 적절한 이산 상태 공간으로 구성할 수 있다.
- 바퀴오리 2호는 각 상태 사이를 이동하는 데 드는 비용과 상태의 평가 추정값 중 적어도 한쪽을 알 수 있다.
- 바퀴오리 2호는 원한다면 물리적으로 이어져 있는 장소나 상태라면 어디로든 이동할 수 있다.

그림 3.1 지도 정보를 이용하여 최적의 경로를 찾는 바퀴오리 2호

3.1 최적 경로에 대한 탐색과 휴리스틱

3.1.1 경로에 대한 비용

앞 장에서는 '모든 곳을 확인'하여 보물 상자와 목표 지점을 찾는 탐색 기법을 소개하였다. 그러나 이런 방법으로 알아낸 목표 지점까지의 경로는 얼마나 효율적일까? 앞에서 소개한 방법은 이런 효율성을 전혀 보장하지 않는다. 깊이우선 탐색이나 너비우선 탐색은 모든 곳을 확인했을 뿐, 바퀴오리 2호가 지나온 경로는 매우 멀리 돌아온 길일 수도 있다. 하지만 **경로의 비용**을 고려하지 않는 이상, 발견한 경로가 멀리 돌아가는 길이라도 어쩔 수가 없다. 그래서 경로를 선택할 때, 이 경로를 선택했을 때 걸리는 시간처럼 경로에 대한 비용을 고려해서 효율적으로 최적의 경로를 찾는 방법을 생각해 보자.

예를 들어, 지하철을 타고 신촌역에서 신도림역으로 가기 위한 경로를 지도 앱에서 검색했다고 하자. 이때 지도 앱이 제시한 경로가 내선 순환(시계 방향)을 타고 잠실, 강남, 사당 등을 거쳐 신도림역에 가는 경로였다면, 빈말로라도 이 앱을 똑똑하다고 하지는 않을 것이다. 경로에는 때때로 비용이 존재하고, 이 비용을 최소화하는 경로를 찾아야 한다.

앞 장과 마찬가지로, 상태 공간을 그래프로 나타내도록 하자. 어느 에지를 거쳐 노드와 노드 사이를 이동할 때마다 비용이 든다고 가정한다. 비용은 이동에 필요한 돈이나 시간, 어느 쪽이든 무방하다. 이때, 목표 지점에 도착할 때까지의 비용은 노드와 노드 사이를 이동할 때의 비용, 다시 말해 행동 a의 비용 $c(a)$의 합이라고 생각할 수 있다. 이번 장에서 다룰 최적 경로를 탐색하기 위한 문제는 그래프의 에지에 비용을 정의하고, 목표 지점까지의 합을 최소화하는 것으로 보도록 하겠다. 그림 3.2의 그래프에 대하여 에지 옆에 달린 숫자가 각 행동 a에 대한 비용 $c(a)$이다.

3.1.2 휴리스틱으로서의 예측 평가값

최적 경로를 효율적으로 탐색하기 위한 사전 지식이 있다면 이를 활용해 볼 수 있다. 예를 들어, 실제로 가지 않더라도 신촌에서부터 강남을 거쳐 신도림으로 가는 경로가 '멀리 돌아가는 길'이라는 것은 직관적으로 알 수 있다. 이것은 우리가 '신촌에서 강남이

신도림보다 멀다'는 사전 지식을 알고 있기 때문이다. 이러한 사전 지식을 이용하여 보다 효율적인 탐색이 가능할 것이라 기대할 수 있다.

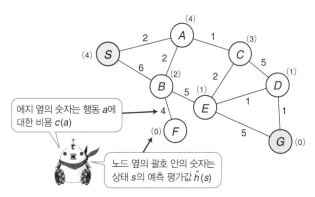

그림 3.2 비용과 예측 평가값을 부여한 그래프

여기서 말하는 사전 지식이란, 각 상태 s가 갖는 '목표 지점까지의 예상 거리'다. 이를 상태에 대한 **예측 평가값** $\hat{h}(s)$라 부르기로 하자. 상태 s의 적절한 예측 평가값 $\hat{h}(s)$가 있다면 이를 이용하여 탐색을 효율적으로 수행할 수 있다.

반대로, 부적절한 예측 평가값은 탐색 효율을 나쁘게 하거나 탐색 결과가 잘못되도록 할 수 있으므로 주의가 필요하다. 그림 3.2의 그래프에 대해, 노드 옆에 쓰인 괄호 안의 숫자가 각 상태의 예측 평가값 $\hat{h}(s)$이다.

이런 예측 평가값은 실제로 에지를 이동하면서 드는 비용으로 계산하는 것이 아니라 발견적인 지식으로서 외부에서 주어진 것이다. 이런 의미로 **휴리스틱**(heuristic, 발견적 지식)이라 불린다.

초기 상태에서 목표 지점에 이르는 최적 경로를 따지기 위해, 초기 상태에서 상태 s에 이르는 최적 경로의 비용 $c(a)$의 합 $g(s)$, 그리고 상태 s에서 목표 지점에 이르는 최적 경로의 비용 $c(a)$의 합 $h(s)$를 정의하고, 이들에 대한 추정값 $\hat{g}(s)$, $\hat{h}(s)$를 잘 관리하면 효율적인 탐색을 수행할 수 있다. 필요한 함수 기호를 표 3.1에 실었다.

표 3.1 최적 경로 탐색에 쓰이는 함수의 정의

함수 기호	설명
$g(s)$	초기 상태에서 상태 s까지 가는 최적 경로 비용의 총합
$h(s)$	상태 s에서 목표 상태까지 가는 최적 경로 비용의 총합
$f(s)$	S를 거치는 경우의 최적 경로 비용 ($f(s) = h(s) + g(s)$)
$\hat{h}(s)$	$h(s)$의 추정값. 상태 s에 대한 예측 평가값으로 사용된다.
$\hat{g}(s)$	$g(s)$의 추정값
$\hat{f}(s)$	$f(s)$의 추정값

3.2 최적 탐색

3.2.1 최적 탐색 알고리즘

휴리스틱을 사용하지 않고, 해가 비용의 합이 최소가 되게 하는 최적 경로임을 보장하는 기법이 **최적 탐색(optimal search)**이다.

오픈 리스트와 클로즈드 리스트를 사용하면서 탐색을 수행하는 것은 너비우선 탐색이나 깊이우선 탐색과 같지만, 항상 각 상태까지 최적 경로로 이를 수 있는 비용의 합 $g(s)$의 잠정적 추정값 $\hat{g}(s)$를 유지하고, 가능한 한 비용이 작은 상태를 우선으로 탐색하여 최적 해를 얻는 것이 특징이다. 이 알고리즘을 알고리즘 3.1에 실었다.

최적 탐색 알고리즘은 오픈 리스트와 클로즈드 리스트를 사용하여 탐색을 수행해 나간다는 점에서 깊이우선 탐색이나 너비우선 탐색과 매우 비슷하다. 본질적인 차이는 오픈 리스트를 스택이나 큐로 관리하는 것이 아니라, 해당 상태까지의 비용 추정값 $\hat{g}(s)$에 대해 정렬하여 유지하는 점에 있다. $\hat{g}(s)$는 상태 s에 도착한 현시점에서의 최적 경로에 대한 비용 $c(a)$를 모두 더하여 얻는다. 탐색 도중에는 모든 경로의 가능성을 고려하지 않았으므로 반드시 $g(s) = \hat{g}(s)$는 아니다.

❶ 초기 상태의 비용값을 0으로 하고 오픈 리스트에 추가한다. 클로즈드 리스트는 빈 리스트로 초기화한다.

❷ **while** 오픈 리스트가 빈 리스트가 아닐 때 **do**

❸ 오픈 리스트에서 첫 요소 s를 꺼낸다. 클로즈드 리스트에 s를 추가한다(s를 탐사하는 것에 해당).

❹ s가 목표 상태라면 해가 발견되었으므로 종료한다.

❺ s와 인접하고 아직 탐사하지 않은 상태를 모두 오픈 리스트에 추가한다. 오픈 리스트 안의 각 상태에 대해 누적 비용의 추정값 $\hat{g}(s)$를 재계산하고, **누적 비용의 추정값에 대한 오름차순으로 상태를 정렬한다.**

❻ **end while** 탐색을 종료한다.

3.2.2 최적 탐색 알고리즘

그림 3.2와 같은 상태 공간에서 초기 상태 S에서 시작하여 목표 지점 G에 도달하는 최적 경로를 최적 탐색으로 찾으려고 한다. 표 3.2에 최적 탐색을 수행할 때의 오픈 리스트와 클로즈드 리스트의 요소가 변화하는 과정을 나타내었다.

먼저, 초기 상태 S가 오픈 리스트에 삽입된다. 그 다음 오픈 리스트에서 S를 꺼낸다. 이때, S 주변이 탐사되어 A와 B가 오픈 리스트에 삽입된다. 그러면 A와 B에 대한 평가값은 S로부터 각각의 상태(A와 B)에 이르는 경로에 대한 비용의 합이 된다. 오픈 리스트 안의 요소는 항상 평가치 $\hat{g}(s)$의 오름차순으로 정렬되므로 A가 B보다 앞에 온다. 그 다음 현재 오픈 리스트의 첫 요소인 A를 꺼낸다. A 주변에는 B와 C가 있다. S에서 B로 직접 가는 경로의 비용은 6인데 비하여, A를 경유하여 B로 가는 경로의 비용은 4이다. 따라서 B의 평가값은 6에서 4로 바뀐다. 그러나 C로 이동하기 위한 경로의 비용은 A에서부터 1이므로 합계가 3이 되어 C쪽의 평가값이 더 낮다. 그 때문에 다시 정렬된 오픈 리스트의 첫 요소는 C가 된다. 마찬가지로 D의 평가값은 6번째 단계에서, G의 평가값은 7번째 단계에서 각각 바뀐다.

이런 과정을 반복한 결과, 최종적으로 목표 지점 G를 오픈 리스트에서 꺼내 클로즈드 리스트에 넣는다. 이때 G의 평가값 7을 계산했던 경로가 최적해가 된다. 이 탐색의 결과로 얻어진 최적 경로는 $S \rightarrow A \rightarrow C \rightarrow E \rightarrow D \rightarrow G$가 되고, 이렇게 이동하는 데 필요한 비용은 합해서 7이 된다. 이때 클로즈드 리스트에 최종적으로 남는 상태 연속열은 최적 경로가 아닌 탐사한 순서를 나타낸다는 것에 주의하라. 최적 경로는 탐색을 종료한 후, 목표 상태에서 초기 상태로 가는 경로를 거슬러 오르며 얻을 수 있다.

오픈 리스트에 유지되는 상태에 쓰인 값은 $\hat{g}(s)$의 값이다. 이 탐색 결과에서도 알 수 있듯이, 오픈 리스트에 들어 있는 상태의 비용값은 잠정적인 추정값이다. 좀 더 적절한 경로가 발견되면 $\hat{g}(s)$가 업데이트되고, 그 다음 가장 비용이 적은 경로를 오픈 리스트에서 꺼내 클로즈드 리스트에 넣는다. 이 성질이 최적 탐색의 해가 최적해임을 보장한다.

표 3.2 최적 탐색에서 오픈 리스트와 클로즈드 리스트의 변화

단계	오픈 리스트	클로즈드 리스트
1	$S(0)$	
2	$A(2)$, $B(6)$	$S(0)$,
3	$C(3)$, $B(4)$	$S(0)$, $A(2)$
4	$B(4)$, $E(5)$, $D(8)$	$S(0)$, $A(2)$, $C(3)$
5	$E(5)$, $D(8)$, $F(8)$	$S(0)$, $A(2)$, $C(3)$, $B(4)$
6	$D(6)$, $F(8)$, $G(10)$	$S(0)$, $A(2)$, $C(3)$, $B(4)$, $E(5)$
7	$G(7)$, $F(8)$	$S(0)$, $A(2)$, $C(3)$, $B(4)$, $E(5)$, $D(6)$
8	$F(8)$	$A(2)$, $C(3)$, $B(4)$, $E(5)$, $D(6)$, $G(7)$ (해가 발견되어 종료함)

3.3 최고우선 탐색

3.3.1 최고우선 탐색 알고리즘

최적 탐색과는 반대로, 예측 평가값을 휴리스틱에 의지하여 탐색을 진행하는 방법이 **최고우선 탐색**(best-first search)이다. 최고우선 탐색은 가능한 한 목표 상태까지의 예측

평가값 $\hat{h}(s)$가 작은 상태를 선택하는 방법으로, 목표 상태까지의 최적 경로를 고른다. 이 알고리즘을 알고리즘 3.2에 실었다.

최적 탐색과 많이 비슷하지만, 오픈 리스트에 든 상태 연속열을 정렬하는 기준이 해당 노드까지의 누적 비용 추정치인 $\hat{g}(s)$가 아니라, 예측 평가값 $\hat{h}(s)$라는 것이 차이점이다. 예측 평가값을 사용하므로 빠른 탐색이 가능하지만, 실제 비용값을 참조하지 않으므로 예측 평가값이 정확한 경우를 제외하면 반드시 최적 경로가 보장되지는 않는다.

🏇 알고리즘 3.2 최고우선 탐색 알고리즘

❶ 초기 상태의 비용을 0으로 한 뒤, 오픈 리스트에 추가한다. 클로즈드 리스트는 빈 리스트로 초기화한다.

❷ **while** 오픈 리스트가 빈 리스트가 아닐 때 **do**

❸ 　오픈 리스트의 첫 요소 s를 꺼낸다. 클로즈드 리스트에 s를 추가한다(s를 탐사하는 과정에 해당).

❹ 　s가 목표 상태라면 해가 발견되었으므로 탐색을 종료한다.

❺ 　s와 인접하고 아직 탐사하지 않은 상태를 모두 오픈 리스트에 추가한다. 오픈 리스트에 포함된 상태는 예측 평가값 $\hat{h}(s)$의 오름차순으로 정렬한다.

❻ **end while** 탐색을 종료한다.

3.3.2 최고우선 탐색의 수행 예

최적 탐색의 경우와 마찬가지로 그림 3.2의 상태 공간에서, 초기 공간 S에서 목표 지점 G에 이르는 경로를 최고우선 탐색으로 찾아보려고 한다. 표 3.3에 최고우선 탐색의 수행 예에 대한 오픈 리스트와 클로즈드 리스트의 요소 변화를 실었다. 최고우선 탐색에서 쓰이는 예측 평가값은 $\hat{h}(s)$이고, 이 값은 오픈 리스트와 클로즈드 리스트에서 노드와 함께 유지된다.

표 3.3에 나타난 탐색 결과로 얻어진 경로는 $S \rightarrow B \rightarrow E \rightarrow G$이다. 이 경로를 따라 이동할 때의 실제 총 비용은 16으로, 최적 탐색으로 얻은 7보다는 좋지 않은 결과를 얻었다.

표 3.3 최고우선 탐색에서 오픈 리스트와 클로즈드 리스트의 변화

단계	오픈 리스트	클로즈드 리스트
1	$S(4)$	
2	$B(2), A(4)$	$S(4)$
3	$F(0), E(1), A(4)$	$S(4), B(2)$
4	$E(1), A(4)$	$S(4), B(2), F(0)$
5	$G(0), D(1), C(3), A(4)$	$S(4), B(2), F(0), E(1)$
6	$D(1), C(3), A(4)$	$S(4), B(2), F(0), E(1), G(0)$ (해가 발견되어 종료함)

3.4 A* 알고리즘

3.4.1 A* 알고리즘

최적 탐색은 각 상태에서 목표 지점까지의 거리 $h(s)$를 고려하지 않고, 초기 상태부터의 총 비용 $g(s)$가 작은 경로부터 탐색을 진행하므로 많은 수의 상태나 경로를 탐색해야 한다. 이와 달리, 예측 평가치 $\hat{h}(s)$를 이용하는 최고우선 탐색은 속도는 빠르지만, 틀린 결과를 내놓을 가능성이있다. 현재 상태까지 들인 누적 비용에 대한 추정값 $\hat{g}(s)$와 목표 지점까지 앞으로 들게 될 예측 평가값 $\hat{h}(s)$, 이 두 가지 값을 균형 있게 적용하여 효율적인 탐색을 수행하는 기법이 **A* 알고리즘(a-star algorithm)**이다. A* 알고리즘은 예측 평가값 $\hat{h}(s)$와 경로의 누적 비용에 대한 추정값 $\hat{g}(s)$의 합인 $\hat{f}(s)$로 오픈 리스트에 포함된 탐색 후보를 정렬하여 탐색을 수행한다. 초기 상태에서 상태 s에 이르는 비용의 총합인 $g(s)$뿐 아니라, s에서 목표 지점에 이르는 비용의 총합 $h(s)$도 포함하는 $f(s)$를 추정하고 이를 통해 평가하여 효율적인 탐색을 수행할 수 있다. A* 알고리즘의 수행 알고리즘을 알고리즘 3.3에 실었다.

오픈 리스트 안의 상태 연속열을 정렬할 때, 누적 비용에 대한 추정값 $\hat{g}(s)$와 예측 평가값 $\hat{h}(s)$의 합인 $\hat{f}(s)$를 기준으로 하는 것이 특징이다. 한편, 예측 평가값을 함께 고려하므로 최적 탐색과 마찬가지로 클로즈드 리스트로 옮긴 노드의 평가값이 최적임이 보장되지 않는다. 이 때문에, 더 나은 경로가 발견되면 클로즈드 리스트에서 오픈 리스트로 상태를 되돌리는 조작을 하는 것 또한 특징이다.

🦅 알고리즘 3.3 A* 알고리즘

❶ 초기 상태의 비용을 0으로 하여 오픈 리스트에 추가한다. 클로즈드 리스트는 빈 리스트로 초기화한다.

❷ **while** 오픈 리스트가 빈 리스트가 아닐 때 **do**

❸   오픈 리스트에서 첫 요소 s를 꺼낸다. 클로즈드 리스트에 상태 s를 추가한다(s를 탐사한 것에 해당).

❹ s가 목표 상태라면, 해가 발견되었으므로 탐색을 종료한다.

❺ s와 인접한 모든 상태 s'에 대하여 누적 비용의 추정값 $\hat{g}(s')$와 예측 평가값 $\hat{h}(s')$으로부터 $\hat{f}(s')$을 계산한다.

❻   ❺의 상태 중에 오픈 리스트에도 클로즈드 리스트에도 포함되지 않은 상태는 오픈 리스트에 추가한다.

❼   ❺의 상태 중에 오픈 리스트나 클로즈드 리스트에 포함된 것 중 이미 들어 있는 것은 $\hat{f}(s)$가 기존의 값보다 작으면 **원래 상태를 지우고 새롭게 오픈 리스트에 추가한다.**

❽   오픈 리스트에 포함된 상태를 **누적 비용의 추정값과 예측 평가값의 합 $\hat{f}(s)$의 오름차순으로 정렬한다.**

❾ **end while** 탐색을 종료한다.

3.4.2 A* 알고리즘의 수행 예

최적 탐색이나 최고우선 탐색과 마찬가지로, 그림 3.2의 그래프로 표현되는 상태 공간에서 초기 상태 S에서 목표 지점 G에 도달하는 경로를 A* 알고리즘으로 탐색하려고 한다. 표 3.4에 A* 알고리즘을 수행했을 때, 오픈 리스트와 클로즈드 리스트에 대한 요소의 변화를 나타내었다. 각 노드의 평가값인 $\hat{f}(s)$가 오픈 리스트와 클로즈드 리스트에 대해 노드와 함께 유지된다.

표 3.4의 결과로 최적 경로 $S \to A \to C \to E \to D \to G$가 출력된다. 이 해는 최적 탐색에서 얻은 경로와 같다는 것을 알 수 있다.

표 3.4 **A* 알고리즘에서 오픈 리스트와 클로즈드 리스트의 변화**

단계	오픈 리스트	클로즈드 리스트
1	$S(4)$	
2	$A(6)$, $B(8)$	$S(4)$
3	$B(6)$, $C(6)$	$S(4)$, $A(6)$
4	$C(6)$, $F(8)$, $E(10)$	$S(4)$, $A(6)$, $B(6)$
5	$E(6)$, $F(8)$, $D(9)$	$S(4)$, $A(6)$, $B(6)$, $C(6)$
6	$D(7)$, $F(8)$, $G(10)$	$S(4)$, $A(6)$, $B(6)$, $C(6)$, $E(6)$
7	$G(7)$, $F(8)$	$S(4)$, $A(6)$, $B(6)$, $C(6)$, $E(6)$, $D(7)$
8	$F(8)$	$S(4)$, $A(6)$, $B(6)$, $C(6)$, $E(6)$, $D(7)$, $G(7)$ (해가 발견되어 종료함)

3.4.3 A* 알고리즘에 대한 최적해 보장

A* 알고리즘은 $\hat{h}(s) \leq h(s)$ 같은 관계가 성립할 때에는 최적해가 보장된다. 반대로, $\hat{h}(s) > h(s)$일 때는 최적해가 보장되지 않는다. 따라서 적절한 예측 평가값을 알 수 없는 경우에는 추정값을 작게 잡는 것이 좋다.

3.5 최적 경로를 따라 미로를 벗어나는 바퀴오리 2호

3.5.1 에지의 비용과 예측 평가값에 대한 설정

바퀴오리 2호는 미로에 진입했다. 미로 1층의 지도는 이미 갖고 있다. 시간도 에너지도 귀중하므로 가능한 한 최단 경로를 통해 목표 지점으로 가려고 한다. 바퀴오리 2호가 최단 경로를 찾을 미로의 지도는 이전 장에서 사용한 그림 2.5와 같다고 하자. 여기서는 앞 장에서 구성한 것과 같이 '막다른 길'과 '분기'를 상태로써 상태 공간을 만들기로 하겠다(그림 2.7). 이렇게 얻은 그래프의 에지에 각각 비용과 예측 평가값을 부여한다.

에지를 따라 이동하는 데 드는 비용은 바퀴오리 2호가 가능한 한 '짧은 거리'로 목표 지점에 도달하고자 하므로 단순하게 상태와 상태 사이의 이동에 걸리는 칸 수로 하기로 한다.

그 다음으로, 예측 평가값 $\hat{h}(s)$는 미로에 벽이 없을 때 목표 상태까지 다다르는 데 걸리는 칸 수로 한다. 이때, 반드시 예측 평가값은 실제 비용보다 작거나 같다. 이 때문에 $\hat{h}(s) \leq h(s)$를 항상 만족할 수 있다. 이러한 과정을 통해 얻은 에지의 비용과 예측 평가값을 덧붙인 그래프가 그림 3.3이다.

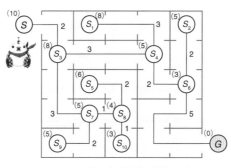

그림 3.3 **비용 정보를 추가한 그래프**

3.5.2 A* 알고리즘을 이용한 탐색

바퀴오리 2호는 갖고 있는 지도를 이용하여 그림 3.3처럼 비용 정보가 포함된 그래프를 구하고, 이 미로를 A* 알고리즘으로 탐색하였다. 이때 오픈 리스트와 클로즈드 리스트가 변한 과정을 표 3.5에 실었다. 바퀴오리 2호는 A* 알고리즘을 사용하여 효율적으로 최적 경로 $S \rightarrow S_3 \rightarrow S_4 \rightarrow S_6 \rightarrow G$를 발견하였고, 미로 1층의 목표 지점에 도달하였다.

표 3.5 바퀴오리 2호가 수행하는 A* 알고리즘

단계	오픈 리스트	클로즈드 리스트
1	$S(10)$	
2	$S_3(10)$	$S(10)$
3	$S_4(10)$, $S_7(10)$	$S(10)$, $S_3(10)$
4	$S_7(10)$, $S_6(10)$, $S_1(16)$	$S(10)$, $S_3(10)$ $S_4(10)$
5	$S_6(10)$, $S_8(10)$, $S_9(12)$, $S_1(16)$	$S(10)$, $S_3(10)$ $S_4(10)$, $S_7(10)$
6	$S_8(10)$, $G(12)$ $S_9(12)$, $S_2(14)$, $S_1(16)$	$S(10)$, $S_3(10)$ $S_4(10)$, $S_7(10)$, $S_6(10)$
7	$S_{10}(10)$, $G(12)$, $S_9(12)$, $S_2(14)$, $S_5(14)$, $S_1(16)$	$S(10)$, $S_3(10)$ $S_4(10)$, $S_7(10)$, $S_6(10)$, $S_8(10)$
8	$G(12)$, $S_9(12)$, $S_2(14)$, $S_5(14)$, $S_1(16)$	$S(10)$, $S_3(10)$ $S_4(10)$, $S_7(10)$, $S_6(10)$, $S_8(10)$, $S_{10}(10)$
9	$S_9(12)$, $S_2(14)$, $S_5(14)$, $S_1(16)$	$S(10)$, $S_3(10)$ $S_4(10)$, $S_7(10)$, $S_6(10)$, $S_8(10)$, $S_{10}(10)$, $G(12)$ (해가 발견되어 종료함)

> 📌 **정리**
>
> - 그래프에 경로의 비용을 부여하고 최적 경로 탐색 문제의 기초를 배웠다.
> - 최적 탐색 알고리즘에 대하여 배웠다.
> - 최고우선 탐색 알고리즘에 대하여 배웠다.
> - A* 알고리즘에 대하여 배우고, 실제로 수행해 보았다.

1. 깊이우선 탐색, 너비우선 탐색, 최적 탐색, 최고우선 탐색, A* 알고리즘은 오픈 리스트에서 상태를 관리하는 방법의 차이에 따라 특징지어진다. 이들 알고리즘에서 오픈 리스트를 관리하는 방법의 차이를 설명하라.

2. 바퀴오리 2호가 돌파한 그림 3.3의 그래프를 최적 탐색, 최고우선 탐색으로도 탐색해 보아라. 또, 각각의 경우에 대한 오픈 리스트의 변화를 함께 보여라.

3. A* 알고리즘의 해가 최적 탐색의 해와 같음이 보장되는 조건을 설명하라. 또, A* 알고리즘의 해가 최적 탐색의 해와 같지 않은 그래프를 작성해 보아라. 그래프에는 에지의 비용과 노드의 예측 평가값을 부여해야 한다.

4. 아래 그림의 그래프에 대하여 A* 알고리즘, 최적 탐색, 최고우선 탐색을 수행해 보고, 각각 얻어진 경로를 보여라.

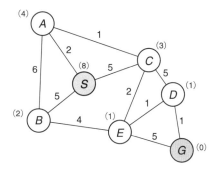

4

탐색(3):
게임 이론

스토리

바퀴오리 2호는 한 가지를 잘못 생각하고 있었다. 미로 안에서는 그저 목표 지점까지 가기만 하면 되는 것이 아니다. 미로에는 바퀴오리 2호를 방해하려는 적이 있다. 적과 마주치면 매우 귀찮아진다. 적의 행동에 대한 수를 읽어 가며 미로를 벗어나야 한다.

가정

- 바퀴오리 2호는 자기와 적에 대해 무엇이 이득인지 알 수 있다.
- 바퀴오리 2호는 스스로의 행동에 대한 결과를 확실하게 예측할 수 있다.
- 적은 합리적으로 행동한다.
- 바퀴오리 2호와 적 모두, 원한다면 물리적으로 이어져 있는 장소나 상태라면 어디로든 이동할 수 있다.

그림 4.1 미로에서 적을 발견하고 이를 피하는 바퀴오리 2호

4.1.1 도입

바퀴오리 2호는 미로 안에서 적을 피하고, 함정에 걸리지 않게 목표 지점으로 이동해야 한다. 미로에는 군데군데 함정이 있고, 함정 위를 지나면 바퀴오리 2호는 데미지를 입는다. 그림 4.2의 × 표시는 함정이 있음을 나타낸다.

바퀴오리 2호에게 함정으로 인한 데미지는 곧 비용이다. 함정을 회피하면서 목표 지점에 도달하는 경로를 계획하기 위해서는 이 데미지를 '해당 에지를 지나가기 위한 비용'에 포함시켜 A* 알고리즘을 수행하면 목표 지점에 다다를 수 있는 효율적인 경로를 찾을 수 있다. 그러나 움직이지 않는 함정과는 달리, 바퀴오리 2호처럼 의도를 가지고 움직이는 적의 존재로 인해 바퀴오리 2호는 지금까지와는 다른 문제에 직면하게 된다. 그림 4.2에 미로를 벗어나려는 바퀴오리 2호가 적과 마주쳤을 때의 한 장면을 실었다. 바퀴오리 2호는 목표 지점을 눈앞에 둔 상태에서 적과 마주치게 되었다. 여기서 바퀴오리 2호가 오른쪽 위의 목표 지점으로 가기 위해 어떤 행동을 취해야 하는지 생각해 보자. 바퀴오리 2호가 가진 행동의 선택지는 '오른쪽'과 '위' 두 개이고, 적이 가진 행동의 선택지는 '왼쪽'과 '아래' 두 개이다.

그림 4.2 **적을 피해서 목표 지점으로 이동하는 과업**

지금까지는 비용을 최소화하는 문제를 고려하여, 평가값의 총합이 가장 작아지는 경로를 탐색해 왔지만, 이번 장에서는 이득 최대화 문제로서 평가값의 총합을 가장 크게 하는 문제를 살펴볼 것이다. 이번 장에서 평가값은 양의 값이면 이득을, 음의 값이면 데미지나 비용과 같은 페널티를 나타낸다. 이들 페널티를 음의 이득이라고도 할 수 있다.

다음과 같이 가정하도록 하자.

- 바퀴오리 2호와 적이 마주치면 바퀴오리 2호는 C_W, 적은 C_E의 이득을 얻는다. 통상적으로 C_W는 음의 값을 갖는다.
- 바퀴오리 2호와 적은 오른쪽 아래의 ×표가 있는 곳으로 이동하면 각각 D_W, D_E의 이득을 얻는다. 통상적으로 D_W, D_E는 음의 값을 갖는다.

바퀴오리 2호가 먼저 이동하고 뒤이어 적이 이동한다고 하면, 이 게임은 그림 4.3처럼 전개된다. 바퀴오리 2호와 적이 행동한 뒤, 최종적으로 D, E, F, G의 4개 상태 중 하나에 도달하게 된다. 이렇게 두 사람 이상의 행동에 대한 가능성을 순차적으로 전개하여 작성한 트리 구조를 '게임 트리'라고 부른다. 그림 4.3의 표는 각 상태에서 바퀴오리 2호와 적이 얻은 각각의 이득을 나타낸다.

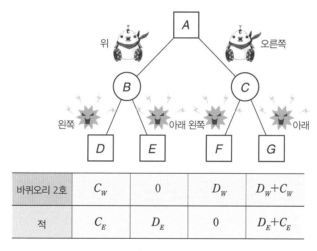

바퀴오리 2호	C_W	0	D_W	$D_W + C_W$
적	C_E	D_E	0	$D_E + C_E$

그림 4.3 **그림 4.2 게임에 대한 전개**

지금의 경우는 한 번의 행동으로 결과가 결정되는 게임이므로 각각의 수와 이득의 관계를 **손익 행렬**(payoff matrix)로 표 4.1과 같이 나타낼 수 있다. 손익 행렬의 첫 열은 바퀴오리 2호의 행동을, 첫 행은 적의 행동을 나타낸다. 각 칸의 내용은 앞쪽이 바퀴오리 2호의 이득이고, 오른쪽이 적이 얻을 이익이다.

자, 그럼 여기서 두 가지 경우를 생각해 보자. 각각의 경우에서 바퀴오리 2호와 적은 '합리적'으로 행동할 것이라 전제한다. 여기서 합리적이란, 스스로의 이득이 최대화하도록 행동하는 것을 가리킨다. 각각의 사례에서 둘의 행동이 어떻게 되는지 살펴보자.

표 4.1 그림 4.2의 게임에 대한 손익 행렬

	적이 왼쪽으로 이동	적이 아래로 이동
바퀴오리 2호가 위로 이동	C_W, C_E	$0, D_E$
바퀴오리 2호가 오른쪽으로 이동	$D_W, 0$	$D_W + C_W, D_E + C_E$

4.1.2 사례 1: 적은 바퀴오리 2호를 잡으려고 한다

예를 들어, $C_W = -5$, $C_E = 3$, $D_W = D_E = -2$인 경우를 생각해 보자. 손익 행렬은 표 4.2와 같다. 바퀴오리 2호가 위로 가기를 선택한다면, 적은 왼쪽으로 가는 것이 이득이 높으므로 왼쪽을 선택하여 바퀴오리 2호에게 다가올 것이다. 바퀴오리 2호의 이득은 -5가 된다. 이와 달리 오른쪽을 골랐다면, 적은 아래를 선택하고 마찬가지로 바퀴오리 2호에게 다가온다. 바퀴오리 2호의 이득은 -7이 된다. 이 때문에 바퀴오리 2호에겐 위로 이동하면 비록 적과 맞닥뜨릴지라도 이득이 -5로 유지되므로 위로 가는 것이 최적의 선택이 된다.

표 4.2 사례 1: $C_W = -5$, $C_E = 3$, $D_W = D_E = -2$일 때 그림 4.2와 같은 게임의 손익 행렬

	적이 왼쪽으로 이동	적이 아래로 이동
바퀴오리 2호가 위로 이동	−5, 3	0, −2
바퀴오리 2호가 오른쪽으로 이동	−2, 0	−7, 1

4.1.3 사례 2: 적의 동기를 조금 누그러뜨린다면?

그런데 이 손익 행렬을 조금 변화시키면 상황이 달라진다. X에서의 데미지가 2에서 3으로 늘어나고, 이에 따라 평가값은 $D_W = D_E = -3$이 된다.

또, 적이 바퀴오리 2호와 맞닿았을 때 적이 얻는 이득 C_E가 3에서 2로 줄었다고 하자. 다시 말해, 함정의 데미지와 바퀴오리 2호와 적이 접촉할 때 적이 얻는 이득을 조금 변화시킨 것이다. 이렇게 하면 바퀴오리 2호가 취할 행동이 바뀌게 된다.

이때의 손익 행렬은 표 4.3과 같다. 바퀴오리 2호가 위를 선택하면, 적은 왼쪽이 이득이므로 왼쪽으로 이동해 올 것이다. 이때, 바퀴오리 2호의 이득은 −5가 된다. 그러나 바퀴오리 2호가 오른쪽을 골랐다면, 적은 왼쪽으로 가는 것이 이득이 되어 접촉해 오지 않게 된다. 이때 바퀴오리 2호의 이득은 −3이 된다.

표 4.3 **사례 2: $C_W = -5$, $C_E = 2$, $D_W = D_E = -3$일 때 그림 4.2와 같은 게임의 손익 행렬**

	적이 왼쪽으로 이동	적이 아래로 이동
바퀴오리 2호가 위로 이동	−5, 2	0, −3
바퀴오리 2호가 오른쪽으로 이동	−3, 0	−8, −1

적의 입장에서 보면, 이 경우 바퀴오리 2호의 행동과 상관없이 왼쪽으로 가는 것이 옳은 행동이 된다. 적의 입장에서는 바퀴오리 2호를 잡는 것보다 함정에서 받을 데미지를 피하는 쪽이 이긴 것이다.

따라서 바퀴오리 2호는 오른쪽으로 가서 X에서 −3의 데미지만을 받고, 목표 지점에 다다를 수 있다. 다시 말해, 바퀴오리 2호는 오른쪽으로 가서 일부러 함정에 빠지는 것이 최적의 선택이 된다. 이득에서 약간의 차이가 발생하는 것만으로도 옳은 행동이 변하게 되는 것이다.

이렇게 다른 의사결정 주체가 존재하는 상황에서는 상대의 선택지와 그때의 이득이 어떻게 변화하는지를 함께 고려하며 의사결정을 수행하는 것이 중요하다. 이렇게 복수의 의사결정 주체가 함께 상황을 결정하는 시스템을 '게임'이라 부른다.

4.2 표준형 게임

4.2.1 도입

게임 이론(game theory)에서 말하는 **게임**(game)이란, 일상생활에서 우리가 즐기는 비디오 게임과는 조금 다른 개념을 가리킨다. 여기서 말하는 게임은, 행동을 선택하는 주체인 복수의 플레이어가 각각 행동을 취함으로써 전체적으로 어떤 결과가 생기는 상황을 말한다.

게임 이론은 1944년 폰 노이만과 오스카 모르겐슈테른(Oskar Morgenstern)이 쓴《게임 이론과 경제 행동》이후로, 인간 행동을 모형화하는 경제학의 한 분야가 되었다. 근래에는 정보학 분야에서도 주목을 받고 있다. 이런 관점에서 게임 이론은 복수의 플레이어의 의사결정을 다루는 이론으로 발전해 왔다. 여기서는 게임 이론의 기초가 되는 주제에 대하여 알아보도록 한다.

4.2.2 표준형 게임

게임 이론의 기초적인 용어를 설명하겠다. **플레이어**(player)는 의사결정을 수행하는 각각의 주체를 말하며, 게임 상황에서는 복수의 플레이어가 존재한다. 이전 장까지 다루었던 탐색 문제와 마찬가지로 플레이어는 **행동**(action)을 선택한다. 이 행동을 **전략**(strategy)이라 부르는 경우도 있다. 플레이어는 모든 플레이어의 행동의 조합에 대한 **이득**(payoff)이라는 값을 받는다. 이때, 각 플레이어는 보다 많은 이득을 얻으려고 한다. 경제학 용어를 사용하면 이득은 **효용**(utility)에 해당한다. 앞 장의 A* 알고리즘 등을 사용했던 탐색 문제와 다르게, 로봇은 자신의 행동만으로는 이 평가값으로서의 이득을 결정할 수 없으며, 플레이어 전원의 행동이 결정되어야 각 플레이어에 대한 이득이 결정 되는 것이 포인트이다.

각 플레이어는 **합리적**(rational)으로 행동한다고 가정한다. 여기서 합리적이란, 각각의 플레이어가 자신의 이익을 최대화하도록 최선의 노력을 기울인다는 의미다. 이 합리적이라는 말을 '이기적'이라고 표현할 수도 있지만, 이기적이라는 말은 부정적인 의미를 포함하므로 '합리적'이라고 보는 것이 타당할 것이다.

만약, 각 플레이어가 합리적인 행동을 취할 경우, 모든 플레이어가 취해야 할 행동이 다른 사람의 영향 없이 정해지는 경우도 많다. 이렇게 게임이 교착 상태가 되는 모든 플레이어의 행동을 **균형**(equilibrium)이라고 부르기도 한다.

플레이어의 집합, 각 플레이어가 취하는 행동의 집합, 이들의 조합에 대해 각 플레이어가 받게 될 이득의 조합으로 정의되는 게임을 **표준형 게임**(normal form game)이라고 한다. 플레이어 수가 2이고, 행동의 집합이 유한 집합이면 표준형 게임은 손익 행렬로 나타낼 수 있다.

4.2.3 손익 행렬

플레이어가 2명인 게임은 가장 간단한 사례다. 물론, 게임 이론은 플레이어를 N명으로 확장할 수 있지만, 이 책에서는 플레이어가 2명인 경우만을 설명하겠다.

플레이어가 2명이면 표 4.2, 4.3에서 보듯이 각 플레이어의 행동을 행렬의 행과 열로 놓고, 이들이 교차하는 셀에 각 플레이어가 얻는 이득을 표시하는 방법으로 **손익 행렬**을 만들 수 있다. 일반적으로 각 열이 첫 번째 플레이어의 행동에 해당하고, 각 행이 두 번째 플레이어의 행동에 해당한다. 그리고 각 셀에는 첫 번째 플레이어의 이득을 먼저 쓰고, 그 다음 두 번째 플레이어의 이득을 적는다. 이러면 각 셀은 두 개의 값을 갖게 되므로 일반 행렬과는 다른 형태가 되는데, 이를 **쌍행렬**(bimatrix)이라고 부른다.

4.2.4 지배 전략 균형

게임 상황에서 일어나는 균형의 개념에 대한 기본적인 개념을 소개하고자 한다. 바퀴오리 2호는 미로를 이동하는 중에 데미지가 누적되었다. 이때, 바퀴오리 2호는 '에너지 공급 장치'를 발견하였다. 이 에너지 공급장치는 혼자 사용하면 데미지 8포인트를 회복시켜 주고, 둘이 사용하면 절반인 4포인트의 데미지를 회복시켜 준다. 또, 에너지 공급 장치를 이용하지 않고 휴식을 취하면 1포인트 데미지가 회복된다.

이때, 저쪽에서 적이 다가오고 있다. 그렇지만 적도 데미지를 입은 듯하다. 이것은 물론 게임 상황이므로 바퀴오리 2호가 얻을 수 있는 이득은 적의 행동에 의해서도 결정된다. 자, 바퀴오리 2호는 적의 행동을 고려할 때 어떻게 행동하여야 할까?

손익 행렬은 표 4.4와 같다. 바퀴오리 2호와 적 모두 합리적인 행동을 취했다고 할 때, 달성되는 전체 상태는 어떻게 될까? 이 예제에서는 상대의 행동과 상관없이 에너지 공급장치를 이용한 쪽이 그냥 휴식을 취하는 것보다 데미지를 더 많이 회복할 수 있다.

표 4.4 지배 전략 균형을 이루는 손익 행렬

	적이 에너지 공급 장치로 이동	적이 그냥 휴식
바퀴오리 2호가 에너지 공급 장치로 이동	4, 4	8, 1
바퀴오리 2호가 그냥 휴식	1, 8	1, 1

이렇게 상대의 행동이 무엇이든 상관없이, 특정한 행동을 하는 쪽이 높은 이익을 얻을 수 있는 경우, 이 행동을 **지배 전략**(dominant strategy)이라고 부른다. 만약, 모든 플레이어가 지배 전략을 갖고 있는 경우에는 모두가 합리적이라면 역시 모두가 지배 전략을 선택할 것이므로 게임 상태는 **지배 전략 균형**(dominant strategy equilibrium)에 도달하게 된다.

4.2.5 내쉬 균형

물론, 모든 게임에 지배 전략이 존재하는 것은 아니다. 지배 전략이 있다면 상대의 행동을 고려하지 않고도 행동을 결정할 수 있겠지만, 실제로는 많은 경우에 상대의 행동에 따라 내가 취해야 할 행동이 달라진다.

내쉬 균형(Nash equilibrium)이란, 지배 전략 균형을 완화한 개념이며, 행동의 조합(바퀴오리 2호의 행동, 적의 행동)이 서로에게 상대의 행동에 대한 최적의 대응이 되었을 때를 내쉬 균형이라고 부른다. 최적의 대응이란, 상대의 행동이 바뀌지 않는 한 자신도 다른 행동을 취하면 이익이 감소하게 되는 행동을 말한다. 다시 말해, 내쉬 균형은 어느 플레이어도 자기 혼자서는 행동을 바꾸지 않는 상황을 의미한다. 지배 전략 균형은 상대의 행동과 상관없이 행동을 바꾸지 않는 상황이므로 내쉬 균형이기도 하다.

또, 각각의 플레이어가 한 가지 행동을 선택하는 **순수 전략**에서는 내쉬 균형이 반드시 존재하지는 않는다. 앞 절의 사례 1에서는 바퀴오리 2호, 적의 순으로 행동을 결정하였으므로 바퀴오리 2호의 합리적인 행동은 결정되어 있지만, 내쉬 균형은 존재하지 않는다. 확인해 보라. 이와 달리, 각 플레이어가 행동을 확률적으로 결정하는 **혼합 전략**에서는 내쉬 균형이 반드시 존재하는 것으로 알려져 있다.

4.2.6 죄수의 딜레마

내쉬 균형은 플레이어가 각각 상대의 수가 변하지 않는다는 것을 전제로 하여 '내가 손해를 보지 않도록' 행동한 결과로부터 빚어진 균형이다. 직관적으로 생각하면 내쉬 균형은 모두가 각자 상황을 개선하려고 노력한 결과이므로 적어도 전체적으로는 상황이 나빠지지 않을 것이라 생각하기 쉽지만, 반드시 그런 것은 아니다. 이에 대한 유명한 반례가 **죄수의 딜레마**(prisoner's dilemma)이다. 표 4.5에 죄수의 딜레마에 대한 손익 행렬을 실었다.

표 4.5 **죄수의 딜레마에 대한 손익 행렬**

죄수 1 / 죄수 2	자백한다	자백하지 않는다
자백한다	−3, −3	5, −5
자백하지 않는다	−5, 5	3, 3

죄수 2명이 서로 다른 감옥에 갇혀 있고, 이 둘은 따로따로 자백을 요구받고 있다. 두 죄수는 잡히기 전에 '절대 자백하지 말자'고 약속하였다. 그러나 심문을 맡은 검사는 '자백하면 너만은 도와주도록 하겠다'라고 말하였다. 서로 침묵을 지킨다면 보석은 어렵겠지만 처벌이 확정되지도 않을 것이다. 어느 한쪽이 자백한다면 상대가 모든 죄를 뒤집어 쓰겠지만 자신은 석방될 것이다. 또한, 둘 다 자백한다면 두 사람의 죄가 모두 인정되겠지만, 벌은 나누어 받게 되므로 혼자 처벌을 받는 것보다는 가벼운 처벌을 받게 된다. 자, 이때 두 죄수는 어떤 행동을 하게 될까?

이 상황에서의 내쉬 균형을 살펴보자. 죄수 1은 죄수 2가 침묵하는 경우에는 자백을 하는 쪽이 유리하며, 죄수 2가 자백하는 경우에도 스스로 자백하는 것이 유리하다. 죄수 2의 입장도 마찬가지이므로 결국 내쉬 균형에 도달하는 상태는 (자백, 자백)이 된다.

(자백, 자백)의 이득은 두 사람 모두 −3이며, (침묵, 침묵)일 때의 3보다는 이득이 낮다. 여기서 주목할 점은 개인의 합리적 행동이 집단 전체에 대한 이득을 악화시키는 경우가 있다는 것이다.

4.2.7 제로섬 게임

제로섬 게임(zero-sum game)은 플레이어 이득의 총합이 0이 되는 게임이다. 특히 플레이어가 2명인 경우는 플레이어 1의 이득이 r이라면, 플레이어 2의 이득은 $-r$이 된다. 대부분의 대전 게임은 어느 한쪽 플레이어의 승리로 끝나므로 제로섬 게임이라 볼 수 있다. 예를 들어, 이긴 쪽이 100원을 받고, 진 쪽이 100원을 내는 내기 가위바위보는 제로섬 게임이다. 표 4.6에 이 내기 가위바위보의 손익 행렬을 실었다.

2명이 참가하는 제로섬 게임은 손익 행렬의 각 셀에 적힌 숫자가 기호만 다른 관계를 가지므로 플레이어 1의 이득만 알면 충분하다. 이 때문에 2명이 참가하는 제로섬 게임을 나타내는 손익 행렬은 표 4.6처럼 플레이어 1의 이득만을 적도록 간략화할 수 있다.

표 4.6 **내기 가위바위보의 손익 행렬: 제로섬 게임 예**

	P2: 바위	P2: 가위	P3: 보
P1: 바위	0	100	−100
P1: 가위	−100	0	100
P1: 보	100	−100	0

4.2.8 미니맥스 전략

대규모 게임에서 내쉬 균형을 찾는 것은 쉽지 않지만, 제로섬 게임이라면 비교적 간단해진다. 바퀴오리 2호의 행동이 $A = \{a_1,\ a_2,\ a_3,\ a_4\}$로 4가지 있고, 적의 행동도

$B = \{b_1,\ b_2,\ b_3,\ b_4\}$로 4가지가 있다고 하자. 이때 제로섬 게임의 손익 행렬은 표 4.7
과 같다고 하자.

표 4.7 제로섬 게임의 손익 행렬과 미니맥스 전략

바퀴오리 2호 / 적	b_1	b_2	b_3	b_4
a_1	7	2	5	1
a_2	2	2	3	4
a_3	5	3	4	4
a_4	5	2	1	6

이런 경우 바퀴오리 2호의 입장에서 적이 어떻게 행동할지를 생각해 보자. 적이 합리
적이라고 가정한다면, 적은 자신의 이득을 최대화하려고 할 것이다. 제로섬 게임이므
로 적이 이득을 최대화하는 행동은 바퀴오리 2호 자신의 이익이 최소화되는 행동이
된다.

다시 말해, 바퀴오리 2호는 자신의 행동을 결정한 뒤에도 그 행동으로 얻을 수 있는
이득 중 최소의 이득만을 얻을 수 있다고 생각해야 한다. 이런 관점으로 바퀴오리 2호
는 자신이 얻을 수 있는 이득을 최대화(맥스)하는 행동을 선택한다. 이 전략이 **미니맥스
전략**(mini-max strategy)이다. 표 4.7에 파란색으로 표시된 것이 바퀴오리 2호가 각각의
행동을 취한 경우의 최소 이득이고, 빨간색으로 표시한 것이 최대 이득이다. 따라서
바퀴오리 2호가 미니맥스 전략을 취한 경우 (a_3, b_2) 같은 상황이 벌어진다. 이 미니맥
스 전략에 의해 전개되는 상황은 내쉬 균형이다. 확인해 보라.

4.3 전개형 게임

4.3.1 전개형 게임

지금까지는 단 한 번의 행동으로 결과가 결정되는 표준형 게임을 예로 들어 게임 상황
을 설명했다. 그러나 바퀴오리 2호의 모험은 한 번의 행동만으로 결정되는 것이 아니라

여러 단계의 의사결정을 포함하는 문제다. 깊이우선 탐색이나 A* 알고리즘 등 경로 탐색 문제에서는 자신의 행동을 연속적으로 결정하면서 목표 상황에 이르는 경로를 탐색하였다. 특히, 최적 탐색 등의 경로 최적화에서는 현재 위치에 이르기까지 지불해야 하는 비용을 최소화, 바꿔 말해 이득을 최대화하는 행동의 연속열을 구하였다.

오셀로나 체스 같은 많은 보드게임은 퍼즐과 달리, 한 사람의 연속된 의사결정으로 결과가 나오지 않는다. 자기의 행동과 다른 플레이어의 행동이 번갈아가며 상태를 변화시킨다. 이런 여러 단계 의사결정을 포함하는 게임은 손익 행렬로 표현되는 표준형 게임이 아니라 **전개형 게임**(extensive form game)으로 모형화할 수 있다.

선수와 후수가 여러 단계에 걸쳐 의사결정을 함에 따라 변하는 상황을 기술하기 위해, 전개형 게임은 **게임 트리**(game tree)라는 구조를 사용하여 표현한다. 설명의 편의를 위해 이 책에서는 제로섬 게임인 전개형 게임만을 다룬다. 게임 트리에 기입되는 이득은 바퀴오리 2호의 이득이며, 이를 최소화하는 것이 적의 목적이라고 생각하면 된다.

4.3.2 게임 트리

각 플레이어가 순서대로 행동을 취할 때 각각의 행동을 취하는 순서를 하나의 노드로 나타내면, 전개형 게임은 게임 트리로 전개할 수 있다. 게임 트리의 예를 그림 4.4에 실었다. 바퀴오리 2호가 선수이고, 적은 후수라고 하자. 그래프의 노드를 구분하기 위해서 **선수 차례**는 사각으로, **후수 차례**는 원으로 표시한다. 지금까지 다뤘던 탐색 문제의 그래프 표현과 마찬가지로 에지가 행동에 해당한다. 선수 차례(사각 노드)에서 아래로 향하는 에지가 선수의 행동이고, 후수 차례(원형 노드)에서 아래로 내려가는 에지가 후수의 행동이다. 게임 도중에 이익을 얻을 수도 있지만, 마지막 상태에 이익의 합산으로서 계산하기로 한다.

4.3.3 미니맥스 방법

제로섬 게임을 고려하면 선수의 입장에서 보다 높은 이익을 얻고 싶을 것이고, 이에 비해 후수는 보다 낮은 이익이 되기를 바랄 것이다.

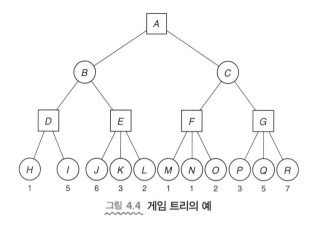

그림 4.4 게임 트리의 예

이 경우, 선수는 후수가 '선수가 가장 낮은 이익을 얻는 수'를 둘 것이라고 전제하고, 스스로가 높은 이익을 얻을 수 있는 행동을 취하는 것이 타당할 것이다. 이렇게 탐색되는 전략을 표준형 게임의 경우와 마찬가지로 미니맥스 전략이라고 부른다. 전개형 게임에서 미니맥스 전략을 취하는 알고리즘이 **미니맥스 방법**(mini-max method)이다.

그림 4.5의 게임 트리를 예로 들어 미니맥스 방법을 설명하겠다. 미니맥스 방법은 먼저 각 노드의 평가값을 구한다. 이 노드의 평가값은 '해당 상태에 도달했을 때 선수가 얻을 수 있는 이익의 최소 보장값'이다.

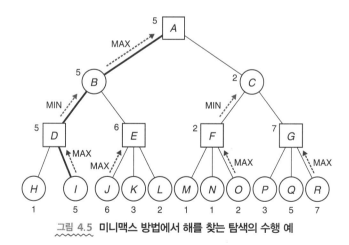

그림 4.5 미니맥스 방법에서 해를 찾는 탐색의 수행 예

미니맥스 방법은 선수의 상태에 대한 평가값으로, 그 자식 노드(아래에 위치한 노드)에 존재하는 최대 평가값을 갖는다. 예를 들어, 상태 D의 자식 노드인 상태 H의 평가값이 1이고, 상태 I의 평가값이 5이므로 $\max(1, 5) = 5$가 된다. 후수는 선수가 얻을 수 있는 이득을 최소화하려 할 것이므로 상태 B가 되면 평가값이 더 낮은 D를 선택할 것이라 보는 것이 타당하다.

이렇게 번갈아가며 수를 두는 과정을 게임 트리의 말단 노드(잎)에서 루트에 이르기까지 반복하면서 모든 노드에 대해 평가값을 결정한다. 그 다음, 이득이 선수에게는 최대, 후수에게는 최소가 되도록 하는 행동을 각 노드에서 선택하면, 미니맥스 전략이 결정된다. 이런 방법을 미니맥스 방법이라고 한다.

4.3.4 알파-베타 가지치기

미니맥스 방법을 살펴보면, 논리적으로 생각할 때 불필요한 탐색이 발생한다. 이들 탐사를 생략하기 위한 방법으로 **알파-베타 가지치기**($\alpha\beta$ pruning)가 있다.

β 가지치기(β pruning, beta cutoff)는 후수의 평가치를 최소화하는 과정에서 선수의 행동을 가지치기하는 방법이다. 여기서 가지치기란, 탐색할 필요가 없는 에지나 노드를 사전에 쳐내어 효율적인 탐색을 수행하는 것을 가리킨다.

예를 들어, 그림 4.6에서 상태 E를 보도록 하자. 상태 D의 평가값은 5로 결정되어 있다. 상태 D와 E의 부모 노드는 상태 B이고 이는 후수의 차례다. 상태 B는 평가값이 최소가 되도록 선택하므로 상태 D와 상태 E 중 평가값이 작은 쪽을 선택할 것이다.

그럼 상태를 왼쪽부터 순서대로 평가해 나간다고 할 때, 상태 J를 평가한 시점에서 상태 E의 평가값은 6 이상이 되는 것이 확정된다. 그렇게 되면 상태 D보다 '반드시 상태 값이 커지므로' 상태 E는 상태 B의 최소화 국면에서 선택을 받지 못할 것이다. 여기서 이어지는 상태 K와 L을 탐사한다 하여도 어차피 소용이 없을 것이므로 낭비가 된다. 이렇게 후수가 선수의 평가값을 최소화하는 과정에서 이어지는 선수의 행동에 대한 평가를 가지치기하는 것이 β 가지치기다.

이와 달리 **α 가지치기**(α pruning, alpha cutoff)는 선수의 평가치를 최대화하는 과정에서

후수의 행동을 가지치기하는 방법이다. 예를 들어, 그림 4.7에서 상태 C를 보도록 하자. 옆 가지인 상태 B의 평가값은 5로 결정되어 있다. 상태 B와 C의 부모 노드는 상태 A이고 이는 선수의 차례다. 상태 A에서는 최대화를 해야 하므로 상태 B와 C 중 평가값이 큰 쪽을 선택할 것이다.

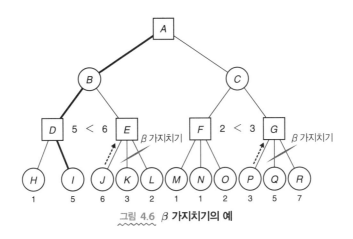

그림 4.6 β 가지치기의 예

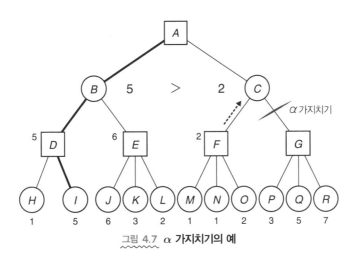

그림 4.7 α 가지치기의 예

다시 왼쪽의 상태 D부터 평가해 나간다고 하자. 이때, 상태 F를 평가한 시점에서 상태 C의 평가값은 2보다 작은 것이 분명해진다. 이 때문에 상태 B보다 '반드시 상태 값이 작아지므로' 상태 C는 상태 A일 때 다음 수의 평가값을 최대화하려는 상황에서 선택되지 않을 것이다. 이어지는 상태 G는 탐사를 하여도 그 정보가 활용되지 않으므로 낭비가 된다. 이렇게 선수가 평가값을 최대화하는 과정에서 이어지는 후수의 행동에 대한 평가를 가지치기하는 방법이 α 가지치기이다.

정리

- 플레이어, 손익 행렬이나 합리적인 행동 등 게임 이론의 기본 용어를 배웠다. 게임 이론의 대상이 되는 게임이 무엇인지 배웠다.
- 지배 전략 균형, 내쉬 균형 등 표준형 게임에 대한 균형 개념의 기초에 대하여 배웠다.
- 전개형 게임과 이를 게임 트리로 나타내는 것에 대해 배웠다.
- (제로섬인) 전개형 게임의 효율적인 해를 찾는 미니맥스 방법을 배웠다.
- 미니맥스 방법에서 해를 효율적으로 찾기 위한 α 가지치기, β 가지치기를 배웠다.

연습문제

1. 교대로 가위바위보를 내는 게임을 하라. 선수와 후수 모두 자신의 차례에 상대에게 이기는 수를 내면, 손가락이 펴져 있는 갯수만큼 득점하게 된다. 지거나 비긴 경우에는 득점하지 못한다. 내가 선수일 때, 먼저 초기 상태에서 보자기를 낸다고 하자. 내가 보자기를 낸 상태(선수) → 상대(후수) → 나(선수)로 한 번씩 차례가 돌아갔을 때의 게임 트리를 작성하면 다음 그림과 같다.

   ❶ 그림의 게임 트리의 말단 노드의 평가값을 구하라. 단 평가값은 (평가값) = (자신의 득점) − (상대의 득점)으로 한다.

   ❷ 교대로 내는 가위바위보에 미니맥스 방법을 적용하고, 각 노드의 평가값을 구하여라.

   ❸ 이 게임에서 선수가 승리할 수 있는지 없는지를 설명하라.

   ❹ 만약, 첫 수를 선수가 고를 수 있다면, 선수는 이 게임에서 이길 수 있는지 없는지를 설명하라.

   ❺ 교대로 내는 가위바위보에서 α 가지치기와 β 가지치기가 적용되는 노드가 있는가? 있다면 어떤 노드가 대상이 되는지 보여라.

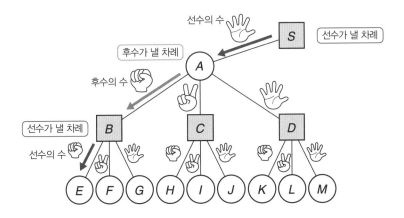

2. 지배 전략 균형과 내쉬 균형의 차이를 설명하라.

3. 표 4.1에 나온 바퀴오리 2호와 적의 게임에서, 바퀴오리 2호가 위로 이동하고 적이 왼쪽으로 이동했다고 하자. 이 행동이 내쉬 균형이 되기 위해 C_W, C_E, D_W, D_E가 만족해야 하는 조건을 설명하라.

5

다단계 결정(1): 동적 계획법

스토리

상태나 상태 사이를 오가는 데 필요한 비용이 항상 변하지 않고, 목표 지점이 하나뿐이라면 A* 알고리즘으로 목표 지점에 다다를 수 있다. 그러나 바퀴오리 2호가 실제로 취하는 행동이 한눈팔지 않고 곧장 목표 지점으로 가는 것뿐일까?

가는 도중에 특정한 시각에 나타나는 아이템을 얻어야 하고, 또 다른 특정 시각에 지나가는 적을 피해야만 할 수도 있다. 또, 목표 지점도 여러 곳 존재할 수 있다. 그렇다면 그중에서도 가장 '이득이 되는' 목표 지점으로 가야 할 것이다. 그러나 그렇다고 해서 모든 행동 패턴을 시도해 볼 수는 없는 일. 그럼 어떻게 해야 할까?

가정

- 바퀴오리 2호는 미로에 대한 완전한 지도를 가지고 있다.
- 바퀴오리 2호는 미로 안에서 자신의 위치를 인식할 수 있다.
- 바퀴오리 2호는 미로의 연속적인 공간을 적절히 이산 상태 공간으로 구성할 수 있다.
- 바퀴오리 2호는 각 시각에서 각 상태 사이를 이동하는 비용이나 이득을 알 수 있다.
- 바퀴오리 2호는 원한다면 물리적으로 연결된 장소나 상태로 결정적으로 이동할 수 있다.

그림 5.1 다양한 요소를 고려하며 최적 경로를 탐색하는 바퀴오리 2호

5.1 다단계 결정 문제

5.1.1 도입

깊이우선/너비우선 탐색이나 A* 알고리즘을 사용해서 목표 상태에 이르는 경로를 탐색할 수 있었다. 깊이우선/너비우선 탐색에서는 모든 상태를 전부 탐색하는 방법으로 목표 상태에 도달하였다. A* 알고리즘에서는 목표 상태에 도달하였다고 가정하고, 이에 이르는 최소 비용의 경로를 찾았다.

그러나 지금까지의 탐색에서는 언제 어떤 때에 어떤 상태를 거쳐야 한다든가, 거쳐가는 순서, 또 목표 상태에 도달하는 것 이외의 또 다른 목표 등을 고려하지 않았다. 예를 들어, 바퀴오리 2호가 탐색하고 있는 미로에도 시간에 따라 각각의 행동에 대한 비용이나 이득이 변화하는 경우가 있을 수도 있다. 또, 목표 지점이 꼭 한 곳이 아닐 수도 있다. 미로에 여러 곳의 목표 지점이 있어, 그중 한 곳에만 도달하면 될 수도 있고, 목표 지점이 한 곳뿐이더라도 가는 도중에 거쳐야 하는 보물 상자가 하나 이상 있을 수도 있다. 가능한 모든 순서를 시도해 보는 것이 아니라 '스스로의 이득이 가장 커지도록' 하면 될 수도 있다.

그래서 이 장에서는 시간 축이 존재하는 다단계 의사결정 문제를 살펴보도록 한다. 어떤 시점 t의 상태 s_t에서 선택한 행동 a_t가 이득 r_{t+1}(혹은 비용)과 다음 시각의 상태 s_{t+1}을 결정하고, 시각 $t+1$에서 취한 행동 a_{t+1}이 시각 $t+2$의 상태 s_{t+2}를 결정한다. 이런 경우에 시각 T까지 들게 될 비용의 합, 혹은 이익을 최소화/최대화하는 계획 문제를 **다단계 결정 문제**(multi-stage decision problem)라고 한다.

5.1.2 그래프를 시간 방향으로 전개하기

먼저, 다단계 결정 문제에 대하여 설명하겠다. 간단한 설명을 위해 그림 5.2와 같은 세 칸으로 구성된 작은 미로를 살펴보자. 바퀴오리 2호의 초기 상태의 위쪽에는 목표 지점을 나타내는 문이 있고, 아래에는 보물 상자가 있다. 이를 상태 공간으로 구성하여 그래프로 나타내면 그림 5.2의 가운데에 해당하는 노드 3개짜리 그래프처럼 될 것이다.

이번 장에서 다룰 다단계 결정 문제는 상태 공간을 나타내는 이 그래프에 시간의 개념을 새롭게 도입한다. 각 시각에 따른 하나의 상태를 서로 다른 상태로 보고, 행동은 시점 t의 상태에서 시점 $t+1$의 상태로의 이동으로 간주한다. 이렇게 하면, 원래의 상태 공간을 나타내던 그래프는 그림 5.2의 오른쪽에서 보듯이 시간 축을 포함하는 유향 그래프로 전개된다.

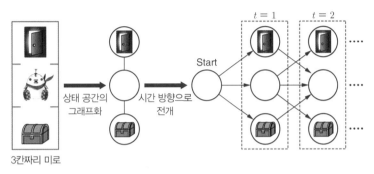

그림 5.2 **상태 공간을 시간 방향으로 전개하여 그래프화**

이 그래프상에서 왼쪽에서 오른쪽으로 향하는 경로를 탐색하는 것이 다단계 결정 문제가 된다. 행동에 대한 시각을 구체적으로 따지는 것을 통해, 시점에 따라 달라지는 이득이나 비용, 혹은 타이밍 등의 요소를 고려사항에 넣을 수 있게 된다.

다단계 결정 문제는 그림 5.3과 같은 형태로 나타낼 수 있다. 시점 t에서의 상태와 시점 $t+1$에서의 상태를 잇는 유향 에지가 행동에 대응한다. 원래의 그래프에서는 같은 장소이지만, 시간 방향으로 전개된 그래프에서는 시점이 다르다면 서로 다른 상태로 표현된다. 시간은 역방향으로 진행하지 않으므로 상태는 과거에서 미래를 향하는 유향 그래프의 한 가지 방향으로 바뀌어 간다. 어떤 장소에서 다른 장소로 이동하는 행동도, 시점이 다르면 다른 유향 에지에 해당하므로 변화하는 이득이나 비용을 부여할 수도 있게 된다.

이러한 그래프에서 최대 누적 이득을 얻을 수 있는 행동 연속열은 어떤 것일까? 어떻게 해야 이를 효율적으로 계산할 수 있을까? 이런 문제에 대한 해를 효율적으로 구하기 위한 방법이 **동적 계획법**(dynamic programming)이다.

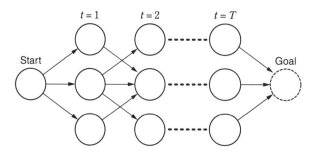

그림 5.3 **다단계 결정 문제의 그래프**

5.2 동적 계획법

5.2.1 경로와 계산량

시각 $t = 1$에서 $t = T$까지에 대한 다단계 결정 문제의 해를 구하는 방법을 살펴보자. 다단계 결정은 선택한 행동의 연속열로 볼 수 있다. 결정적 시스템에서는 상태의 연속열을 행동의 연속열로 생각할 수 있으므로 다단계 결정은 T개의 상태 변수의 리스트 $(s_1, s_2, \dots, s_T)$로 나타낼 수 있다.

이 다단계 결정을 통해 얻는 경로의 평가 함수를 J라고 할 때, 이 함수의 값이 최대가 되도록 하는 것이 경로 탐색의 목적이 된다.

$$J(s_1, s_2, \dots, s_T) \longrightarrow \max \tag{5.1}$$

그러나 이 상태 변수의 리스트는 원래의 상태 공간의 상태의 수를 N이라고 했을 때, 최대 N^T가 존재한다. 상태 수가 단 3개라고 해도, 10단계라면 약 6만 가지, 20단계가 되면 약 35억 가지가 된다. 100개의 상태가 존재하는 상태 공간에서 34단계만 고려해도 경로의 가짓수는 1 무량대수(10^{68})에 이르게 된다.

모든 경로를 열거하며 평가하는 방법을 택한다면 계산량은 $O(N^T)$과 같이 증가하며, 이를 수행하는 데는 막대한 시간이 소비된다. 계산량이 지수 함수적으로 증가하므로 현실적으로는 해결할 수 없는 문제가 되어 버린다.

그러나 다단계 결정 문제에서 평가 함수 J를, 상태의 쌍을 이루는 두 개의 변수에 대한 함수 h_t의 합으로 나타낼 수 있다면, 계산량을 극적으로 줄일 수 있다. 동적 계획법을 사용하면 실제 계산량은 $O(N^2 T)$까지 줄어든다. 두 변수에 대한 함수의 합으로 나타낸다는 것은 다음과 같은 경우를 말한다.

$$J(s_1, s_2, \ldots, s_T) = \sum_{t=2}^{T} h_t(s_{t-1}, s_t) \tag{5.2}$$

$$r_t = h_t(s_{t-1}, s_t) \tag{5.3}$$

여기서 h_t는 시점 t에 대한 각각의 유향 에지 (s_{t-1}, s_t)에 평가값을 부여하는 평가 함수다. 여기서 말하는 s_t는 시간 방향으로 전개하기 이전의 상태 공간에 대한 상태다.

결정적 시스템에서는 각각의 행동이 상태의 쌍과 등치이므로 평가 함수 $h_t(s_{t-1}, s_t)$는 상태 s_t에 도달하는 행동 a_t에 대하여 각 시각마다 개별적인 평가값을 부여하는 하는 것을 의미한다. 그림 5.4처럼 에지에 대한 평가값을 부여하고 있다면 식 5.2의 조건을 만족하게 된다.

동적 계획법은 이 조건을 이용하여 계산량을 줄일 수 있다. 계산량이 $O(N^2 T)$까지 줄어 든다면, 100개의 상태를 갖는 34단계 문제는 경로에 대한 평가를 최대 34만 번만 하면 된다. 1 무량대수가 34만까지 줄어드는 놀라운 효과다.

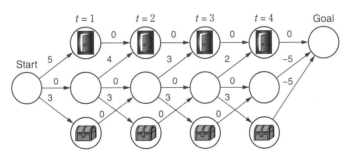

그림 5.4 보물 상자를 열고 문에 도착하는 미로의 시간 방향 그래프 전개

5.2.2 동적 계획법의 알고리즘

동적 계획법에 대한 알고리즘을 알고리즘 5.1에 실었다. 이 알고리즘은 언뜻 보면 복잡하지만, 구체적인 문제를 예로 들며 수행하는 '절차'로써 받아들이면 이해하기 쉽다. 다음 절에서는 바퀴오리 2호가 '보물 상자를 찾아 목표에 다다르는 이야기'를 진행시키며 동적 계획법을 통해 문제를 해결하는 예를 보일 것이다.

알고리즘 5.1 동적 계획법

❶ **for** $t = 1$ to T **do**

❷   식 (5.4)와 이를 최댓값이 되도록 하는 s_{t-1}을 $\hat{s}_{t-1}(s_t)$로 하여 메모리에 저장한다.

$$F_t(s_t) = \max_{s_{t-1}} \left[F_{t-1}(s_{t-1}) + h_t(s_{t-1}, s_t) \right] \tag{5.4}$$

❸ **end for**

❹ $F_T(s_T)$가 최대가 되도록 하는 s_T의 값 s_T^*를 탐색하여 그 최댓값을 $J^* \leftarrow F_T(s_T^*)$로 한다.

❺ **for** $t = T - 1$ to 1 **do**

❻ $s_t^* = \hat{s}_t(s_{t+1}^*)$를 계산한다.

❼ **end for**

❽ **return** 경로 $(s_1^*, s_2^*, \ldots, s_T^*)$ 및 J^*를 리턴한다.

그리고 경로의 비용을 최소화하는 문제에 적용하려면 위의 알고리즘의 max를 min으로 바꾸고, 최댓값을 구하는 부분을 최솟값을 구하도록 바꾸면 된다.

또, 3장에서 소개한 최적 경로 탐색 문제를 동적 계획법으로 접근하는 알고리즘의 예로 **다익스트라 알고리즘**(Dijkstra's algorithm)이 있다. 이 알고리즘의 관점으로 보면 최적 경로 탐색 문제도 다단계 결정 문제의 일종으로 볼 수 있다.

5.3 보물 상자를 열고 목표 지점으로!

5.3.1 문제의 설정

그림 5.4에 문제가 나타내는 상황을 유향 그래프로 나타내었다. 각각의 유향 에지 위의 숫자는 그 행동을 취할 때 얻을 수 있는 이득 $r_t = h_t(s_{t-1}, s_t)$의 값을 나타낸다. 이 이득의 목표 지점에 이르기까지의 합이 최대가 되도록 하는 것이 바퀴오리 2호의 과업이다. 이 과업에서는 $t = 4$까지 목표 지점에 도달하도록 한다. 만약, $t = 4$가 지나도록 목표 지점에 도달하지 못했을 경우 이득에 −5를 페널티로 받는다고 하자.

보물 상자는 횟수 제한 없이 얻을 수 있으며, 이 경우 이득으로 3을 얻는다. 또, 목표 지점에 빨리 도착할 때 이득이 높고, 도착하는 시점이 1시각 늦을 때마다 도착 시의 이득이 줄어든다. 그리고 보물 상자가 있는 곳에는 머물러 있을 수 없다. 또, 한 번 목표 지점에 도달하면, 목표 지점을 떠나는 것은 불가능하다.

이와 같은 조건하에 바퀴오리 2호가 출발한다. 바퀴오리 2호는 보물 상자를 찾고 나서 목표 지점으로 가는 것이 좋을까? 아니면, 바로 목표 지점으로 향하는 것이 좋을까? 보물 상자는 여러 번 얻을 수 있으므로 보물 상자를 계속 여는 쪽이 나을 수도 있다.

5.3.2 동적 계획법 적용하기

그림 5.5부터 5.10까지 동적 계획법을 적용할 때 어떤 흐름으로 계산이 진행되는지를 나타내었다.

왼쪽부터 순서대로 각각의 상태에 이르는 최적 경로를 계산하고, 그때에 대한 평가값을 상태에 기입한다. 먼저, 첫 번째 단계에서는 3개의 선택지가 있다. 이들 각각의 선택지로 이동하는 경우를 고려하면, 위에서부터 5, 0, 3이라는 잠정적 평가값을 얻을 수 있다. 여기서, 이득을 5 얻을 수 있는 코스인 '위'를 고르는 것이 좋을 것 같지만, 그대로 나아간 뒤 이후 단계에서 이득이 좋지 않은 결과를 얻을 수도 있으므로 다른 가능성도 메모리에 저장해 둘 필요가 있다(그림 5.5).

그 다음 두 번째 단계다. 가장 위의 상태는 목표 지점인 문을 나타내므로 첫 번째 단계에 목표 지점인 문에 도착하여 그대로 머무르는 경로와, 초기 위치에 머무르다 두 번째 단계에 목표 지점에 도달하는 두 가지 경로를 생각해 볼 수 있다. 전자의 경우 이득의 합이 5이고, 후자는 이득의 합이 4이므로 $t = 2$에서 목표 지점으로 가는 경로보다 $t = 1$에서 목표 지점으로 간 뒤 그대로 머무르는 경로가 최적임을 알 수 있다. 여기서 $t = 2$의 가장 위의 상태에 대한 잠정적 평가값은 $F2(문) = 5$로 기록한다(그림 5.6).

그러나 세 번째 단계가 되면 지금까지의 경로는 고려할 필요가 없었다는 것을 알게 된다. $t = 3$에서는 먼저 1단계에서 보물 상자를 열고 그 다음, 목표 지점으로 향하는 경로가 평가값 6을 얻었음을 알 수 있다(그림 5.7).

이렇게 차례대로 각 단계에서 각각의 상태를 목표 상태로 하는 최적 경로를 구하고 이를 기록해 나가면, 이미 계산한 평가값을 다시 계산할 필요가 없어 수고를 절약할 수 있다는 것이 동적 계획법의 포인트다. 이렇게 각 상태에 대한 잠정적 평가값을 기록해 나가는 절차를 **메모이제이션(memoization)**이라고 부른다. 동적 계획법은 최적 경로를 메모리를 활용하여 좀 더 적은 계산량으로 최적 경로를 탐색하는 기법이라 할 수 있다.

위의 절차를 반복하며 모든 상태에 대한 잠정 평가값 F_t의 메모이제이션을 마친다. 최종 시각에 해당하는 단계에서 가장 큰 평가값을 갖는 상태를 역순으로 따라가면 이를 최적 경로로 결정할 수 있다. 따라서 그림 5.10과 같이 보물 상자를 먼저 열고, 목표 지점으로 가는 것이 최적이라는 것을 알 수 있다.

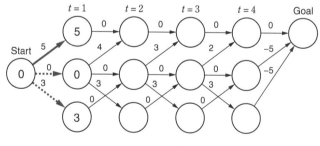

그림 5.5 **1단계**

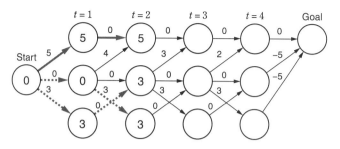

그림 5.6 **2단계**

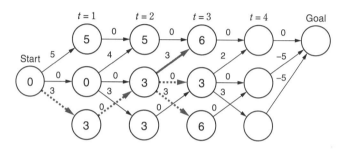

그림 5.7 **3단계**

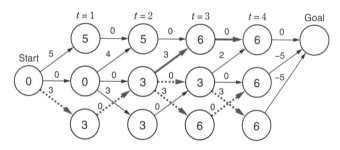

그림 5.8 **4단계**

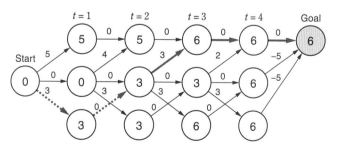

그림 5.9 **5단계**

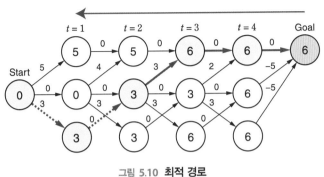

그림 5.10 **최적 경로**

예제: 편집 거리 계산

5.4.1 편집 거리

동적 계획법은 계산 기법으로서는 매우 일반적인 개념으로, 미로 탐색과 같은 과제 이외에도 자연 언어 처리나 음성 인식, 동작 인식, 제어 이론, 생명 과학 등 매우 폭넓은 분야에서 활용되고 있다. 이번 절에서는 그중 한 예로, 자연 언어 처리나 생명 과학(유전자 정보 해석 등)에서 널리 쓰이는 편집 거리를 계산하는 방법을 설명하겠다. **편집 거리**(edit distance)는 문자열과 문자열의 거리를 재는 척도이다. 문자열과 문자열 사이의 거리라고 하면 조금 직관적이지 못하지만, 문자열과 문자열의 '서로 다른 정도'라고 보면 될 것이다.

편집 거리보다 간단하게 문자열 사이의 거리를 정의하는 방법으로 **해밍 거리**(Hamming distance)가 있다. 해밍 거리란, 문자열에 포함된 문자를 앞에서부터 하나씩 비교하며 '몇 개나 다른가'를 출력하는 거리 함수다. 예를 들어, 'TANIGUCHI'와 'TANIMACHI'는 5번째 문자 G와 M, 그리고 6번째 문자인 U와 A, 두 곳이 서로 다르므로 해밍 거리는 2가 된다.

그런데 서로 어긋나는 문자열을 해밍 거리로 문자열의 거리를 계산하면 우리가 직관적으로 생각하는 것보다 훨씬 거리가 크게 측정되는 차이가 생긴다. 예를 들어 TANIGUCHI의 첫 글자를 빼먹어서 ANIGUCHI가 되면 앞에서부터 T/A, A/N의 순서대로 훑어 나가며 모든 글자가 다른 결과가 되어 해밍 거리가 9가 되어 버린다. 우리가 보았을 때는 TANIGUCHI와 ANIGUCHI가 '꽤 가까운 문자열'이지만, 해밍 거리로는 매우 다른 문자열이 되는 것이다.

이렇게 해밍 거리로는 우리가 생각하는 '직관적인 거리'를 표현할 수 없다. 그 이유는 해밍 거리가 문자가 바뀌는 데는 적절하게 대응할 수 있지만, 문자가 빠지거나 새로이 추가되는 데는 그렇지 못하기 때문이다. 문자가 빠지거나 추가되며 생기는 변화도 '한 글자의 변화'로 쳐서 거리를 계산하는 방법이 편집 거리다. 표 5.1에 해밍 거리와 편집 거리를 비교한 내용을 실었다.

편집 거리는 직관적으로 이해하기 쉬운 척도이지만, 계산 방법도 해밍 거리처럼 간단하지는 않다. 왜냐하면, 문자열 안에서 어떤 문자가 서로 대응하는지를 두 문자열을 일일이 맞춰 보며 결정해야 하기 때문이다. 이것이 **문자열 일치**(string match)라는 문제다.

표 5.1 **해밍 거리와 편집 거리**

문자열 1	문자열 2	해밍 거리	편집 거리	설명
abcd	abcd	0	0	문자가 바뀌지 않았으므로 거리가 0이다.
abcd	abed	1	1	한 문자가 바뀌어 거리 1이 된다(c → e).
abcd	acd	3	1	해밍 거리로는 3문자가 바뀌었지만, 편집 거리로는 'b' 한 글자만 지워진 것이 된다.
abcd	axbcd	4	1	해밍 거리로는 4글자가 바뀌었지만, 편집 거리로는 'x' 한 글자만 추가된 것이 된다.

그림 5.11에 문자열 일치의 예를 나타내었다. 문자열 일치에서는 같은 문자를 단순히 대응시키는 것뿐 아니라, 왼쪽 예의 e-f에 대한 대응에서 보듯이 치환에 대해서도 '어느 문자가 어떤 문자로 바뀌었는지'까지 고려해야 한다. 또, 그림 5.11의 왼쪽 예에서는 하단의 앞에서 두 번째 글자에 c가 추가되었다고 인식하였으나, 윗단의 두 번째 글자인 b가 삭제되고 그다음에 오는 c가 두 번째가 되었다고 보는 것도 타당하다. 실제로 문자열을 일치시키는 방법의 가짓수는 매우 많고, 그중에서도 가장 타당한 방법을 찾아내는 것이 문자열 일치 문제의 과업이 된다.

문자열 일치 문제는 일견, 앞 절에서 다뤘던 경로 탐색과 큰 차이가 있는 것 같지만, 사실은 매우 유사한 성질을 가지므로 이 역시 동적 계획법을 이용하여 효율적으로 풀 수 있다.

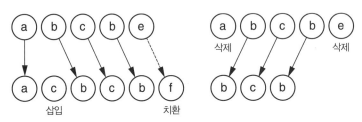

그림 5.11 **문자열 일치**

5.4.2 동적 계획법을 이용한 편집 거리 계산

편집 거리도 동적 계획법을 통해 효율적인 계산이 가능하다. 메모이제이션을 위해서 그림 5.12와 같은 표를 준비한다.

편집된 문자열

	\$	a	e	b	c
\$	0	1	2	3	4
a	1				
b	2				
c	3				
d	4				Goal

(세로 방향 레이블: 원래 문자열)

그림 5.12 **편집 거리를 계산하기 위한 표**

그림에서 \$는 문자열의 시작을 나타낸다. 모든 문자열이 이 \$로 시작된다고 가정한다. 그리고 두 문자열 'abcd'와 'aebc'의 편집 거리를 계산해 보도록 하자. 각각의 셀은 해당하는 부분 문자열로부터 편집된 후의 부분 문자열이 생성된 상태를 나타내고, 셀 안에는 그렇게 편집했을 때의 비용(편집 거리)을 기입한다. 예를 들어, b행 e열의 셀은 문자열 'ab'로부터 어떤 '편집'을 거쳐 'ae'가 되는 상태를 의미한다.

원래의 문자열이 'ab'였을 때 편집 후의 문자열이 'ae'가 되기 위해서는 세 가지 경로를 생각해 볼 수 있다. 이를 그림 5.13에 나타내었다.

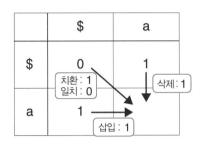

그림 5.13 **편집 거리 계산 중 각 이동의 비용**

① 원래의 문자열이 'ab'이고, 편집 후의 문자열이 'a'가 된 후 'e'가 **삽입**된 경우
② 원래의 문자열이 'a'이고, 편집 후의 문자열이 'ae'가 된 후 원래 문자열에 'b'가 삽입되었다가 다시 **삭제**된 경우
③ 원래의 문자열이 'a'이고, 편집 후의 문자열이 'a'가 된 후 원래 문자열에 'b'가 추가되었으나 이것이 다시 'e'로 **치환**된 경우

편집 거리에서는 이들 각각에 비용 1을 부여한다. 또, 편집 후와 편집 전에 같은 문자가 추가되었던 경우에는, 치환이 아니라 **일치**(④)로 판단하여 비용을 추가하지 않고 다음 셀로 진행한다.

그림 5.13에서 보듯, 표로 생각해 보면 ① '삽입'은 오른쪽 셀로 이동하는 것과 같고, ② '삭제'는 아래쪽 셀로 이동, ③ '치환'과 ④ '일치'는 오른쪽 아래 대각선 방향 셀로 이동하는 것에 해당한다.

문자열 일치 문제에서는 가능한 한 적은 횟수의 편집을 거쳐 원래의 문자열에서 편집된 문자열을 생성하는 방법을 탐색하고, 이 최소의 편집 횟수를 편집 거리로서 출력해야 한다. 사실, 이 문제는 그림 5.12에서 ($, $) 셀에서 오른쪽 아래의 목표 지점에 도달하는 최적 경로를 구하는 문제와 정확히 같다.

이번에는 이 문제를 최소 비용의 경로를 탐색하는 문제로 보고, 원래의 문자열로부터 편집된 문자열이 생성되는 경로의 비용을 최소화하도록 한다. 앞에서 설명하였듯이, 동적 계획법으로 최소 비용 문제를 풀기 위해서는 알고리즘 5.1에서 max 연산을 min 연산으로, '최대'라 언급된 부분을 '최소'로 바꾸면 된다.

이 규칙에 따라, 앞 절과 같은 방법으로 메모이제이션을 통해 표를 기입해 보면, 그림 5.14와 같은 표를 얻을 수 있다. 여기서도 목표 지점으로부터 비용이 최소가 되는 경로를 따라 거슬러오르면 문자열 일치 결과를 얻을 수 있다. 그리고 맨 오른쪽 하단에 있는 목표 지점에 적힌 누적 비용이 편집 거리가 된다. 여기서는 'e'가 삽입되고 'd'가 삭제되었다고 추정하였으며, 따라서 편집 거리는 2로 계산되었다.

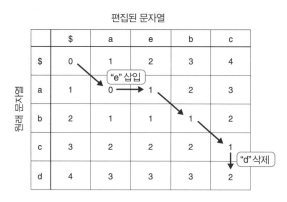

그림 5.14 편집 거리의 계산 결과

> **정리**
> - 결정적 시스템에 대한 다단계 결정 문제를 형식화하였다.
> - 상태 공간을 시간 방향의 그래프로 전개하는 방법을 배웠다.
> - 동적 계획법의 알고리즘을 배웠다.
> - 동적 계획법에 대한 응용으로, 문자열 일치와 편집 거리를 계산하는 방법을 배웠다.

1. 각 단계마다 선택지가 N개 있고, T단계를 갖는 다단계 결정 문제에서 최적 경로를 탐색할 때, 동적 계획법을 사용하지 않고 모든 경로를 열거하며 탐색한다면 계산량은 어떻게 될까? 또, 동적 계획법을 사용한 경우에는 어떻게 되는지 설명하여라.

2. 아래 그림의 그래프에서 동적 계획법을 이용하여 최적 경로를 구하여라. 이때 얻어진 문자열을 구하고, 평가값의 총합을 써 넣어라. 에지에 달린 숫자는 해당 경로를 지날 때 얻는 평가값을 나타낸다. 지나가는 에지의 평가값에 대한 합이 최대가 되도록 하는 문자열을 구하여라.

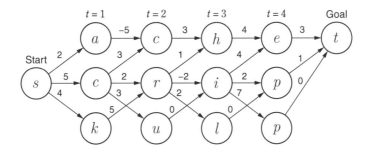

3. 두 문자열 'sonnet'과 'salmon' 사이의 편집 거리를 구하라. 비용을 계산할 때는 이번 장의 예제에서처럼 표를 그리고, 동적 계획법의 계산 과정을 보여라.

4. 동적 계획법은 메모리를 사용하여 계산량을 줄이려는 시도라고 볼 수 있다. 동적 계획법에서 각 상태의 평가값을 저장해 두는 것을 무엇이라 하는가? 그 명칭을 답하라.

그림과 수식으로 배우는
통통 인공지능

→have(x,water)

확률과 베이즈 이론의 기초

스토리

지금까지 바퀴오리 2호는 자신이 원하는 방향으로 반드시 움직일 수 있다고 생각했다. 또, 모든 보물 상자는 똑같이 생겨서 존재하기만 한다면 반드시 이를 발견할 수 있다고 생각했다.

그러나 현실은 그렇지 않았다. 바퀴오리 2호가 전진하려고 해도 옴니휠이 미끄러져 전진하지 못하거나 회전할 때도 지면의 이물질 때문에 한쪽 바퀴가 헛돌아 원하는 방향으로 나아가지 못하기도 했다. 보물 상자도 빛을 받는 방향이나 상자가 놓인 방향에 따라 매번 다르게 보인다. 그저 보물 상자 모양의 이미지를 가지고, 그 이미지에 일치하는 보물 상자를 찾으면 된다고 생각했던 것이 착오였다. 너무 쉽게 생각했다.

그래, 세상은 불확실성으로 가득 차 있다. 현실은 질서 있는 결정적 시스템이 아니고, 확률적인 예측만이 가능한 미래와 이 또한 틀릴 가능성으로 가득찬 확률적 시스템이었던 것이다.

가정

• 바퀴오리 2호는 과거의 경험으로부터 확률을 계산할 수 있다.

그림 6.1 보물 상자 속에 무엇이 들어 있을지 생각하는 바퀴오리 2호

6.1 환경의 불확실성

6.1.1 실세계의 불확실성과 확률

컴퓨터로 시뮬레이션된 세계와 실세계의 차이는 무엇일까? 그 차이 중 하나로 불확실성을 들 수 있다. 공의 포물선 운동을 계산하는 예를 들어 보자. 컴퓨터 시뮬레이션에서는 같은 초기 속도, 각도로 공을 발사하면 이 공은 같은 곳에 항상 떨어지게 될 것이다. 그러나 실세계에서는 그렇지 않다. 실세계에서는 같은 초기 속도와 각도로 공을 발사해도 완전히 똑같은 자리에 떨어지지 않는다. 공기의 저항, 바람, 발사 순간에 타격위치의 작은 차이, 공에 걸리는 스핀의 정도와 같은 요소의 영향으로 조금씩 낙하 위치가 달라지게 된다. 실세계에서 활동해야 하는 로봇의 인공지능을 만들려 한다면, 이불확실성을 다루는 것이 필수적이다. 결정적 시스템으로 상태 공간을 구성하고, 최적해를 찾는 것만으로는 충분하지 못하다.

실세계에서 활동한다는 것이 반드시 물리적인 몸체를 갖는 것만을 의미하는 것은 아니다. 예를 들어, 이메일의 스팸 필터 인공지능을 생각해 보자. 수신되는 이메일의 내용은 매번 조금씩 다르고, 반드시 정해진 내용이 포함되는 것이 아니다. 이런 데이터의 변화도 불확실성의 한 종류다.

바퀴오리 2호가 이런 실세계의 불확실한 상황에 대응할 수 있도록 하려면, 그리고 많은 양의 데이터로부터 통계적으로 학습하는 지능을 갖도록 하려면 베이즈 정리를 포함하여 확률에 대한 기본적인 지식을 이용하는 것이 효과적이다. 베이즈 정리를 활용하여 확률론의 기초를 닦고, 데이터를 이용한 추정이나 해석을 수행하기 위한 광범위한 이론을 **베이즈 이론**(Bayes' theory)이라 부른다. 이번 장에서는 확률과 베이즈 이론의 기초적인 내용을 소개하고자 한다.

6.2 확률의 기초

6.2.1 바퀴오리 2호의 불확실한 전진

이번 절에서는 확률을 도입하고자 한다. 설명을 위해 바퀴오리 2호가 전진하려고 할 때 빚어지는 불확실성을 예로 들 것이다.

바퀴오리 2호는 가지고 있는 옴니휠에 전진 명령을 출력하지만, 지면의 상황이나 모터의 상태에 따라 제대로 전진하지 못할 수 있다. 또, 미끄러운 바닥이나 뒤에서 부딪혀 오는 물체 등의 이유로 전진 명령을 내리지 않아도 앞으로 나아가 버릴 수도 있다.

그럼, 대체 어느 정도의 불확실성이 존재하는 것일까? 이 불확실성을 통계적으로 포착하고자 한다. 바퀴오리 2호의 동작을 100번 관측하였을 때, 표 6.1과 같은 결과를 얻었다. 여기서 바퀴오리 2호의 전진과 정지 명령은 바퀴오리 2호의 머리에 있는 난수 생성기에서 무작위로 결정된다고 하자. 머릿속에서 동전을 던져 앞이 나오면 전진, 뒤가 나오면 정지인 상황과 같다.

이 '바퀴오리 2호의 불확실한 전진'을 예로 들어, 계속해서 확률에 대한 기초적인 용어를 도입할 것이다. 확률은 단순히 관측 횟수의 비율로 계산할 수 있다고 전제한다.

표 6.1 **바퀴오리 2호가 이동한 히스토리**

내려진 명령 / 실제 결과	결과 : 전진	결과 : 정지
명령 : 전진	20번	8번
명령 : 정지	12번	60번

6.2.2 사건과 확률

확률은 어떤 일이 벌어질 개연성의 정도를 나타낸다. 여기서 '어떤 일'에 해당하는 것을 **사건(event)**이라 부르며, 그리고 그 개연성의 정도를 **확률(probability)**이라고 한다. 사건 A 가 일어날 확률을 $P(A)$로 나타낸다. 예를 들어, 표 6.1처럼 바퀴오리 2호가 전진하는 사건 '결과 : 전진'이 관측될 확률 P("결과 : 전진")은 100번 중에 $20 + 12 = 32$번이므로

32/100이다. 또, 바퀴오리 2호가 "전진" 명령을 내릴 확률은 P("명령 : 전진") = 28/100 이다. 여기서 모든 사건에 대한 확률의 합이 1이라는 것은 확률의 중요한 특징이다.

$$\sum_A P(A) = 1 \tag{6.1}$$

또, 확률 $P(A) = 1$이라는 것은 반드시 사건 A가 일어난다는 것을 의미하고, $P(A) = 0$이면 사건 A가 절대로 일어나지 않음을 의미한다. 다시 말해, 확률이 1이나 0인 상황은 불확실성이 존재하지 않는 상황이다. 이런 관점에서 보면, 결정적 시스템은 확률적 시스템의 특수한 경우라 볼 수도 있다.

6.2.3 결합 확률

사건 A와 사건 B가 함께 발생할 확률을 **결합 확률**(joint probability)이라고 부르며, $P(A, B)$로 나타낸다. 예를 들면, 결합 확률 P("명령 : 전진, 결과 : 전진")은 100번 중에 20번 일어났으므로 20/100 = 1/5이다. 또 일반적으로 '사건 A와 사건 B가 함께 발생할 확률'과 '사건 B와 사건 A가 함께 발생할 확률'은 같으므로 $P(A, B) = P(B, A)$가 성립한다.

6.2.4 조건부 확률

사건 B가 일어난 사실이 알려졌을 때, 사건 A가 일어날 확률을 **조건부 확률**(conditional probability) 또는 **사후 확률**(posterior probability)이라고 하며, $P(A|B)$로 나타낸다. 예를 들어, 바퀴오리 2호가 전진 명령을 출력했을 때(사건 B) 바퀴오리 2호가 실제로 전진하는지(사건 A)를 살펴보자. 바퀴오리 2호가 전진 명령을 출력한 횟수는 20 + 8 = 28번이고, 그중 실제로 전진이 관측된 것은 20번이다. 따라서 조건부 확률은 P("결과 : 전진" | "명령 : 전진") = 20/28이다. 결합 확률과 조건부 확률을 혼동하지 않도록 주의하라.

6.2.5 확률의 곱셈 정리 (조건부 확률과 결합 확률의 관계)

결합 확률 $P(A, B)$와 조건부 확률 $P(A|B)$ 사이에는 다음과 같은 **곱셈 정리**(multiplication theorem)가 성립한다.

$$P(A, B) = P(A|B)P(B) \tag{6.2}$$

바퀴오리 2호가 전진 명령을 출력했을 때(사건 B), 바퀴오리 2호가 실제로 전진하는지 (사건 A) 여부에 대한 확률을 예로 들어 이 정리가 성립하는지 확인하겠다. 6.2.3절에서 계산한 것과 같이, 식 (6.2) 좌변의 결합 확률 P("결과 : 전진", "명령 : 전진")은 1/5이다. 우변의 첫 번째 항은 $P(A|B) = P$("결과 : 전진" | "명령 : 전진") = 20/28이며, 두 번째 항은 $P(B) = P$("명령 : 전진") = 28/100이다. 결과는 다음 식과 같으며,

$$P(\text{"결과:전진"} | \text{"명령:전진"})P(\text{"명령:전진"}) = 20/28 \times 28/100 = 1/5 \tag{6.3}$$

6.2.3절에서 계산한 P("결과 : 전진", "명령 : 전진")의 값과 같다. 이와 같이 확률의 곱셈 정리가 성립함을 확인할 수 있다.

6.2.6 확률의 덧셈 정리

사건 A와 사건 B 중 적어도 한쪽이 일어나는 사건을 **합사건**(sum event)이라 하고, $A \cup B$ 로 나타낸다. 그리고 사건 A와 사건 B가 모두 일어나는 사건을 **곱사건**(product event)이 라 하고, $A \cap B$로 나타낸다. 이때, 합사건의 확률은 다음 식과 같은 덧셈 정리를 만족 한다.

$$P(A \cup B) = P(A) + P(B) - P(A \cap B) \tag{6.4}$$

예를 들어, 사건 A를 "결과 : 전진", 사건 B를 "명령 : 전진"이라고 하면, 다음의 식이 성 립한다.

$$\begin{aligned} P(\text{"결과:전진"} \cup \text{"명령:전진"}) = P(\text{"결과:전진"}) + P(\text{"명령:전진"}) \\ - P(\text{"결과:전진"} \cap \text{"명령:전진"}) \end{aligned} \tag{6.5}$$

이 식의 모든 항을 계산하면,

$$40/100 = 32/100 + 28/100 - 20/100 \tag{6.6}$$

위와 같으므로 덧셈 정리가 성립함을 확인할 수 있다.

6.2.7 확률의 주변화

베이즈 이론에서 자주 쓰이는 **주변화(marginalization)**에 대하여 설명하겠다. 결합 확률 $P(A, B)$에 대해, 어느 한쪽에 사건에 대한 모든 가능성을 합하여 해당 변수를 소거하는 것을 주변화라고 한다.

예를 들어, 결합 확률 $P(A, B)$에 대해 사건 B를 주변화하면 다음과 같이 된다.

$$P(A) = \sum_B P(A, B) \tag{6.7}$$

$\sum_B$는 B의 모든 가능성에 대한 합을 의미한다. 예를 들어, "명령 : 전진"의 결과를 주변화하면 다음과 같다.

$$P(\text{"명령:전진"}) = P(\text{"명령:전진"}, \text{"결과:전진"})$$
$$P(\text{"명령:전진"}, \text{"결과:정지"}) \tag{6.8}$$

$$28/100 = 20/100 + 8/100 \tag{6.9}$$

이는 곱셈 정리를 이용하여 간단하게 증명할 수 있다.

$$\sum_B P(A, B) = \sum_B P(B|A)P(A) = P(A) \sum_B P(B|A) = P(A) \tag{6.10}$$

마지막의 변형은 식 6.1의 $\sum_B P(B|A) = 1$을 이용한 것이다. 사건 A를 전제로 할 때, 사건 B가 일어날 확률을 사건 B의 모든 가능성에 대하여 합한 것이므로 $\sum_B P(B|A) = 1$이 되는 것은 자명하다.

이처럼 주변화는 단순한 개념이지만, 곱셈 정리와 함께 베이즈 이론에서 자주 사용되므로 기억해 두는 것이 좋다. 또, 이 주변화 식은 각각의 사건이 서로 배반일 때의 덧셈 정리와 같으므로 주변화 식 자체를 **덧셈 정리**(additional theorem)라 부르기도 한다.

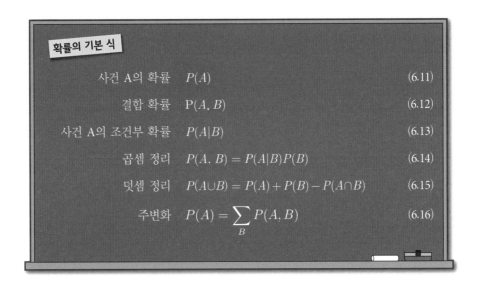

확률의 기본 식

$$\text{사건 } A\text{의 확률} \quad P(A) \tag{6.11}$$

$$\text{결합 확률} \quad P(A, B) \tag{6.12}$$

$$\text{사건 } A\text{의 조건부 확률} \quad P(A|B) \tag{6.13}$$

$$\text{곱셈 정리} \quad P(A, B) = P(A|B)P(B) \tag{6.14}$$

$$\text{덧셈 정리} \quad P(A \cup B) = P(A) + P(B) - P(A \cap B) \tag{6.15}$$

$$\text{주변화} \quad P(A) = \sum_B P(A, B) \tag{6.16}$$

6.3 베이즈 정리

6.3.1 베이즈 정리의 유도

베이즈 정리(Bayes' theorem)는 식 6.17을 말한다. '베이즈 정리'라고 하면 전문적인 용어로 들릴 수 있지만, 실제로는 조건부 확률의 성질로부터 자연스럽게 유도할 수 있는 기본적인 식이다.

곱셈 정리에서 사건 A를 조건부 확률로 할 것인지, 사건 B를 조건부 확률로 볼 것인지에 따라 식 6.18처럼 사건 A와 사건 B를 바꾸어 나타낼 수 있다.

$$P(B|A) = \frac{P(A|B)P(B)}{P(A)} \qquad (6.17)$$

$$P(B|A)P(A) = P(A, B) = P(A|B)P(B) \qquad (6.18)$$

식 (6.18)에서 단순히 좌변의 $P(A)$로 양변을 나눠 주면 베이즈 정리를 나타내는 식(식 6.17)을 얻을 수 있다.

설명을 위해 $C = \{C_1, C_2, \dots, C_K\}$ 중 어떤 사건이 일어날 확률을 예로 들어 보자. 어떤 사건 A가 일어났다는 것을 알 때, 그 후 일어날 사건 C_j가 무엇일지를 추정하는 문제에서, 베이즈 정리를 다음과 같이 다시 쓸 수 있다.

$$\overbrace{P(C_j|A)}^{\text{사후 확률}} = \frac{P(A, C_j)}{P(A)} = \frac{P(A, C_j)}{\sum_k P(A, C_k)} \qquad (6.19)$$

$$= \frac{\overbrace{P(A|C_j)}^{\text{우도}}\overbrace{P(C_j)}^{\text{사전 확률}}}{\sum_k P(A|C_k)P(C_k)} \qquad (6.20)$$

$$\propto P(A|C_j)P(C_j) \qquad (6.21)$$

여기서 식 (6.19)는 주변화의 역을 통해 변형하였으며, 식 (6.20)에서는 곱셈 정리를 분해하였다. 또, 식 (6.21)에서 $\propto$ 기호는 비례 관계를 나타낸다.

베이즈 정리를 응용할 때, 분모인 $P(A)$의 값이 명시적으로 주어지지 않는 경우가 자주 있다. 식 (6.20)을 보면, 이런 경우에는 분자인 $P(A|C_j)P(C_j)$를 계산할 수 있다면, 마찬가지로 모든 k에 대하여 $P(A|C_k)P(C_k)$의 합을 취하여 분모를 계산할 수 있음을 알 수 있다. 따라서 베이즈 정리를 이용하려면 모든 j에 대하여 분자인 $P(A|C_j)P(C_j)$를 구해 놓으면 된다.

또, 식 (6.20)은 사건 C_j의 확률을 구하기 위한 분자와 분모 두 항으로 되어 있으나, 분모는 j에 따라 변하지 않는다. $P(C_j|A)$를 사건 C_j를 인자로 하는 함수로 보면, 여기서 분모는 말하자면 상수 항이라고 볼 수 있다. 다시 말해, '어느 사건 C_j가 가장 확률이 높은가'를 알려면, 각 j마다 분자 값의 크기 비를 보면 된다는 것을 알 수 있다.

또한, 식 (6.20)에서 보듯이 $P(C_j|A)$를 **사후 확률**(posterior probability), $P(A|C_j)$를 **우도**(likelihood), $P(C_j)$를 **사전 확률**(prior probability)이라 부르기도 한다. 우도는 가설 혹은 전제의 '타당성'을 나타내는 값이다. 사건 C_j를 전제로 하였을 때, 관측된 사건 A가 나오기 쉬우면 쉬울수록 사건 C_j는 전제로서 타당하기 때문이다. $P(C_j)$는 사건 A를 관측하기 전의 사건 C_j의 확률을 나타낸다.

6.3.2 베이즈 정리가 갖는 의미

베이즈 정리를 다시 살펴보고 그 의미를 생각해 보도록 하자. 베이즈 정리는 사건 A라는 정보를 얻기 전에 사건 C_j를 확률 $P(C_j)$ 정도로 발생할 것이라 생각하던 사람이 사건 A라는 정보를 새롭게 얻고 나서 '그게 아니라 확률이 $P(C_j|A)$ 정도가 되지 않을까?'라고 고쳐 생각하게 되는 과정이라고 해석할 수 있다.

우리는 어떤 일을 원인과 결과의 관계로 받아들이는 경우가 많다. 이 인과 관계를 'B이면 A'와 같이 논리적 규칙으로서 받아들이게 된다. 논리학이나 프로그램 내에서도 '$B \rightarrow A$', 'if B then A'와 같이 나타낸다. 이런 관계성은 '옳고 그름' 중 하나로 간주되는 성향이 있다.

그러나 이런 논리적 관계는 결정적 시스템을 암묵적인 전제로 하고 있는 경우가 많다. 예를 들어 '아침에 비가 온다면, 낮엔 운동장이 젖어 있을 것이다'라는 인과 관계는 대체로 많은 경우에 참이지만, 항상 참이 되지는 않는다. 기온이 섭씨 40도 가까운 한여름 아침에 이슬비가 내렸다면, 낮에는 이미 운동장이 말라 있을 수도 있다. 또 운동장이 젖어 있는 경우에도 비 때문이 아니라 누군가가 뿌린 물 때문일 수도 있다. 실세계에는 불확실성이 있으므로 이런 규칙이나 인과 관계도 확률적으로 작용하게 된다. 다시 말해, $B \rightarrow A$라는 규칙이 '성립할 가능성이 어느 정도인가'를 나타내는 것이 $P(A|B)$라고 할 수 있다. 이 결정적 시스템의 인과 관계가 확률적 시스템의 조건부 확률에 대응한다는 것을 깨닫는 것이 중요하다(표 6.2).

표 6.2 결정론적 시스템과 불확실성을 갖는 시스템에서 원인과 결과를 다루는 차이

결정론적 시스템	불확실성이 있는 시스템
$B \to A$	$P(A|B)$

이런 전제하에 베이즈 정리의 의미를 해석해 보자. 바퀴오리 2호가 전진 명령을 내리는 것이 사건 B이고, '원인'이 된다. 실제로 전진하였는지는 사건 A이며, 이것이 '결과'이다. 베이즈 정리로부터 알 수 있는 것은 $P(B|A)$이며, 이는 결과로부터 원인의 확률을 구하는 것이라 볼 수 있다. 이렇게 원인과 결과의 관계를 뒤집는 것이 베이즈 정리가 갖는 주된 기능이다. 다시 말해, 젖어 있는 지면을 보고 비가 내렸는지 아닌지를 판단할 수 있는 것이다. 또, 바퀴오리 2호가 전진하는 것을 보고 '과연 바퀴오리 2호가 전진 명령을 내렸을까?'를 생각할 수도 있다.

베이즈 정리는 인공지능의 중요한 요소인 인식이나 학습에도 광범위하게 응용된다. 예를 들어, 로봇이 물체를 인식할 때 로봇은 '물체의 종류 C_j'를 원인으로 보고, 결과로서 '물체의 이미지 Y'를 얻는다. 이때 '어떤 물체라면 이런 이미지가 관측될까?'라는 지식을 $P($이미지 $Y|$ 물체의 종류 $C_j)$의 형태로 로봇에게 부여하면 이를 베이즈 정리로 $P($물체의 종류 $C_j|$ 이미지 $Y)$와 같이 반전시켜서 물체 인식 알고리즘을 도출할 수 있다. 베이즈 정리는 불확실한 세계에서 원인과 결과의 관계를 수학적으로 다루기 위한 가장 기본적인 도구라고 할 수 있다.

6.4 확률적 시스템

6.4.1 확률적 시스템의 표현

이전 장까지는 결정적 시스템만을 다루었다. 어떤 상태에서 어떤 행동을 선택할 때 결과가 한 가지로 정해져 있는 시스템이다. 그러나 현실의 대부분은 그렇게 작용하지 않는다. 이렇게 다음 상태가 현재의 상태와 행동으로부터 확률적으로 결정되는 시스템을 **확률적 시스템**(stochastic system)이라고 부른다. 확률적 시스템은 상태 천이(state transition) 규칙이 확률적이기 때문에 이를 함수를 이용하여 표현할 수 없고, 확률 분포를 이용하여 나타낸다.

이전 장까지 다뤘던 상태 공간 모형은 $s_{t+1} = f(s_t, a_t)$로 표현하였으나, 이는 논리적으로 보면 $s_t, a_t \rightarrow s_{t+1}$이라는 인과 관계를 나타낸 것이다. 그러나 확률적 시스템은 행동의 결과가 이렇게 한 가지로만 정해져 있지 않으므로 확률적인 표현이 필요하다. 결과적으로 $s_{t+1} = f(s_t, a_t)$에 해당하는 상태 천이를 나타내는 식은 아래와 같다.

$$\text{상태 천이 규칙(이산)} \quad P(s_{t+1}|s_t, a_t) = p_{s_{t+1}, s_t, a_t} \tag{6.22}$$

6.4.2 상태 천이 확률

행동 a_t가 한 가지이고, 상태 s_t에만 의존하여 상태 s_{t+1}이 결정되는 경우를 살펴보자. 이런 경우, 이산적인 **상태 천이 확률**(transition probability)은 $P(s_{t+1}|s_t) = p_{s_{t+1}, s_t}$가 된다. 예를 들어, 세 가지 상태를 갖는 시스템을 고려하면, 위의 확률 $P(s_{t+1}|s_t)$는 전체적으로 아래 식과 같은 **상태 천이 확률 행렬**(transition probability matrix) $P = [p_{s_{t+1}, s_t}]$로 나타낼 수 있다.

$$P = \begin{pmatrix} p_{1,1} & p_{1,2} & p_{1,3} \\ p_{2,1} & p_{2,2} & p_{2,3} \\ p_{3,1} & p_{3,2} & p_{3,3} \end{pmatrix} = \begin{pmatrix} 0.1 & 1.0 & 0.5 \\ 0.5 & 0 & 0 \\ 0.4 & 0 & 0.5 \end{pmatrix} \tag{6.23}$$

이때의 상태 천이 확률을 나타내는 그래프를 그림 6.2에 실었다. 여기서 바퀴오리 2호는 유일한 행동 명령인 $a_t =$ "move"를 수행하고 있다. 이 경우, 어떤 시각에 상태 1에 있다면 다음 시각에는 0.1의 확률로 상태 1로, 0.5의 확률로 상태 2로, 0.4의 확률로 상태 3으로 이동하게 된다. 한편, 어떤 시각에 상태 2에 있었다면 다음 시각에는 확률 1로 확실하게 상태 1로 이동하게 된다.

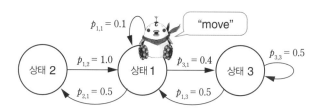

그림 6.2 **상태 천이 확률을 나타내는 그래프**

6.4.3 행동 선택에 따라 달라지는 상태 천이 확률

이번엔 행동이 한 가지가 아닌 여러 가지가 존재하는 경우를 살펴보자. 예를 들어, 행동이 $A =$ {"stop", "move"} 두 종류가 있고, $a_t =$ "stop"일 때 로봇이 움직이지 않는다고 하자.

이런 시스템 안에서는 식 (6.22)와 같은 상태 천이 확률이 a_t마다 존재한다고 생각하면 된다. 결정적 시스템은 이 상태 천이 확률 행렬의 요소가 행마다 한 개의 요소만 1이고 나머지 요소는 0인 경우라고 생각할 수 있다. 결과적으로, 식 (6.24)처럼 행동 선택에 따라 달라지는 상태 천이 확률 행렬의 리스트가 주어지게 된다. 여기서 $p_{s_{t+1}, s_t, a_t} = P(s_{t+1} | s_t, a_t)$이다.

$$
P = \left(\overbrace{\begin{pmatrix} p_{1,1,\text{move}} & p_{1,2,\text{move}} & p_{1,3,\text{move}} \\ p_{2,1,\text{move}} & p_{2,2,\text{move}} & p_{2,3,\text{move}} \\ p_{3,1,\text{move}} & p_{3,2,\text{move}} & p_{3,3,\text{move}} \end{pmatrix}}^{a_t=\text{``move''}}, \overbrace{\begin{pmatrix} p_{1,1,\text{stop}} & p_{1,2,\text{stop}} & p_{1,3,\text{stop}} \\ p_{2,1,\text{stop}} & p_{2,2,\text{stop}} & p_{2,3,\text{stop}} \\ p_{3,1,\text{stop}} & p_{3,2,\text{stop}} & p_{3,3,\text{stop}} \end{pmatrix}}^{a_t=\text{``stop''}} \right)
$$

$$
= \left(\begin{pmatrix} 0.1 & 1.0 & 0.5 \\ 0.5 & 0 & 0 \\ 0.4 & 0 & 0.5 \end{pmatrix}, \begin{pmatrix} 1 & 0 & 0 \\ 0 & 1 & 0 \\ 0 & 0 & 1 \end{pmatrix} \right) \tag{6.24}
$$

6.4.4 그래피컬 모형과 마르코프성

확률적 시스템의 세계에서는 어느 변수가 어떤 변수에 영향을 미치는지를 모형화하는 것이 중요하다. 지금까지는 결정적 시스템을 가정하여 s_{t+1}은 s_t와 a_t로부터만 영향을 받는다고 가정하고 논의를 진행하였다. 일반적으로, 어떤 변수가 1시각 이전의 변수로부터만 영향을 받고, 확률적으로 변화하는 성질을 갖는 경우, 이 연속열은 **마르코프성** (Markov property)을 갖는다고 한다. 다시 말해, 마르코프성이란 아래 식이 성립하는 것을 의미한다.

$$
P(s_{t+1} | s_{1:t}) = P(s_{t+1} | s_t) \tag{6.25}
$$

여기서 $s_{1:t}$는 $\{s_1, s_2, \dots, s_t\}$의 간략 표기이며, 시각 t까지의 모든 사건의 연속열을 의미한다.

바꿔 말하면, 과거의 모든 사건을 함께 따져도 시각 t에서의 변수의 값을 결정하는 확률 분포가 1시각 이전의 변수의 값으로부터만 영향을 받는 것이다. 마르코프성을 갖는 상태 천이 모형을 **마르코프 모형**(Markov model)이라 부른다. 또, 마르코프 모형으로 생성되는 상태 천이 연속열을 **마르코프 과정**(Markov process)이라고 한다.

확률 변수 사이에 이렇게 영향을 주고받는 관계를 도식화하기 위한 방법으로, **그래피컬 모형**(graphical model)이 있다. 마르코프 과정에 대한 그래피컬 모형은 그림 6.3과 같은 형태를 갖는다. 그래피컬 모형은 확률 변수를 노드로 나타내고, 유향 에지로 변수 사이의 통계적 의존관계를 나타낸다. 그래피컬 모형은 시간 방향의 천이 외에도, 다양한 변수 간의 상호관계를 나타낼 수 있다.

또, 바로 이전의 상태만이 아니라 이전 n개의 상태가 다음 상태 천이에 영향을 주는 모형을 **n차 마르코프 모형**(n-order Markov model)이라 부른다.

바퀴오리 2호가 행동하고, 행동에 따른 결과로 상태가 변해 가는 시스템을 구성해야 한다. 행동 a_t에도 의존하여 상태 s_{t+1}가 결정되는 확률적 시스템 $P(s_{t+1}|s_t, a_t)$는 **마르코프 결정 프로세스**(Markov decision process, MDP)라고 한다. 마르코프 결정 프로세스의 그래피컬 모형을 그림 6.4에 나타내었다.

그림 6.3 **마르코프 체인의 그래피컬 모형 그림**

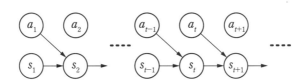

그림 6.4 **마르코프 결정 프로세스의 그래피컬 모형**

그래피컬 모형이 유용한 점은 확률 모형의 식을 변형할 때, 어디까지의 변수를 무시해도 되는지를 명확히 보여 준다는 점이다. 그림 6.5의 그래피컬 모형에서 점선 안에 들어가는 노드 집합을 노드 A의 **마르코프 블랭킷**(Markov blanket) ∂A라고 부른다. 구체적

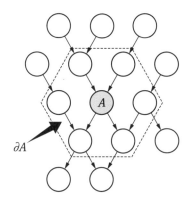

그림 6.5 **마르코프 블랭킷**

으로 밝히면 마르코프 블랭킷은 노드 A의 부모 노드, 자식 노드, 자식 노드의 부모 노드를 포함한다. 노드 A와 ∂A를 뺀 노드의 집합을 B라고 하면,

$$P(A|\partial A, B) = P(A|\partial A) \qquad (6.26)$$

위의 식이 성립한다고 알려져 있다. 다시 말해, 노드 집합 B의 값은 $P(A|\partial A, B)$를 평가할 때 무시해도 된다는 것을 알 수 있다.

마르코프 체인에서의 마르코프 블랭킷은 $\partial s_t = \{s_{t-1}, s_{t+1}\}$이 된다. 마르코프 체인에서는 $P(s_{t+1}|s_t)$에 따라 데이터가 생성되지만, 생성된 데이터에는 상호 의존관계가 있어서 s_{t+1}을 관측한 결과는 s_t에 영향을 준다.

6.4.5 확률 변수의 기댓값

로봇의 행동에 대한 의사 결정을 수행할 때처럼 확률 변수의 기댓값을 다루어야 할 때가 자주 있다. 이제 기댓값을 도입하고자 한다.

사건 A가 일어날 확률이 $P(A)$로 주어지고, 사건 A가 일어났을 때 어떤 값을 출력하는 함수 $f(A)$가 있다고 하자. 이런 함수의 전형적인 경우로, 이익이나 비용을 계산하는 함수를 생각하면 될 것이다.

이때, 함수 f의 기댓값 $E[f]$는 다음과 같이 구할 수 있다.

$$E[f] = \sum_A f(A)P(A) \qquad (6.27)$$

또, 조건부 확률 $P(A|B)$에 대한 조건부 기댓값 $E[f|B]$를 다음과 같이 나타낼 수 있다.

$$E[f|B] = \sum_A f(A)P(A|B) \qquad (6.28)$$

이 기댓값에 기초하여 간단한 결정 문제를 살펴보자. 예를 들어, 두 가지 선택지 a_1과 a_2가 있다고 하자. 이 중 어느 것을 고르느냐에 따라 다음 시각의 상태 s_{t+1}의 발생 확률이 변한다고 하자. 이때, 기댓값 $E[f(s_{t+1})|s_t, a_1]$과 $E[f(s_{t+1})|s_t, a_2]$를 비교하여 보다 많은 이득을 얻을 수 있는 행동을 선택하게 될 것이다.

결정적 시스템은 이런 것을 고려하지 않아도, s_t와 a_t가 변하지 않는다면 다음 시각의 상태와 이득이 모두 한 가지로 결정되어 있으므로 기댓값을 고려할 필요가 없었다. 그러나 불확실성이 존재하는 실세계에서는 이런 확률을 고려하는 것이 중요해진다.

📎 **정리**

- 환경이 갖는 불확실성을 다루기 위해 확률을 사용하는 것의 중요성을 배웠다.
- 베이즈 정리를 도입하고, 그 의미를 배웠다.
- 확률 변수의 의존관계를 표현하기 위한 그래피컬 모형에 대하여 배웠다.
- 마르코프 체인과 마르코프 결정 프로세스를 도입하고, 그래피컬 모형으로부터 확률 변수 사이의 의존관계를 잘 드러내기 위한 마르코프 블랭킷에 대하여 배웠다.

❓ **연습문제**

1. 다음 중 베이즈 정리는 어느 것인가? 맞는 것을 고르시오.

   ❶ $P(A|B) = P(B|A)P(A)/P(B)$

   ❷ $P(A|B)P(B) = P(A, B)$

❸ $P(A, B) = P(A)P(B)$

❹ $P(A) = \sum_B P(A, B)$

2. 상태 천이 규칙 $P(s_{t+1}|s_t, a_t)$에 대한 설명으로 가장 적절한 것을 고르시오.

❶ 시각 t에 상태 s_t에 있던 로봇이 행동 a_t를 수행한 후, 상태 s_{t+1}로 이동할 확률

❷ 시각 t에 행동 s_t를 취한 로봇이 a_t라는 정보를 얻고, 행동 s_{t+1}을 취할 확률

❸ s_t, a_t, s_{t+1}이 동시에 일어날 확률

❹ 사건 s_{t+1}이 일어날 때, 그 원인이 s_t, a_t일 확률

3. 두 개의 주머니가 있다. 가죽 주머니를 선택할 확률이 2/3, 천 주머니를 선택할 확률이 1/3이다. 각각의 주머니에는 아래 표와 같은 구슬이 들어 있으며, 주머니가 선택되면 그 안의 모든 구슬이 꺼내질 확률은 모두 같다. 물음에 답하여라.

	Y_1: 붉은 구슬	Y_2: 파란 구슬	Y_3: 노란 구슬
X_1: 가죽 주머니	15개	5개	0개
X_2: 천 주머니	15개	1개	4개

❶ $P(Y_2|X_2), P(X_1), P(Y_1)$을 구하여라.

❷ $P(X_1|Y_2), P(X_2|Y_3)$를 구하여라.

❸ 붉은 구슬을 꺼냈을 때, 구슬을 꺼낸 주머니는 어떤 주머니였을 가능성이 높은지 설명하라.

❹ 붉은 구슬을 꺼내면 1점, 파란 구슬을 꺼내면 2점, 노란 구슬을 꺼내면 3점을 얻을 수 있다. 가죽 주머니에서 꺼낸 구슬 하나에서 얻을 수 있는 득점의 조건부 기댓값을 구하여라.

4. 다음 그래피컬 모형에서 A의 마르코프 블랭킷 ∂A를 구하여라.

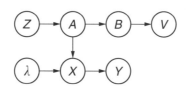

다단계 결정(2): 강화 학습

스토리

미로에 들어가기 전에 미로의 지도를 완전히 알고 있다는 가정은 애초에 좀 이상하지 않을까? 그리고 어떤 상태에서 다른 상태로 바뀔 때 어떤 이득을 얻을 수 있는지에 대해서도 미리 알고 있다는 가정도 어딘가 좀 이상하다. 또, 어떤 상태에서 다른 상태로 바뀔 때 취하려는 행동이 반드시 달성되는지도 미심쩍다. 경우에 따라서는 미끄러질 수도 있지 않을까? 그럼 바퀴오리 2호가 이득이나 지도에 대한 지식을 전혀 갖지 않은 채 경험에만 기초하여 적절한 경로를 학습할 수는 없는 걸까?

가정

- 바퀴오리 2호는 미로의 완전한 지도를 갖고 있지 않다.
- 바퀴오리 2호는 연속적인 미로의 공간을 적절한 이산 상태 공간으로 구성할 수 있다.
- 바퀴오리 2호는 자신이 상태 공간의 어느 상태에 있는지를 인식할 수 있다.
- 바퀴오리 2호는 행동마다 다른 확률로 물리적으로 이어진 장소나 상태로 이동한다.

그림 7.1 지도를 사용하지 않고 시행착오를 통해 미로를 탐색하는 바퀴오리 2호

7.1 강화 학습이란 무엇인가?

7.1.1 시행착오로부터의 학습

스포츠나 공부에서 사람은 **시행착오**를 통해 학습해 간다. 어떤 행동을 취해 보고, 그 결과가 좋았는지 나빴는지를 보며, 그 행동을 평가하고 조금씩 스스로 방법을 개선해 나간다.

심리학에서는 자발적인 시행착오의 결과로부터 얻은 **보상**(reward)에 따라 행동을 형성하는 것을 **조작적 조건화**(operant conditioning)라고 한다. 예를 들어, 비둘기를 상자 안에 넣고, 벽에 있는 스위치를 누르면 모이가 나오도록 장치를 해 두면, 이 모이가 보상으로 작용하여 비둘기는 서서히 스위치를 눌러 모이를 받는 행동을 스스로 획득해 간다 (그림 7.2). 미국의 심리학자 버러스 스키너(Burrhus F. Skinner)는 이런 실험을 위해 **스키너 상자**(Skinner box)라 불리는 상자를 만들었다. 1950년대부터 조작적 조건화 연구를 위한 가장 유명한 실험장치로 쓰이고 있다. 조작적 조건화가 일어날 때, 어떤 행동의 자발 빈도가 증가하는 것을 **강화**(reinforcement)라고 한다.

이런 시행착오를 거치며, 보상을 통해 서서히 행동 패턴을 학습해 나가는 과정을 모형화하고, 이 과정을 수학적으로 나타낸 이론이 **강화 학습 이론**(reinforcement learning theory)이다.

그림 7.2 **시행착오에 의한 강화 학습**

7.1.2 강화 학습 이론

강화 학습(reinforcement learning)은 시행착오를 통한 학습을 로봇에서 구현하기 위한 머신러닝 기법으로 연구되었다. 조작적 조건화 같은, 보상에 기초한 학습을 수학적으로 나타낸 것이라고 할 수 있다. 강화 학습은 앞으로 얻을 수 있는 보상의 합이 최대가 되도록 하기 위해 로봇이 무엇을 해야 하는지를 학습시키는 기법이다.

강화 학습에는 '학습'이라는 말이 포함되어 있기 때문에, 언뜻 보면 동적 계획법이나 제어 이론의 최적 제어론 등과는 전혀 다른 것처럼 보이지만, 실제로는 이들과 매우 공통점이 많은 이론이다.

강화 학습 이론은 처음부터 상태 공간이나 상태와 상태 사이의 인접 관계를 부여하지 않기 때문에, 지식이나 환경의 불확실성을 고려하지 않으면 안 된다. 그 때문에 결정적 시스템이 아닌 확률적 시스템으로서 시스템을 모형화한다는 점과 보상을 받아가면서 학습하는, 다시 말해 온라인 학습을 가정하고 있다는 것이 5장에서 다뤘던 동적 계획법과의 차이점이다. 강화 학습 이론은 수학적으로는 마르코프 결정 프로세스를 전제로 한 최적화 문제로 볼 수 있다.

7.1.3 정책과 가치

사전에 주어진 지식에 기초하여 경로를 결정하는 것이 아니라, 행동을 하면서 지식을 획득하고, 보다 나은 행동 패턴을 만들어 가는 시나리오를 생각해 보자.

미로에 진입하고, 보물 상자를 얻고, 목표 지점에 도달하기 위해 바퀴오리 2호가 결정해야 하는 것은 시작 지점부터 목표 지점까지의 확정적인 경로가 아니다. 왜냐하면, 경로를 구했다고 해도, 환경이 불확실하다면 그 경로를 따라 이동할 수 있을지도 알 수 없으며, 확률적인 환경에서는 모종의 무작위성이 있으므로 같은 행동을 취하여도 서로 다른 결과가 일어날 수 있기 때문이다. 그래서 경로를 구하는 대신에 어떤 상태에 있을 때, 어떤 행동을 어느 정도의 확률로 선택할지를 나타내는 **정책(policy)**을 구하게 된다.

또, 동적 계획법이나 A* 알고리즘과 마찬가지로, 목표 지점까지의 이동으로 얻을 수 있는 이득은 다음 단계의 이득을 최대화하는 것만으로는 충분하지 않으며, 시작 지점부터 목표 지점까지의 누적 이득을 최대화해야 한다. 강화 학습 이론에서는 심리학 이론과의 유사성으로부터 로봇이 얻을 양의 평가값을 보상이라 부른다. 이 책에서도 이 명칭을 따를 것이지만, 강화 학습에서 말하는 보상은 다른 장에서 이득이라 부르는 개념과 같다고 보아도 무방하다. 강화 학습은 누적 보상이 최대가 되게끔 하기 위해, 각각의 상태나 행동의 가치를 평가하는 **가치 함수**(value function)를 구한다.

7.2 마르코프 결정 프로세스

7.2.1 상태 천이 확률과 보상 함수

강화 학습은 **마르코프 결정 프로세스**(Markov decision process, MDP)에 기초하여 형식화된다. 변수로서 시각 t에서의 상태 $s_t \in S$를 관측하고, 행동 $a_t \in A$를 취한다. 이때, 상태 천이 확률 $P(s_{t+1} | s_t, a_t)$에 따라 상태 $s_{t+1} \in S$로 변한다. 이와 함께, 각 시각에서의 이득에 해당하는 보상 $r_{t+1} \in R$이 $r_{t+1} = r(s_t, a_t)$에 따라 주어진다고 가정한다.

확률적 시스템에서는 어떤 상태에서 어떤 행동을 취하든, 다음 상태가 한 가지로만 나오지 않는다. 상태 천이는 지금까지의 이산 결정적 시스템에서는 그래프로 표현하였으나, 확률적 시스템에서는 상태 천이 확률로 표현해야 한다. 보상 함수는 상태와 행동 쌍에 의해 결정된다. 이론적으로는 기댓값을 $r(s_t, a_t)$로 정하면 되지만, 여기서는 편의를 위해 결정적으로 정해지는 것으로 한다.

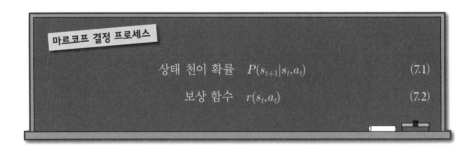

마르코프 결정 프로세스

$$\text{상태 천이 확률} \quad P(s_{t+1}|s_t, a_t) \tag{7.1}$$

$$\text{보상 함수} \quad r(s_t, a_t) \tag{7.2}$$

7.2.2 정책

강화 학습의 목적은 보다 나은 정책 π를 획득하는 것이다. 정책이란 상태 s에 대해 어떤 행동 a를 취해야 하는지에 대한 확률적 지침으로 다음과 같이 표현된다.

$$\pi(s, a) = P(a_t = a|s_t = s) \tag{7.3}$$

앞으로 얻게 될 보상의 기댓값이 최대가 되도록 하는 정책을 찾는 것이 강화 학습의 문제다.

7.3 할인 누적 보상

7.3.1 할인 누적 보상의 의미

강화 학습에서 다루는 마르코프 결정 프로세스에서는 같은 행동을 취해도 서로 다른 경로가 될 수 있으므로 동적 계획법이나 A* 알고리즘에서와 같이 경로상의 누적 평가값을 정책을 평가하는 데 그대로 사용할 수 없다. 또, 상태 천이가 확률적이기 때문에 미래에 목표 지점에 도착하지 못할 가능성도 있다. 이때, 단순히 누적 평가값을 사용하면, 각 단계에서 매우 작은 보상을 얻는다 해도 이를 반복하면 평가값 $\sum_{k=0}^{T} r_{t+k+1}$이 $T \to \infty$로 가면서 점점 커져 발산하게 될 가능성이있다. 그래서 로봇 행동의 좋고 나쁨을 판단하기 위한 지표로써 **할인 누적 보상**(discounted return) R_t를 사용한다. 시각 t에서의 할인 누적 보상 R_t는 아래의 식과 같이 주어진다.

$$R_t = \sum_{k=0}^{\infty} \gamma^k r_{t+k+1} \tag{7.4}$$

여기서, $\gamma(0 \leq \gamma < 1)$는 **할인율**(discount rate)이라 불리는 상수다. 할인 누적 보상은 기본적으로는 앞으로 얻게 될 보상의 합이지만, 현재로부터 먼 미래일수록 할인하여 환산하도록 하고 있다. $\gamma = 1$을 허용할 경우에는 누적 합의 범위를 $k = 0 \sim \infty$로 하지 않고 유한 구간으로 한다. 강화 학습의 목적은 이 할인 누적 보수 R_t의 기댓값이 최대가 되도록 하는 것이다.

7.3.2 할인율과 미래의 보상의 평가

할인 누적 보상은 단순한 누적 보상과는 다른 특징을 갖는다. 그림 7.3에 세 개의 보상 시나리오와 할인율 γ를 각각 1.0, 0.9, 0.5로 변화시킨 경우의 할인 누적 보상 R_t의 값을 나타내었다. $\gamma = 1.0$에서는 할인이 일어나지 않으므로 R_t가 얻게 되는 보상의 합인 누적 보상값이 된다. 첫 번째 보상을 얻는 시각을 $t+1$로 하고, 맨 왼쪽에서 시작한다.

먼저, 그림 7.3의 시나리오 A는 −50이나 되는 큰 투자를 필요로 하지만, 최종적으로는 80의 큰 보상이 있어 합계 50이 된다. $\gamma = 1.0$일 때는 시나리오에 변화가 없지만, 미래의 보상을 작게 평가하게 되는 $\gamma = 0.9$에서는 할인 누적 보상이 25까지 떨어진다. $\gamma = 0.5$가 되면 할인 누적 보상은 음의 값이 되고, 이 시나리오를 따르지 않는 쪽이 유리하게 된다.

시나리오 B는 시나리오 A와 마지막의 보상 80을 얻게 되는 타이밍만 달라진다. $\gamma = 1.0$일 때에는 시나리오 A와 같은 할인 누적 보상값을 갖게 되나, 할인율이 1.0 미만으로 떨어지면 모든 경우에서 시나리오 A보다 나쁜 평가값을 갖는다.

이에 비해 시나리오 C는 처음에만 보상 80을 얻을 수 있고, 그 후 3단계에 걸쳐 −50씩 투자를 내놓아야 한다. 그러므로 합계는 −70이 되어 단순 투자로는 큰 적자가 나게 된다. 그러나 미래의 보상에 $\gamma = 0.5$로 강한 할인율을 부여하면 미래의 페널티가 작게 평가되므로 합계는 36이 되어 적자에서 흑자로 바뀌게 된다.

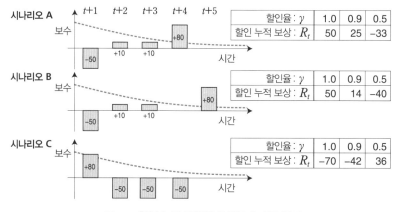

그림 7.3 할인 누적 보상의 할인율에 따른 차이

이렇듯, 할인율 γ는 미래의 보상을 어느 정도로 평가에 넣을 것인가를 변화시키는 상수이며, 이 할인율에 따라 같은 보상을 얻더라도 할인 누적 보상의 관점에서 보면 평가가 달라지게 된다. 이 할인 누적 보상은 투자 의사 결정 이론에서도 지표로써 활용되고 있으며, **순 현재 가치**(net present value, NPV)라고도 불린다.

7.3.3 바퀴오리 2호와 갈림길 (할인율 0.5)

그림 7.4와 같이 갈림길이 있는 상태 공간을 살펴보자. 편의를 위해 상태 천이는 결정적이라고 가정한다. 원 표시는 각각의 상태를 나타내고, 화살표 위에는 해당 행동을 취하였을 때 받게 되는 보상을 표시하였다.

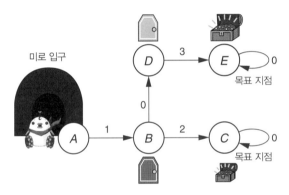

그림 7.4 **바퀴오리 2호가 마주친 갈림길**

바퀴오리 2호를 위해 두 가지 정책을 준비한다.

> **정책 1. 가능한 한 오른쪽을 택한다.** 오른쪽으로 갈 수 있으면 오른쪽, 아니면 위로 간다. 양쪽 다 불가능한 경우엔 그 자리에 머무른다.
> **정책 2. 가능한 한 위를 택한다.** 위로 갈 수 있다면 위로, 아니면 오른쪽으로 간다. 양쪽 다 불가능한 경우엔 그 자리에 머무른다.

그럼, 이들 정책을 각각 따른 경우에 상태가 어떻게 변화하는지 할인 누적 보상의 시점에서 평가해 보자.

바퀴오리 2호가 첫 번째 정책 '가능한 한 오른쪽을 택한다'를 따라 A에서 출발한다고 하자. 바퀴오리 2호는 오른쪽으로 진행하여 A → B → C → C → … 처럼 이동한다. 이때 얻을 수 있는 보상은 1 → 2 → 0 → …이 된다.

여기에 할인율 $\gamma = 0.5$를 곱하여 더하면 $1 \rightarrow 2 \times 0.5 \rightarrow 0 \times (0.5)^2 \rightarrow \cdots$가 되고, 할인 누적 보상은 2가 된다. 상태 D를 시작 지점으로 삼으면 상태 천이는 D → E → E → …가 되고, 할인 누적 보상은 3이 된다.

이번엔 두 번째 정책 '가능한 한 위를 택한다'를 따르는 경우를 살펴보자. 상태 A에서 출발한 경우 경로 A → B → D → E → …를 따라 이동한다. 이때 얻을 수 있는 보상은 1 → 0 → 3 → 0 → …이 된다. 여기에 할인율 $\gamma = 0.5$를 적용하면 $1 \rightarrow 0 \times 0.5 \rightarrow 3 \times (0.5)^2 \rightarrow 0 \times (0.5)^3 \rightarrow \cdots$이 되고, 할인 누적 보상은 1.75가 된다.

이런 식으로 각각의 상태를 시작 지점(초기 상태)으로 하고, 여기에 각각의 정책을 다시 적용한 경우의 할인 누적 보상을 표 7.1에 나타내었다. 이 문제에서는 첫 번째 정책이 모든 상태에서 두 번째 정책보다 큰 할인 누적 보상을 얻고 있음을 알 수 있다.

표 7.1 정책과 초기 상태에 따른 할인 누적 보상 ($\gamma = 0.5$)

	A	B	C	D	E
정책 1	2	2	0	3	0
정책 2	1.75	1.5	0	3	0

7.3.4 바퀴오리 2호와 갈림길 (할인율 1.0)

이번엔 할인율만 $\gamma = 1.0$으로 바꾸어 같은 문제를 다시 풀어 보겠다. 이때도 같은 방식으로 계산하여 각 상태를 시작 지점으로 하여 다시 각각의 정책을 적용한 경우의 할인 누적 보상을 표 7.2에 나타내었다.

이번에는 두 번째 정책이 모든 상태에서 첫 번째 정책보다 큰 할인 누적 보상을 얻었다. 따라서 $\gamma = 0.5$일 때와 달리, 할인율이 $\gamma = 1.0$일 때에는 두 번째 정책을 고르는 것이 더 나은 선택이 된다.

표 7.2 정책과 초기 상태에 따른 할인 누적 보상 ($\gamma = 1.0$)

	A	B	C	D	E
정책 1	3	2	0	3	0
정책 2	4	3	0	3	0

7.3.5 정리: 할인율과 보상과 평가값

앞의 내용을 통해 다음을 알 수 있었다.

- 할인율 γ가 다르면 어느 정책이 더 나은지도 달라진다.
- 각각의 상태에 대한 할인 누적 보상은 정책에 따라 달라진다.
- 할인 누적 보상을 정책의 평가값으로 삼은 경우, 그 평가값은 상태에 따라 달라진다.

7.4 가치 함수

7.4.1 상태 가치 함수

지금까지는 상태 천이나 정책의 확률을 고려하지 않고, 결정론적인 상태 천이만을 다뤘다. 확률적인 상태 천이를 포함하는 할인 누적 보상의 개념은 가치 함수로 형식화할 수 있다.

할인율 γ의 값을 고정시켜도 정책의 평가값은 상태에 따라 분명히 달라진다. 보다 나은 정책을 학습하기 위해서는 상태와 그 상태에서의 행동의 가치를 올바로 가늠할 필요가 있다. 이를 위해 가치 함수 $V_\pi(s)$를 다음과 같이 정의한다. 상태 s에서 정책 π를 따를 때 얻을 수 있는 할인 누적 보상의 기댓값을 **상태 가치 함수**(state-value function) $V_\pi(s)$라고 한다. 상태 가치 함수는 '이 정책 π를 따르면, 이 상태 s로부터 시작하여 미래에 어느 정도의 할인 누적 보상을 얻을 수 있을까'에 대한 값을 나타낸다.

$$V_\pi(s) = E_\pi\left[R_t | s_t = s\right] = E_\pi\left[\sum_{k=0}^{\infty} \gamma^k r_{t+k+1} \middle| s_t = s\right] \qquad (7.5)$$

E_π는 주어진 마르코프 결정 프로세스에서 행동 a_t를 결정하는 데 정책 $\pi(s_t, a_t)$를 적용했을 때의 기댓값을 나타낸다. $k = 0 \sim \infty$에 대한 무한 합을 포함하고 있으므로 간단히 계산할 수는 없지만, 일단 형식적인 정의를 내리도록 한다.

7.4.2 바퀴오리 2호와 갈림길(확률 편)

바퀴오리 2호는 그림 7.5와 같이 5개의 상태를 갖는 상태 공간에 있다고 하자. 앞 절과는 다르게, 바퀴오리 2호가 취하는 정책은 확률적이다. 바퀴오리 2호가 어떤 고정된 확률적 정책 π를 따를 때의 할인 누적 보상의 기댓값을 계산하고자 한다. 바퀴오리 2호가 정책 π를 따를 때, S에서 A로 천이하는 행동($a = 1$)을 선택할 확률이 0.1, B로 천이하는 행동($a = 2$)을 선택할 확률이 0.1, C로 천이하는 행동($a = 3$)을 선택할 확률이 0.8이라고 하자. 그 다음엔 상태 천이를 나타내는 화살표를 따라 이동한다. 이때, $V_\pi(s = S)$를 구해 보자. 단, 할인율은 $\gamma = 0.9$이다. 화살표 위의 숫자는 해당 상태 천이에 대한 보상을 나타낸다.

이 시스템에서 바퀴오리 2호는 첫 한 단계만 확률적으로 천이하고, 그 다음은 결정론적으로 천이하므로 표 7.3과 같이, 각각의 경로에 대한 할인 누적 보상을 계산할 수 있다. 최종적으로는 표 7.3의 확률과 할인 누적 보상의 곱을 합하여 다음 식과 같이 된다.

$$V_\pi(s = S) = 0.8 \times 2.7 + 0.1 \times 1.0 + 0.1 \times 2.0 = 2.46 \qquad (7.6)$$

표 7.3의 확률은 정책 π에 따라 바뀐다. 가치 함수는 정책 π에 따라 정해지지만, 가치 함수는 할인 누적 보상의 기댓값이므로 가치 함수의 값을 높이는 정책 π가 좋은 정책이라고 할 수 있을 것이다. 정책 π에 대한 평가는 가치 함수를 따르면 된다는 것을 알 수 있다.

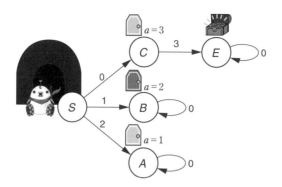

그림 7.5 바퀴오리 2호가 마주친 갈림길 이후의 보상

표 7.3 정책 π를 따를 때 가치 $V_\pi(s=S)$에 대한 계산 ($\gamma = 0.9$)

경로	확률	보상값	할인 누적 보상
$S \rightarrow C \rightarrow E \rightarrow \cdots$	0.8	$0 \rightarrow 3 \rightarrow 0 \rightarrow \cdots$	2.7
$S \rightarrow B \rightarrow \cdots$	0.1	$1 \rightarrow 0 \rightarrow \cdots$	1.0
$S \rightarrow A \rightarrow \cdots$	0.1	$2 \rightarrow 0 \rightarrow \cdots$	2.0

7.4.3 행동 가치 함수

상태 s에서 행동 a를 취한 뒤에 정책 π를 따르는 경우에 얻을 수 있는 할인 누적 보상의 기댓값을 **행동 가치**(action value)라고 부른다.

$$Q_\pi(s,a) = E_\pi\left[R_t | s_t = s, a_t = a\right] = E_\pi\left[\sum_{k=0}^{\infty} \gamma^k r_{t+k+1} \middle| s_t = s, a_t = a\right] \quad (7.7)$$

행동 가치 함수(action-value function) Q_π는 가치 함수 V_π를 조금 더 상세화한 것으로 볼 수 있다. 상태 가치 함수 V_π와 행동 가치 함수 Q_π는 일반적으로 아래와 같은 관계를 갖는다.

$$V_\pi(s) = \sum_a \pi(s,a) Q_\pi(s,a) \quad (7.8)$$

행동 가치 함수 Q_π의 값을 **Q 값**(Q-value)이라고 한다. 또, 행동 가치가 최대가 되도록 하는 최적 정책을 π^*라 할 때, **최적 행동 가치 함수**(optimal action-value function) $Q^*(s, a)$는 다음과 같이 정의된다.

$$Q^*(s, a) \equiv Q_{\pi^*}(s, a) = \max_\pi Q_\pi(s, a) \tag{7.9}$$

7.4.4 벨만 방정식

시행착오를 통해 학습하는 로봇이 강화 학습에 기초한 학습을 수행할 때에는 그림 7.5에서 보듯이 미래를 미리 알 수 없다. 그림 7.6에서 보듯이, 미래의 상태는 통상적으로 많은 분기점을 가진다. 모든 시점에서 모든 행동에 따라 할인 보상을 계산하려면, 모든 미래를 가정해야 하므로 계산이 불가능해진다. 그래서 다음과 같은 관점이 중요해진다.

- 여러 상태 가치 사이에 문제를 간단히 하는 데 좋은 성질은 없는가?
- 가치 함수와 정책의 학습을 온라인 학습으로 수행하도록 변경하는 데 좋은 접근 방법은 없는가?

여기서 **온라인 학습**(on-line learning)이란, 로봇이 움직이는 동안에 조금씩 학습을 진행해 나가는 것을 가리킨다. 반대로, 데이터를 모두 모은 뒤 한꺼번에 학습하는 방식을 **오프라인 학습**(off-line learning) 또는 **배치 학습**(batch learning)이라 부른다.

강화 학습은 시행착오를 '거치며' 학습을 수행하는 방법이므로 온라인 학습으로 모형화하는 것이 바람직하다. 실제로, 마르코프 결정 프로세스에서 가치 함수는 다음과 같은 재귀적 성질을 만족한다.

$$V_\pi(s) = \sum_a \pi(s, a) \sum_{s'} P(s_{t+1} = s' | s_t = s, a_t = a)[r_{t+1} + \gamma V_\pi(s')] \tag{7.10}$$

여기서 s'은 다음 시각의 상태를 나타낸다. 이 식은 V_π에 대한 **벨만 방정식**(Bellman equation)이라고 한다. 마찬가지로, 행동 가치 함수 $Q_\pi(s)$에 대한 벨만 방정식은 다음과 같다.

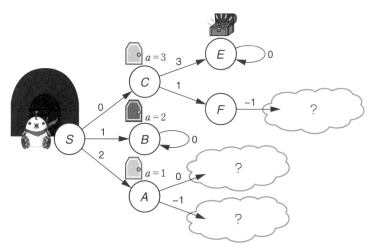

그림 7.6 점점 분기가 늘어나는 바퀴오리 2호의 미래

$$Q_\pi(s, a) = r(s, a) + \gamma \sum_{s'} V_\pi(s') P(s'|s, a) \tag{7.11}$$

$$V_\pi(s') = \sum_{a'} \pi(s', a') Q_\pi(s', a') \tag{7.12}$$

이 식은 시각 t의 가치 함수의 값이, 그 다음에 얻을 보상 r_{t+1}과 다음 상태에 대한 가치 함수의 값으로부터 구해진다는 것을 나타낸다. 이때, 이들은 '진짜' 가치 함수에 대해 성립하는 식이기 때문에, 이대로 강화 학습 문제를 푸는 데 사용할 수는 없고 이에 대한 어떤 근사나 알고리즘이 필요하다. 벨만 방정식에 기초한 강화 학습 문제를 푸는 다양한 방법이 제안되었다. 그중 유명한 것으로는 SARSA, 액터 크리틱 방법(actor-critic method), Q-학습 등이 있으나, 이 책에서는 이 중 가장 널리 쓰이는 Q-학습을 소개하도록 하겠다.

7.5.1 Q-학습

최적 행동 가치 함수 $Q^*(s, a)$의 Q 값을 추정하여 강화 학습을 수행하는 학습을 **Q-학습 (Q-learning)**이라고 한다. 먼저, 식 7.11에 식 7.12를 대입하면, 아래의 식을 얻을 수 있다.

$$Q_\pi(s, a) = r(s, a) + \gamma \sum_{s'} P(s'|s, a) \sum_{a'} \pi(s', a') Q_\pi(s', a') \tag{7.13}$$

이때, 정책은 최적 정책 π^*를 따른다고 하면, 우변 두 번째 항의 a'도 최적의 행동, 다시 말해 다음 단계 이후의 행동 가치가 최대가 되는 행동만을 고른 것이므로, 시각 t에서 최적 행동 가치 함수 $Q^*(s_t, a_t)$는 아래와 같은 점화식을 만족한다.

$$Q^*(s, a) = r(s, a) + \gamma \sum_{s'} P(s'|s, a) \max_{a'} Q^*(s', a') \tag{7.14}$$

학습 도중의 Q 값은 이 관계를 만족하지 않기 때문에, 서서히 이 평형 상태에 가까워지도록 업데이트해 나간다.

Q-학습은 먼저 (s, a)의 모든 조합에 대해 $Q(s, a)$ 값을 기록할 표를 준비한다. 이 값을 서서히 업데이트하여 실제 Q 값인 $Q^*(s, a)$에 가까워지도록 한다. 식 7.14에서 항을 옮겨 보면 진짜 Q^*는 아래 식을 만족한다는 것을 알 수 있다.

$$0 = r(s, a) + \gamma \sum_{s'} P(s'|s, a) \max_{a'} Q^*(s', a') - Q^*(s, a) \tag{7.15}$$

이 식은 확률적인 상태 천이와 관련된 항 $P(s'|s, a)$를 포함하고 있다. 만약, s_t, a_t에서 반드시 s_{t+1}로 천이한다면, 아래 식이 성립하게 된다.

$$0 = (r_{t+1} + \gamma \max_{a_{t+1} \in A} Q^*(s_{t+1}, a_{t+1})) - Q^*(s_t, a_t) \tag{7.16}$$

그러나 실제 관측된 연속열 $st, at, at+1$이 확률적인 상태 천이로부터 포집된 하나의 샘플이고, 학습 도중의 Q 값은 수렴되지 않은 값이기 때문에, 이 차에는 반드시 오차가 존재한다. 이 오차를 Q-학습에 대한 행동 가치의 **TD 오차**(Temporal Difference error)[※1]
라고 한다.

$$\delta_t = (r_{t+1} + \gamma \max_{a_{t+1} \in A} Q(s_{t+1}, a_{t+1})) - Q(s_t, a_t) \tag{7.17}$$

이 오차가 가능한 한 줄어들도록 아래의 업데이트 식에 따라 $Q(s_t, a_t)$를 조금씩 업데이트해 나가는 것이 Q-학습의 기본적인 알고리즘이다.

$$Q(s_t, a_t) \leftarrow Q(s_t, a_t) + \alpha(r_{t+1} + \gamma \max_{a_{t+1} \in A} Q(s_{t+1}, a_{t+1}) - Q(s_t, a_t)) \tag{7.18}$$

여기서 $\alpha(0 < \alpha \leq 1)$는 학습률(혹은 학습 계수)이며, 평형 상태에 대한 접근 속도를 조절하는 값이다. 1에 가까우면 평형 상태에 빨리 도달할 수 있지만, 그만큼 불안정하기도 하다. 그 때문에 $\alpha = 0.1$ 정도로 설정하는 경우가 많다. Q-학습은 이 TD 오차가 0에 가까워지도록 하는 학습이라고 할 수 있다. Q-학습의 학습 알고리즘을 알고리즘 7.1에 실었다. 여기서 L은 과업의 시도 횟수다. 강화 학습에서는 하나의 과업을 몇 번이고 반복하여 서서히 올바른 Q 값을 학습할 수 있다.

알고리즘 7.1 Q-학습

❶ Q 값을 초기화한다.

❷ **for** $i = 1$ **to** L **do**

❸ 　　시각 $t = 1$로 하고, s_0를 관측한다.

❹ 　　**repeat**

❺ 　　　　정책 π에 따라 a_t를 선택하여 행동한다.

❻ 　　　　환경으로부터 r_{t+1}과 s_{t+1}을 관측한다.

❼ 　　　　Q-학습의 업데이트 식에 따라 $Q(s_t, a_t)$의 값을 업데이트한다.

❽ 　　　　시각 $t \leftarrow t + 1$로 한다.

❾ 　　**until** 목표 지점에 도착하거나 종료 조건에 도달

❿ **end for**

[※1] 　액터 크리틱 방법(actor-critic method)처럼 상태 값에 기반을 둔 강화 학습에서는 상태 값에 기초한 TD 오차를 정의한다.

7.5.2 정책

Q-학습의 목표는 Q 값을 학습하는 것이지만, 이를 위해 정책 π를 결정할 방법을 미리 정해 둘 필요가 있다. 학습 결과를 최대한 활용하기 위해서는 높은 Q 값을 갖는, 다시 말해 높은 행동 가치를 가질 만한 행동을 선택하면 된다.

$$a_t^* = \arg\max_a Q(s_t, a) \tag{7.19}$$

$$\pi(s_t, a_t) = \delta(a_t, a_t^*) \tag{7.20}$$

이와 같이, 가장 높은 Q 값을 갖는 행동을 선택하는 것이 **탐욕적 방법**(greedy method, 그리디 방법)이다. $\arg\max_a$는 변수 a를 변화시킬 때 주어진 함수가 최댓값을 갖도록 하는 a를 출력하는 연산자다. 여기서 δ는 크로네커 델타(Kronecker delta)이다.

$$\delta(a, b) = \begin{cases} 1 & (a = b) \\ 0 & (a \neq b) \end{cases} \tag{7.21}$$

그러나 탐욕적 방법을 취하면, 어떤 상태 s_t의 조건하에 그 시점에서만 최상이라고 생각되는 행동밖에 선택할 수 없으므로 학습이 진행되지 않는다.

사실은 좀 더 좋은 결과를 낳을 수 있는 행동이 있을지도 모르지만, '해 보지 않으면' 그 행동이 좋은 결과가 될지 자체를 알 수가 없다. 그리고 탐욕적 방법은 '그 외에 다른 행동을 취해 본다'는 탐색 행동을 포함하지 않으므로 좋지 않은 행동을 영원히 계속하게 될 가능성이 있다.

이와 달리, 완전한 무작위를 정책으로 취하면 아무리 시간이 지나도 할인 누적 보상이 커지는 행동을 선택할 수가 없다. 탐욕적 방법의 반대가 **무작위 방법**(random method)이며, 모든 행동을 같은 확률로 선택한다. 무작위 방법은 탐색은 수행하지만, 무작위로 행동을 선택할 뿐이기 때문에 아무리 Q 값을 높여도 더 높은 보상을 얻을 수 없다.

이렇듯 탐색을 우선하면 지식 활용을 효과적으로 하지 못하고, 지식 활용을 통해 더 높은 보상을 얻으려고 하면 탐색이 이루어지지 않는 갈등 상황을 **활용과 탐색의 트레이드오프**(exploitation-exploration trade-off)라고 하며, 학습 문제가 가지고 있는 본질적인 문제다. 이 트레이드 오프의 균형점을 찾는 정책으로 ε-탐욕적 방법과 볼츠만 탐색 방법이 있다.

ε-탐욕적 방법(ε-greedy method)은 확률 ε으로 모든 행동에서 무작위 방법에 따라 행동을 취하고, 확률 $1 - \varepsilon$의 확률로 탐욕적 방법으로 행동을 취한다. ε-탐욕적 방법의 정책을 식으로 나타내면 아래와 같다.

$$\pi(s_t, a_t) = P(a_t|s_t) = (1 - \varepsilon)\delta(a_t, a_t^*) + \frac{\varepsilon}{\#(A)} \tag{7.22}$$

ε을 크게 하면 탐색을 중시하게 되어 $\varepsilon = 1$이면 무작위 방법과 같게 된다. 반대로, 이를 작게 하면 지식 활용을 중시하여 $\varepsilon = 0$이면 탐욕적 방법과 같다.

볼츠만 탐색 정책(Boltzmann exploration policy)은 볼츠만 분포라 불리는 확률 분포를 행동 가치 함수에 사용하는 정책이다.

$$\pi(s_t, a_t) = P(a_t|s_t) \propto \exp(\beta Q(s_t, a_t)) \tag{7.23}$$

여기서 β는 **역온도**(inverse temperature)라는 값으로, 별도의 상수로서 주어진다. 일견 복잡해 보이지만, Q 값이 큰 행동을 더 높은 확률로 선택하고, Q 값이 작은 행동은 더 낮은 확률로 선택하게 된다. ε-탐욕적 방법은 두 번째로 큰 Q 값을 갖는 행동과 가장 낮은 Q 값을 갖는 행동이 모두 같은 확률로 선택되지만, 볼츠만 탐색 방법에서는 β가 크면 탐욕적 방법에 가깝게 되어 지식 활용이 강조되고, β가 작으면 탐색이 강조된다. $\beta = 0$이면 무작위 방법과 같게 된다.

그 외에도 경험했던 횟수가 적은 상태에 좀 더 많은 탐색 기회를 부여하는 등 다양한 방법이 연구되어 사용되고 있다.

📖 **정리**

- 할인 누적 보상과 할인 누적 보상에 대한 할인율의 영향을 구체적인 비교를 통해 배웠다.
- 할인 누적 보상의 기댓값을 나타내는 함수인 상태 가치 함수와 행동 가치 함수를 배웠다.
- 벨만 방정식으로 적절한 가치 함수가 만족해야 하는 점화식을 얻었다.
- Q-학습의 알고리즘과 Q-학습에서 정책을 결정하는 방법에 대하여 배웠다.

1. 강화 학습에 대한 설명으로 부적절한 것은 무엇인가?

❶ 조작적 조건화를 수학적으로 모형화한 것이다.

❷ 마르코프 결정 프로세스에 기초한 최적화 기법이다.

❸ 결정론적 시스템을 전제로 하는 다단계 결정 문제다.

❹ 행동의 강화를 수학적으로 표현한 것이다.

2. 아래의 설명에 해당하는 행동 선택 방법으로 가장 적절한 것을 고르시오. 일정 확률로 해당 시점에서 최적이 되는 행동을 선택하고, 남은 확률로 다른 s 행동을 균등한 확률로 무작위 선택한다.

❶ 무작위 방법   ❸ ε-탐욕적 방법

❷ 탐욕적 방법   ❹ 볼츠만 탐색 방법

3. TD 오차에 대한 설명으로 가장 적절한 것을 고르시오.

❶ 가치 함수에 기초한 예측 보상의 예측 오차

❷ 가치 함수에 기초한 예측 상태의 예측 오차

❸ 정책 함수에 기초한 예측 행동의 예측 오차

❹ 정책 함수에 기초한 예측 시간의 예측 오차

4. 바퀴오리 2호는 상태 s_t에서 행동 '오른쪽'을 취하여 상태 s_{t+1}로 천이하였다. 각각의 상태에서 현재 학습 중인 행동 가치의 값은 그림과 같다. 할인율이 $\gamma = 0.9$라고 할 때, 아래의 물음에 답하여라.

❶ 행동 가치에 대한 TD 오차 δ_t를 구하여라.

❷ 이 한 단계가 지난 후 표에 나온 Q 값 중 어떤 값이 어떻게 변하겠는가? 학습률 $\alpha = 0.5$라고 가정하고 구하라.

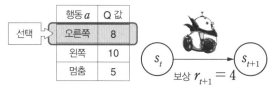

행동 a	Q 값
오른쪽	8
왼쪽	10
멈춤	5

선택 → 오른쪽

s_t → 보상 $r_{t+1} = 4$ → s_{t+1}

행동 a	Q 값
오른쪽	10
왼쪽	8
멈춤	5

위치 추정(1):
베이즈 필터

바퀴오리 2호는 문득 자신의 위치가 어디인지 알 수 없다는 것을 깨달았다. 사방을 돌아보니 앞으로는 벽, 좌우와 뒤는 통로였다. 머릿속에 저장된 지도를 보았으나, 이런 곳은 지도에 여러 곳이 있었다.

지금까지 바퀴오리 2호는 미로 안에서 자신의 위치를 알고 있는 것은 당연하다고 여겼다. 그러나 현실은 그렇지 않았다. 바퀴오리 2호는 주변의 제한된 정보로부터 자신의 위치를 파악하는 능력을 가지지 않으면 안 된다.

• 바퀴오리 2호는 미로의 완전한 지도를 갖고 있다.
• 바퀴오리 2호는 자신이 어디 있어야 어떤 관측을 할 수 있는지 알고 있다(단, 확률적으로).
• 바퀴오리 2호는 각각의 상태에서 자신이 어떤 행동을 취하면 어떤 상태로 이동하는지 알고 있다 (단, 확률적으로).

그림 8.1 지도는 가지고 있지만 자신의 위치를 알 수 없게 된 바퀴오리 2호

8.1.1 위치의 불확실성

바퀴오리 2호처럼 이동하는 로봇은 대부분의 경우 자신의 주변에 대한 정보만을 얻을 수 있다. 또, 그 정보도 가끔 측정 오차나 오류를 포함하므로 반드시 올바른 관측치라고 할 수 없다. 예를 들면, 바퀴오리 2호는 360도 카메라를 탑재하였으므로 좌우와 앞뒤로 벽이 있는지를 인식할 수 있지만, 그것만으로는 미로 안에서 자신의 위치를 파악할 수 없다.

마찬가지로, 탑재하고 있는 센서에서 특정 시각의 관측 결과만으로 자신의 위치를 결정하는 것이 항상 가능하지는 않은 이유는 다음과 같다.

- 관측 결과에 오차나 관측 오류가 포함될 수 있다.
- 같은 관측을 얻을 수 있는 장소가 한 곳 이상 있을 수 있다.

예를 들어, 바퀴오리 2호가 통과하는 미로의 경우 그림 8.2에서처럼 주변(사방) 벽의 상황은 $2^4 = 16$가지의 가능성이 있다. 우리의 이야기에 기초하여 위에서 밝힌 두 가지 이유를 설명하겠다.

먼저, '관측에는 측정 오차가 따른다'부터 설명하겠다. 바퀴오리 2호가 360도 카메라를 사용한 패턴 인식으로 자기 주변의 상황을 반드시 오류 없이 인식한다는 보장은 없다. 작은 확률이라도 있다면 오인식은 일어나게 될 것이다. 센서 정보를 지나치게 신뢰하면 한 번의 잘못된 관측만으로 자신의 위치를 실제와 전혀 다르게 추정하게 되고, 이는 다시 자신의 위치 추정의 신뢰성을 심각하게 떨어뜨리게 된다. 그렇기 때문에 적어도 잘못된 센서 정보를 지금까지 관측한 정보를 통해 오류를 완화할 수 있는 구조가 필요하게 된다.

그 다음 '같은 관측 정보를 얻을 수 있는 장소가 한 곳 이상 있을 수 있다'를 설명하겠다. 그림 8.3에서 보듯, 미로 안에는 같은 관측 정보를 얻을 수 있는 곳이 여러 곳 있다. 예를 들면, 그림에 바퀴오리 2호가 표시된 두 곳은 모두 좌우에 벽이 있어서 360도 카메라를 통해 얻은 정보가 동일하다. 그렇기 때문에 바퀴오리 2호는 어떤 시점의 센서

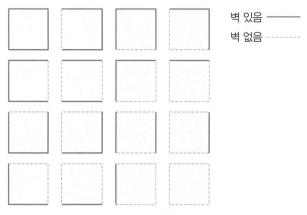

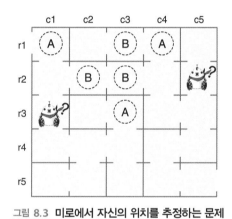

그림 8.2 **미로에서 주위의 벽에 대한 상황**

그림 8.3 **미로에서 자신의 위치를 추정하는 문제**

정보만으로는 장소를 특정할 수가 없다. 또, 같은 이유로 A와 B도 기호가 같은 장소끼리는 구별이 되지 않는다.

이런 상황을 구별하여 자신의 위치를 좀 더 확실하게 인식하려면 어떻게 해야 할까? 그림 8.3에서 바퀴오리 2호의 입장이라면 한 칸만 위로 올라가 보면 될 것이다. 한 칸 올라간 뒤 위쪽에 벽이 발견된다면 자신의 위치는 (r2, c5)일 것이고, 그렇지 않다면 (r3, c1)이라는 것을 알 수 있을 것이다.

이렇게 하나 이상의 시각(時刻)에 걸쳐 입력받는 센서 정보와 이동과 관련된 모터 정보를 축적하고 통합하여 스스로의 위치를 특정하는 문제가 자신의 위치 추정 문제다.

8.2 부분 관측 마르코프 결정 프로세스

8.2.1 마르코프 결정 프로세스 다시 보기

자신의 위치 추정 문제도 자신의 위치를 정확히 알 수 없다는 '불확실성'을 다루는 문제이므로 확률적 시스템을 가정하여 접근해야 한다. 그림 8.4는 마르코프 결정 프로세스의 그래피컬 모형이다. 그림 8.4를 보면 s_{t+1}은 s_t, a_t로부터만 확률적으로 결정되며, 마르코프 결정 프로세스인 $P(s_{t+1}|s_t, a_t)$를 나타내고 있다.

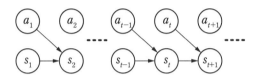

그림 8.4 마르코프 결정 프로세스의 그래피컬 모형

이는 시각 t 이전의 정보는 s_t를 거치지 않고는 s_{t+1}에 전혀 영향을 미치지 않는다는 주장이다. 일반적으로 s_{t+1}은 초기 상태부터 시각 t까지의 상태 $s_{1:t}$와 행동 $a_{1:t}$에 의존하지만, 마르코프 결정 프로세스는 s_{t+1}이 s_t, a_t에만 의존한다고 주장하는 것이다. 이런 관계는 식 (8.1)처럼 보다 명확하게 나타낼 수 있다.

$$P(s_{t+1}|s_{1:t}, a_{1:t}) = P(s_{t+1}|s_t, a_t) \tag{8.1}$$

이때, $s_{1:t}$와 $a_{1:t}$는 아래의 축약 표기법이다.

$$s_{1:t} = \{s_1, s_2, \ldots, s_t\} \tag{8.2}$$

$$a_{1:t} = \{a_1, a_2, \ldots, a_t\} \tag{8.3}$$

마르코프 결정 프로세스를 전제로 한 기법을 로봇에 적용하기 위해서는 마르코프성을 만족하는 상태 공간을 구성해야 한다. 예를 들어, 실세계에서 로봇을 움직일 때, 로봇의 다음 시각의 위치는 로봇의 현재 위치뿐 아니라, 움직이는 속도에 의해서도 결정된다. 상태에 속도를 추가하면 마르코프성에 대한 가정이 타당해지므로 속도를 상태 변수에 추가하는 경우가 많다.

강화 학습에서 미로를 빠져나오기 위한 방법을 학습할 때에는 마르코프 결정 프로세스를 사용하고, 자신의 위치를 나타내는 s_t 자체는 관측을 통해 알 수 있다고 간주하였다. 그러나 이번 장의 문제 조건에서는 바퀴오리 2호가 자신의 위치를 직접 관측할 수 없다고 간주한다.

8.2.2 부분 관측 마르코프 결정 프로세스

방금 예를 들어 설명했듯이, 바퀴오리 2호는 시각 t에서의 관측만으로는 자신의 위치를 특정할 수 없다. 자신의 위치 s_t 자체를 관측할 수는 없기 때문에 어떻게든 불완전한 센서 정보 o_t로부터 자신의 위치 s_t를 추정하려고 한다.

그래서 자신의 위치를 나타내는 상태 s_t는 마르코프 결정 프로세스에 따라 천이하지만, 바퀴오리 2호 자신은 상태 s_t를 알 수 없고 상태 s_t에 의존하는 센서 정보 o_t만을 관측할 수 있다고 하자. 이런 상황은 **부분 관측 마르코프 결정 프로세스**(partially observable Markov decision process, POMDP)로 모형화할 수 있다. 부분 관측 마르코프 결정 프로세스의 그래피컬 모형을 그림 8.5에 실었다.

부분 관측 마르코프 결정 프로세스는 s_t를 직접 관측할 수 없는 대신에 s_t에만 의존해서 확률적으로 생성되는 관측 o_t가 존재한다. 그림 8.2에 열거된 것 같은 바퀴오리 2호의 좁은 범위의 주변 환경 지각이 이 관측이라고 생각하면 된다.

이때, 바퀴오리 2호는 미로의 완전한 지도를 갖고 있고, 자신이 상태 s_t에 있다면 어떤 관측 o_t를 얻을 수 있는지에 대한 확률 $P(o_t|s_t)$에 대해서도 알고 있다고 가정한다.

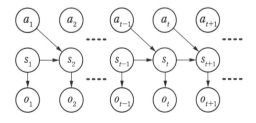

그림 8.5 부분 관측 마르코프 결정 프로세스의 그래피컬 모형

8.3 베이즈 필터

8.3.1 베이즈 필터의 유도

부분 관측 마르코프 결정 프로세스를 전제로 하여, 관측 결과 $o_{1:t}$와 자신이 취해 온 행동 $a_{1:t}$로부터 자신의 위치 s_t를 추정하는 기법으로 가장 기본적인 것이 **베이즈 필터**(Bayes filter)다. 바퀴오리 2호는 시각 t에는 $o_{1:t}, a_{1:t}$에 대한 정보를 가지고 있다. 바퀴오리 2호가 이것으로부터 알아내야 하는 것은 이 조건에서의 s_t에 대한 정보다. 베이즈 필터는 베이즈 정리를 적용하여 자신의 위치 s_t를 추정한다. 시각 t에 위치 s_t에 존재할 확률을 $P(s_t|o_{1:t}, a_{1:t-1}) = F_t(s_t)$로 두고, 존재 확률 $F_{t-1}(s_{t-1})$로부터 $F_t(s_t)$를 재귀적으로 구하는 것이 베이즈 필터의 특징이다. 베이즈 필터 알고리즘은 다음과 같이 유도된다.

$$F_t(s_t) = P(s_t|o_{1:t}, a_{1:t-1}) \tag{8.4}$$

$$= \frac{P(s_t, o_t|o_{1:t-1}, a_{1:t-1})}{P(o_t|o_{1:t-1}, a_{1:t-1})} \cdots \text{곱셈 정리의 역} \tag{8.5}$$

$$\propto P(s_t, o_t|o_{1:t-1}, a_{1:t-1}) \cdots \text{분모는 } s_t \text{에 의존하지 않는다.} \tag{8.6}$$

$$= P(o_t|s_t, o_{1:t-1}, a_{1:t-1})P(s_t|o_{1:t-1}, a_{1:t-1}) \cdots \text{곱셈 정리} \tag{8.7}$$

$$= P(o_t|s_t)P(s_t|o_{1:t-1}, a_{1:t-1}) \cdots o_t \text{는 } s_t \text{에만 의존한다.} \tag{8.8}$$

$$= P(o_t|s_t) \sum_{s_{t-1}} P(s_t, s_{t-1}|o_{1:t-1}, a_{1:t-1}) \cdots \text{주변화의 역} \tag{8.9}$$

$$= P(o_t|s_t) \sum_{s_{t-1}} P(s_t|s_{t-1}, o_{1:t-1}, a_{1:t-1})P(s_{t-1}|o_{1:t-1}, a_{1:t-1}) \tag{8.10}$$
$$\cdots \text{곱셈 정리}$$

$$= P(o_t|s_t) \sum_{s_{t-1}} P(s_t|s_{t-1}, a_{t-1})P(s_{t-1}|o_{1:t-1}, a_{1:t-2}) \tag{8.11}$$
$$\cdots \text{마르코프성에 대한 가정}$$

$$= \underbrace{P(o_t|s_t)}_{\substack{\text{센서로부터의} \\ \text{정보}}} \sum_{s_{t-1}} \underbrace{P(s_t|s_{t-1}, a_{t-1})}_{\text{상태 천이 확률}} \underbrace{F_{t-1}(s_{t-1})}_{\substack{\text{1시각 이전의} \\ \text{존재 확률}}} \tag{8.12}$$

$$\equiv G_t(s_t) \cdots F_t(s_t) \text{의 값에 비례한다.} \tag{8.13}$$

이를 통해 1시각 이전의 존재 확률 $F_{t-1}(s_{t-1})$에 상태 천이 확률을 s_{t-1}마다 곱한 값을 합하여 센서 정보의 관측 확률 $P(o_t|s_t)$를 곱하면 존재 확률 $F_t(s_t)$에 비례하는 값 $G_t(s_t)$를 얻게 됨을 알 수 있다. 어떤 상수 C에 대해 $G_t(s_t) = CF_t(s_t)$이므로 $\sum_{s_t} G_t(s_t) = C \sum_{s_t} F_t(s_t)$이고, $G_t(s_t)$를 $F_t(s_t) = G_t(s_t)/\sum_{s_t} G_t(s_t)$로 **정규화**하면 존재 확률 $F_t(s_t)$를 구할 수 있다.

이렇게 부분 관측 마르코프 결정 프로세스에 대한 가정과 확률의 기본 식만으로도 유도할 수 있다는 것이 베이즈 필터의 이론적 장점이다.

8.3.2 베이즈 필터의 알고리즘

베이즈 필터의 알고리즘을 알고리즘 8.1에 실었다. 시각 $t-1$에서 인식 상태 $F_{t-1}(s_{t-1})$를 갖는 바퀴오리 2호가 행동 a_{t-1}에 따라 상태 천이한 후 o_t를 관측하여 이 센서 정보에 대한 관측 확률로 가중치를 적용한 다음, 정규화하여 새로운 확률 $F_t(s_t)$를 구한다. 정규화란, 전체의 합으로 나누어 합하면 1이 되도록 하는 것이다. 식 8.6에서 비례하는 형태로 변형되었기 때문에, 다시 s_t에 대해 합하면 1이 되도록 정규화하여, $F_t(s_t)$가 확률의 조건을 만족하도록 해야 한다. 베이즈 필터는 온라인 학습에 적용하기 적합한데, 다음 절에서 예제와 함께 설명하도록 하겠다.

알고리즘 8.1 베이즈 필터

❶ $F_0(s_0)$을 초기화한다. $F_0(s_0) = P(s_0)$

❷ **for** $t = 1$ to T **do**

❸ a_{t-1}을 따라 이동하여 o_t를 관측한다.

❹   모든 s_t에 대하여 G_t를 아래와 같이 계산한다.

$$G_t(s_t) \leftarrow P(o_t|s_t) \sum_{s_{t-1}} P(s_t|s_{t-1}, a_{t-1}) F_{t-1}(s_{t-1}) \tag{8.14}$$

❺
$$F_t(s_t) \leftarrow G_t(s_t) / \sum_s G_t(s) \tag{8.15}$$

❻ **end for**

바퀴오리 2호의 통로에서의 위치 추정(베이즈 필터)

실제 사례를 통해 베이즈 필터의 알고리즘을 따라가 보자. 편의를 위해 그림 8.6과 같은 통로를 다루기로 한다. 5칸으로 이루어진 통로가 있고 여기를 바퀴오리 2호가 지난다.

또, 상태 천이는 바퀴오리 2호가 이동하려는 방향으로 0.8의 확률로 이동한다고 하자. 남은 확률 0.2는 바퀴오리 2호가 이동하지 못하고 제자리에 머문다. 가로 방향으로 이동하려는 때에 벽이 있다면 그 이상 나아가지 못하고 멈춘다.

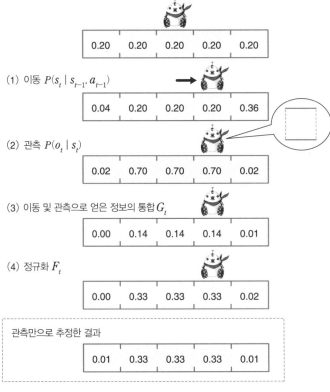

그림 8.6 바퀴오리 2호의 위치 추정 – 1단계

관측은 그림 8.2와 같이 16가지의 관측 중 하나를 결과로 얻는다. 0.7의 확률로 정확한 관측이 이루어지며, 0.3의 확률로 잘못된 관측 결과를 얻게 된다. 잘못된 관측 결과는 정답이 아닌 15가지 중 하나가 같은 확률로 무작위로 발생한다. 다시 말해, 정답이 아닌 관측 결과가 발생할 확률은 각각 0.02씩이다.

먼저, 그림 8.6을 보자. 바퀴오리 2호는 통로 중앙에 위치해 있다. 처음에는 **무정보** (uninformative) 상태이므로 바퀴오리 2호는 자신의 현재 위치를 알지 못한다. 무정보란, 상태를 특정하기 위한 정보가 전혀 없는 상태를 말하며, 모든 장소에 대해 존재 확률이 같다고 가정하는 상태다.

그 다음 바퀴오리 2호를 오른쪽으로 한 칸 전진시켜 보자. 이 경우 그림 8.6의 (1)에서 보듯이 바퀴오리 2호의 존재 확률이 이동한다. 그 다음엔 관측을 수행한다. 관측 결과로는 통로 끝이 아닌 칸에 있다는 결과를 얻는다. 그러나 이때 이 관측이 틀렸을 가능성도 존재한다. 각 지점에 대한 센서 정보의 확률 $P(o_t|s_t)$는 그림 8.6의 (2)와 같이 계산된다. 이들 정보를 곱한 뒤 합하여 G_t를 계산하고, 다시 이를 정규화하여 F_t를 구한다. 여기까지는 아직 위치를 충분히 특정하지 못했다. 그리고 그림에 표시된 값은 소수점 셋째 자리에서 반올림한 것이다.

이제 그림 8.7로 넘어간다. 바퀴오리 2호는 한 번 더 오른쪽으로 이동한다. 그리고 오른쪽에 벽을 관측한다. 오른쪽에 벽이 있는 곳이 또 있지는 않으므로 오른쪽 끝 칸의 확률이 단숨에 올라간다. 하지만 측정 오류의 가능성이 있으므로 다른 위치에 대한 확률도 조금씩은 남아 있다.

그 다음 그림 8.8로 다시 넘어가자. 바퀴오리 2호는 이번에는 왼쪽으로 이동한다. 이제 왼쪽으로 이동하면서 조금 전 두 번째 단계에서 추정한 자신의 위치의 정보가 정확했음을 알게 된다.

한편, 이때 관측 정보만으로 자신의 위치를 추정한 결과를 그림 8.8에 나타냈다. 비교해 보면, 베이즈 필터를 사용한 위치 추정이 성능이 더 높음을 알 수 있다.

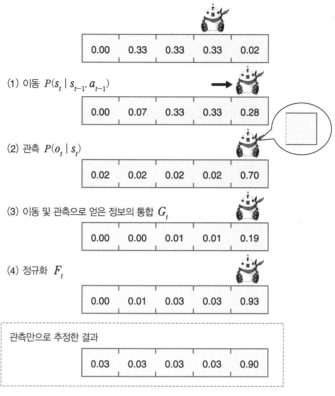

(1) 이동 $P(s_t \mid s_{t-1}, a_{t-1})$

(2) 관측 $P(o_t \mid s_t)$

(3) 이동 및 관측으로 얻은 정보의 통합 G_t

(4) 정규화 F_t

관측만으로 추정한 결과

그림 8.7 바퀴오리 2호의 위치 추정 – 2단계

이렇게 성능이 차이가 나는 이유는, 해당 시각의 관측만으로 위치를 추정하는 것은 센서 정보 o_t로부터 위치 s_t의 사후 확률 $P(s_t|o_t)$를 계산하는 것이고, 베이즈 필터는 이론적으로 $P(s_t|o_{1:t}, a_{1:t-1})$을 계산하므로 지금까지의 모든 관측과 모든 행동을 계산에 넣어 위치를 추정하기 때문이다. 이 차이가 그림 8.8에서 나타난 결과의 차이로 이어지는 것이다.

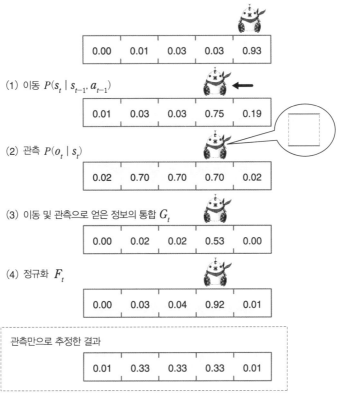

(1) 이동 $P(s_t \mid s_{t-1}, a_{t-1})$

| 0.00 | 0.01 | 0.03 | 0.03 | 0.93 |

| 0.01 | 0.03 | 0.03 | 0.75 | 0.19 |

(2) 관측 $P(o_t \mid s_t)$

| 0.02 | 0.70 | 0.70 | 0.70 | 0.02 |

(3) 이동 및 관측으로 얻은 정보의 통합 G_t

| 0.00 | 0.02 | 0.02 | 0.53 | 0.00 |

(4) 정규화 F_t

| 0.00 | 0.03 | 0.04 | 0.92 | 0.01 |

관측만으로 추정한 결과

| 0.01 | 0.33 | 0.33 | 0.33 | 0.01 |

그림 8.8 **바퀴오리 2호의 위치 추정 – 3단계**

> ### 정리
>
> - 위치 추정이 어떤 문제이고, 왜 필요한지에 대하여 배웠다.
> - 부분 관측 마르코프 결정 프로세스에 대하여 배웠다.
> - 베이즈 필터의 알고리즘을 유도해 보았다.
> - 사례를 통해 자신의 위치 추정의 기본적인 알고리즘을 확인하였다.

1. 위치 추정에 대한 설명으로 가장 적절하지 못한 것을 고르시오.

   ❶ 부분 관측 마르코프 결정 프로세스를 확률 모형으로 하는 기법이다.

   ❷ 로봇의 미래의 위치를 긴 기간에 걸쳐 추정하는 기법이다.

   ❸ 여러 시점의 센서 정보를 통합하여 로봇의 현재 위치를 정확하게 추정하려는 기법이다.

   ❹ 센서의 관측 오차를 여러 번의 관측을 통해 완화하면서 자신의 위치를 추정하는 기법이다.

2. 위치 추정에서 베이즈 필터에 대한 설명으로 가장 적절한 것을 고르시오.

   ❶ 시각 $t-1$의 상태에 대한 존재 확률에 상태 천이 확률과 센서 정보의 관측 확률을 적용하여 시각 t의 상태에 대한 존재 확률을 구하는 필터다.

   ❷ 베이즈 정리에 기초하여 센서 정보만으로 위치 정보를 필터링하는 기법이다.

   ❸ 미래에 대한 이익의 합이 최대가 되도록 베이즈 정리에 기초하여 최적 정책을 찾는 기법이다.

   ❹ 변분 근사를 이용하여 휴리스틱하게 위치를 추정하는 방법이다.

3. 그림 중앙에 바퀴오리 2호가 있다. 초기에는 무정보 상태다. 바퀴오리 2호는 오른쪽으로 이동하여 오른쪽에 벽이 있음을 정상적으로 관측하였다. 이때, 베이즈 필터를 이용하여 바퀴오리 2호가 추정하는 각 상태의 스스로에 대한 존재 확률을 구하여라. 상태 천이 확률이나 관측 확률은 본문의 설정을 그대로 따른다.

4. 위치 추정에서 쓰인 베이즈 필터의 알고리즘을 부분 관측 마르코프 결정 프로세스를 가정하여 유도하라.

9

위치 추정(2): 입자 필터

바퀴오리 2호는 베이즈 필터를 탑재한 뒤 생각했다. "왠지, 이거 귀찮아질 것 같은데" 베이즈 필터
는 항상 '자신이 맞닥뜨릴 수 있는 모든 가능한 상황에 대해 그 확률'을 고려해야 한다. 미로가 아무
리 넓다 한들 바퀴오리 2호가 존재할 수 있는 곳은 한군데뿐이며, 그 가능성이 높은 곳을 따지면
그 범위는 더욱 제한적이다. 대부분의 장소에서 바퀴오리가 존재할 확률은 거의 0에 가깝다.

이렇게 유용하지 않은 정보를 유지하는 것보다는 "내 위치가 여기일지도 몰라" 같은 가설을 몇 가
지만 유지하는 편이 좋지 않을까?

가정

• 바퀴오리 2호는 미로의 완전한 지도를 갖고 있다.
• 바퀴오리 2호는 자신의 위치에 따라 어떤 관측 결과를 얻는지 알 수 있다(단, 확률적으로).
• 바퀴오리 2호는 각각의 상태에서 자신이 어떤 행동을 취하면 어떤 상태로 이동하는지 알고 있다
  (단, 확률적으로).

그림 9.1 자신의 위치에 대한 여러 가설을 세우는 바퀴오리 2호

9.1 베이즈 필터의 문제점

9.1.1 위치 추정과 메모리 관리

베이즈 필터를 탑재하게 되면, '모든 상태에 대해 존재 확률을 항상 계산하고 이를 유지'해야 하는 비효율이 발생한다. 이 비효율은 상태의 수가 그다지 많지 않을 때는 문제가 되지 않지만, 상태 수가 폭발적으로 증가하는 경우에는 큰 문제가 된다.

베이즈 필터는 스스로 생각하기에 절대 자신의 위치가 아닌 장소를 포함하여 모든 장소 s_t에 대해 자신이 그 장소에 존재할 확률 $F_t(s_t) = P(s_t|o_{1:t}, a_{1:t-1})$를 매번 업데이트해야 한다. 상태 수가 많아질수록 업데이트해야 하는 변수도 늘어난다.

또, 연속 상태 공간일 경우에는 상태 수가 본질적으로 무한이기 때문에, 이 점이 더욱 큰 문제가 된다. 연속 상태 공간은 수식이 복잡하여 이 책에서는 다루지 않지만, 수학적 이론의 뼈대는 이산 상태 공간과 거의 같다.

그럼, '모든 상태'에 대하여 정보를 유지하는 것이 어렵다면 어떻게 해야 할까? 고려 대상을 '모든 상태'가 아니라 '내가 있을 만한 상태'에 대한 후보만으로 한다면 효율적이지 않을까? 제한된 수로 '내가 있을 만한 상태'에 대한 후보를 구성하고, 이들에 대한 정보를 업데이트하면서 자신의 위치 추정을 수행하는 아이디어를 생각해 볼 수 있다.

이를 구현한 것이 **입자 필터**(particle filter, 파티클 필터)이다. 입자 필터는 베이즈 필터를 기초로 하여 **몬테 카를로 근사**(Monte Carlo approximation)와 베이즈 필터의 업데이트 식에 대한 **SIR**(Sampling Importance Resampling)을 도입하여 구현한, 베이즈 필터를 근사하는 기법이다.

9.2 몬테 카를로 근사

9.2.1 샘플 점의 집합으로 확률 분포 근사하기

'모든 상태'에 대한 정보를 유지하는 대신 '내가 있을 만한 상태'에 대한 후보를 몇 가지

뽑아 이들에 대한 정보만 유지한다는 방법은 어떤 방법일까?

자신의 위치 추정 문제의 이론에서 원래 자신의 위치에 대한 정보는 확률 분포로 유지된다. 상태의 후보에 대한 정보로 자신의 위치에 대한 정보를 유지한다는 것은 이 자신의 위치에 대한 확률 분포를 자신의 위치에 대한 샘플 점의 집합 형태로 근사한다는 것이다. 이 샘플 점이란, 확률 분포로부터 출력된 실제 값이다.

예를 들어, 두 번에 한 번은 6이 나오는 주사위가 있다고 하자. k가 나올 확률을 p_k라고 하면, 이 확률 분포는 $(p_1, p_2, p_3, p_4, p_5, p_6) = (\frac{1}{10}, \frac{1}{10}, \frac{1}{10}, \frac{1}{10}, \frac{1}{10}, \frac{1}{2})$이 된다. 이 주사위를 10번 던져서 아래와 같은 결과가 나왔다고 하자.

주사위로부터 나온 샘플 점의 집합

6,6,3,2,3,4,6,6,6,1

이 샘플 점의 집합은 주사위에 잠재된 확률 분포로부터 나온 것이다.

다시 샘플 점의 집합을 살펴보면 분명히 6이 잘 나온다는 것을 알 수 있다. 또, 6이 나오는 비율도 10번 중 5번이므로 대체로 반 정도라는 것을 '얼추 알 수 있다'. 이 '얼추 알 수 있다'는 말은 이 샘플 점 집합이 그 뒤에 잠재된 확률 분포에 대한 정보를 갖고 있다는 뜻이다. 이 정보를 통해 우리가 주사위의 확률 분포를 짐작할 수 있는 것이다.

샘플 점 집합이 확률 분포의 일부 정보를 가지고 있다고 전제하면 '샘플 점의 집합을 확률 분포의 근사로 간주한다'는 아이디어를 생각해 볼 수 있다.

9.2.2 샘플링

확률 분포로부터 구체적인 값을 추출하는 것을 **샘플링**(sampling)이라고 한다(그림 9.2). 이는 난수를 발생시키는 주사위를 던져 구체적인 값을 얻는 것에 해당한다. 머신러닝 같은 분야에서는 매우 자주 쓰인다. '확률 분포로부터 추출' 혹은 '값을 샘플링'한다는 표현이 사용된다. 확률 분포 $P(x)$로부터 i번째 샘플 $x^{(i)}$를 추출하는 것을 다음과 같이 나타낸다.

$$x^{(i)} \sim P(x) \tag{9.1}$$

'$\sim$' 기호는 오른쪽의 확률 분포로부터 왼쪽을 샘플 값을 추출한다는 의미다.

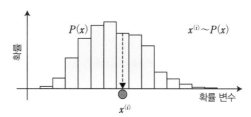

그림 9.2 확률 분포 $P(x)$로부터의 샘플링

9.2.3 몬테 카를로 방법

몬테 카를로 방법(Monte Carlo method)은 일반적으로 확률 분포를 식으로 다루지 않고, 그 확률 분포로부터 생성된 샘플의 집합으로 확률 분포를 갈음하는 방법으로, 기댓값을 평가하는 데 자주 이용된다. 식 9.2에서는 N개의 샘플값 $x^{(i)}(i = 1, 2, ..., N)$를 추출하여 그 평균값을 기댓값의 근삿값으로 삼아 구한다.

$$E[x] = \sum_x xP(x) \simeq \frac{1}{N} \sum_i x^{(i)} \tag{9.2}$$

이때, $x^{(i)}$는 확률 분포 $P(x)$로부터 샘플링된 i번째 샘플값을 말한다. 주사위에 비유하면 N번 던졌을 때 i번째에 나온 숫자에 해당한다. E는 근삿값임을 나타내는 기호다.

좀 더 일반적인 경우로, 확률 분포 x에 대한 함숫값 $f(x)$의 기댓값을 구할 때는 다음과 같이 구한다.

$$E[f] = \sum_x f(x)P(x) \simeq \frac{1}{N} \sum_i f(x^{(i)}) \tag{9.3}$$

9.2.4 몬테 카를로 근사

몬테 카를로 방법은 N개의 샘플 점을 갖는 집합이 원래 확률 분포를 잘 근사한다는 것을 전제로 한다. 이를 전제로 직접 확률 분포의 근사로서 이용하는 방법이 몬테 카를로 근사다.

$$P(x) \simeq \frac{1}{N} \sum_i \delta(x, x^{(i)})$$

(9.4)

이와 같이 N개의 샘플 점으로 확률 분포를 근사한다. δ는 크로네커 델타를 의미하며, 아래와 같은 값을 나타낸다.

$$\delta(x, x^{(i)}) = \begin{cases} 1 & (x = x^{(i)}) \\ 0 & (x \neq x^{(i)}) \end{cases}$$

(9.5)

다시 말해, 샘플 점의 집합 중 하나를 무작위로 선택하는 주사위를 만들어, 그 주사위로 원래의 확률 분포를 갈음하는 방법이다. N의 값이 커짐에 따라 원래의 확률 분포에 점점 가까워지고, N이 작으면 근사의 오차가 커진다.

앞의 예에서, 절반의 확률로 6이 나오는 주사위를 10번 던졌을 때, $x(i) = \{6, 6, 3, 2, 3, 4, 6, 6, 6, 1\}$과 같은 샘플 점이 나온 경우의 몬테 카를로 근사를 살펴보자. 그림 9.3 왼쪽이 주사위의 진짜 확률 분포고, 오른쪽이 샘플 점을 히스토그램으로 나타낸 확률 분포다. 어느 정도 확률 분포에 대한 근사가 이루어졌음을 확인할 수 있다.

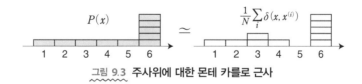

그림 9.3 주사위에 대한 몬테 카를로 근사

9.3 입자 필터

9.3.1 SIR

위치 추정에 쓰이는 베이즈 필터에 몬테 카를로 근사를 적용하는 주요한 방법이 **SIR(Sampling Importance Resampling)**이다. SIR은 매우 정교한 기법으로, 베이즈 필터를 업데이트 식 자체에 몬테 카를로 근사를 적용하여, 알고리즘이 유한 개의 샘플의 집합, 다시 말해 로봇의 위치에 대한 후보 값만을 유지해도 되게끔 한다. 이 방법에 대한 유도는 복잡하지만, 결과적으로는 매우 구현하기 쉬운 알고리즘을 얻게 된다. 앞 장에서 얻은 베이즈 필터는 아래와 같다.

$$F_t(s_t) \propto P(o_t|s_t) \sum_{s_{t-1}} P(s_t|s_{t-1}, a_{t-1}) F_{t-1}(s_{t-1}) = G_t(s_t) \tag{9.6}$$

먼저, $F_{t-1}(s_{t-1})$에 몬테 카를로 근사를 적용하자. s_{t-1}에 대해 샘플 점의 집합 $\{s_{t-1}^{(i)}\}$ $(i = 1, 2, \dots, N)$를 저장하고 있다고 하면,

$$F_{t-1}(s_{t-1}) \simeq \frac{1}{N} \sum_i \delta(s_{t-1}, s_{t-1}^{(i)}) \tag{9.7}$$

이와 같이 된다. 이를 식 (9.6)의 $F_{t-1}(s_{t-1})$에 대입하면,

$$G_t(s_t) \simeq P(o_t|s_t) \sum_{s_{t-1}} P(s_t|s_{t-1}, a_{t-1}) \frac{1}{N} \sum_i \delta(s_{t-1}, s_{t-1}^{(i)}) \tag{9.8}$$

이와 같이 된다. 이를 입자 i, 다시 말해 $F_t(s_t)$를 $F_t^{(i)}(s_t)$로 분해하면,

$$F_t(s_t) \simeq \frac{1}{N} \sum_i F_t^{(i)}(s_t) \tag{9.9}$$

$$F_t^{(i)}(s_t) \propto P(o_t|s_t) \bar{P}^{(i)}(s_t) \tag{9.10}$$

$$\bar{P}^{(i)}(s_t) = \sum_{s_{t-1}} P(s_t|s_{t-1}, a_{t-1}) \delta(s_{t-1}, s_{t-1}^{(i)}) \tag{9.11}$$

이 식처럼 단계에 따라 분해할 수 있다. 식 9.9부터 9.11까지를 대입해 보고 단계적인 분해가 가능하다는 것을 꼭 확인하고 넘어가기 바란다. $\bar{P}^{(i)}$는 관측 o_t를 얻기 전의 i번째 샘플에 대한 s_t의 확률 분포(에 비례하는 값)라고 보면 된다. 여기서 $\bar{P}^{(i)}$에 대해서는 다시 한 번 이 확률 분포를 자기 자신으로부터 추출한 하나의 샘플 $\bar{s}_t^{(i)}$로 근사한다. 확률 분포 $\bar{P}^{(i)}(s_t)$를 단 하나의 샘플 $\bar{s}_t^{(i)}$로 근사하는 것은 그다지 정확해 보이지 않지만, 최종적으로는 입자 필터 전체에서 N개의 샘플을 추출하는 것이 되므로 실제 응용에서 문제는 발생하지 않는다.

$$\bar{s}_t^{(i)} \sim \bar{P}^{(i)}(s_t) \tag{9.12}$$

$$\bar{P}^{(i)}(s_t) \simeq \delta(s_t, \bar{s}_t^{(i)}) \tag{9.13}$$

이와 같은 근사에 의해 다음과 같이 된다.

$$F_t(s_t) \simeq \frac{1}{N} \sum_i F_t^{(i)}(s_t) \tag{9.14}$$

$$\propto \frac{1}{N} \sum_i P(o_t|s_t) \bar{P}^{(i)}(s_t) \tag{9.15}$$

$$\simeq \frac{1}{N} \sum_i P(o_t|s_t) \delta(s_t, \bar{s}_t^{(i)}) \tag{9.16}$$

$$= \frac{1}{N} \sum_i \underbrace{P(o_t|\bar{s}_t^{(i)})}_{\substack{\text{센서 정보에}\\\text{따른 가중치}}} \underbrace{\delta(s_t, \bar{s}_t^{(i)})}_{\substack{\text{상태 천이 확률에}\\\text{따라 이동해 온}\\\text{샘플점}}} \tag{9.17}$$

$$= \frac{1}{N} \sum_i w_i \delta(s_t, \bar{s}_t^{(i)}) \tag{9.18}$$

샘플 점 $\bar{s}_t^{(i)}$마다 가중치 $w_i \equiv P(o_t|\bar{s}_t^{(i)})$를 곱한 확률 분포로부터 다시 N개의 샘플 점 $s_t^{(i)}$를 **리샘플링**(resampling)하여 i를 얻는다.

$$F_t(s_t) \simeq \frac{1}{N} \sum_i \delta(s_t, s_t^{(i)}) \tag{9.19}$$

베이즈 필터에서 업데이트한 단계에 대해, 이렇게 몬테 카를로 근사를 적용해서 샘플링한 결과로부터 다시 리샘플링을 수행한다. 다시 말하면, SIR은 입자군의 확률적인 업데이트 알고리즘을 리샘플링으로부터 얻게 된다. 샘플 점의 집합은 입자군과 마찬가지로 행동하므로 각각의 샘플점을 **입자**(particle)라고 부른다.

9.3.2 입자 필터의 알고리즘

입자 필터의 알고리즘을 알고리즘 9.1에 나타내었다. 각 입자를 상태 천이 확률에 따라 이동시킨 후, 각각의 입자에 대하여 관측 확률로 가중치를 적용하여 리샘플링하는 매우 간단한 알고리즘을 갖는다. 이 알고리즘을 맹목적으로 공부하여 구현할 수도 있지만, 그 이면에는 베이즈 이론에 기초한 베이즈 필터와 몬테 카를로 근사가 잠재되어 있음을 이해하는 것이 중요하다.

🐜 알고리즘 9.1 입자 필터

❶ 입자의 분포를 초기화한다. $t \leftarrow 1$

❷ **repeat**

❸ 　로봇의 행동 a_{t-1}에 따라, 입자 $s_{t-1}^{(i)}(1 \leq i \leq N)$마다 다음 상태 $s_t^{(i)}$를 상태 천이 확률로 샘플링한다.

$$\bar{s}_t^{(i)} \sim P(s_t | s_{t-1} = s_{t-1}^{(i)}, a_{t-1}) \tag{9.20}$$

❹ 　o_t를 관측하고, 각 입자에 대해 센서 정보의 관측 확률 $w_i = P(o_t | \bar{s}_t^{(i)})$를 계산하여, 이를 각 입자의 가중치로 한다.

❺ 　입자의 가중치 비율 $\frac{w_i}{\sum_j w_j}$에 따라 입자를 리샘플링한다. 이들을 $s_t^{(k)}(1 \leq k \leq N)$라 한다.

$$s_t^{(k)} \sim \sum_i w_i \delta(s_t, \bar{s}_t^{(i)}) \tag{9.21}$$

❻ 　$t \leftarrow t + 1$

❼ **until** 정지할 때까지

9.4.1 입자 필터에 의한 자신의 위치 업데이트

실제 사례를 통해 입자 필터의 알고리즘을 따라가 보자. 앞 장과 마찬가지로 편의를 위해 그림 9.4와 같은 통로를 다루기로 한다. 5칸으로 이루어진 통로가 있고 여기를 바퀴오리 2호가 지나가게 된다. 나머지 조건은 앞과 같다.

그림 9.4에서 볼 수 있듯이, 바퀴오리 2호의 위치에 대한 확률 분포는 베이즈 필터와 달리 샘플 점 $s_{t-1}^{(i)}$의 집합으로 표현된다. 그림 9.4의 예에서는 샘플 점의 수가 10이다. 다음으로, 바퀴오리 2호가 이동하면 상태 천이 확률을 따라 각각의 입자가 이동한다. 이 이동은 확률적인 샘플링이므로 매번 같은 결과가 나오지는 않는데, 여기서는 (1)과 같이 샘플링되었다고 가정한다. 그 다음에는 관측 결과를 얻고, 이를 관측 확률 $P(o_t|s_t)$에 기초하여 각 입자에 대해 가중치를 적용한다. 이렇게 가중치가 적용된 결과를 (3)에

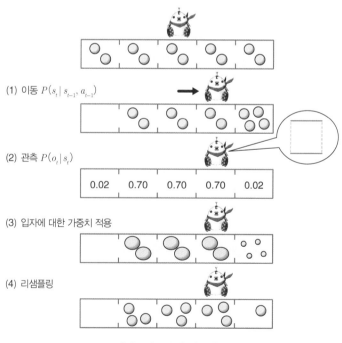

그림 9.4 바퀴오리 2호의 위치 추정 – 1단계

나타내었다. 이 가중치에 비례하는 확률로 리샘플링하면 자신의 위치의 분포를 업데이트할 수 있다.

그림 9.5에 한 단계 진행한 상태를 나타내었다. 바퀴오리 2호는 한 번 더 오른쪽으로 이동한다. 이때, 각각의 입자도 $P(s_{t+1}|s_t)$에 따라 오른쪽으로 이동한다. 이 시점에서 이미 가장 오른쪽에 있을 확률이 최대가 된다. 그 다음, 관측을 통해 바퀴오리 2호의 오른쪽에 벽이 있음이 감지된다. 다시 이 시점에서 통로 가운데(양쪽 끝이 아닌 곳) 바퀴오리 2호가 있다는 가설에 대응하는 입자에는 상대적으로 작은 가중치가 적용되고, 오른쪽 끝의 바퀴오리 2호에는 큰 가중치가 주어진다. 이 가중치의 비율에 맞춰 입자를 리샘플링한다. 이번에는 거의 모든 입자가 가장 오른쪽 칸으로 샘플링되었지만, 입자 하나는 가운데 칸으로 샘플링되었다. 이는 확률적으로 수행되는 추정이므로 시행할 때마다 다른 결과가 나온다. 그림에 나온 상태는 어디까지나 하나의 예다.

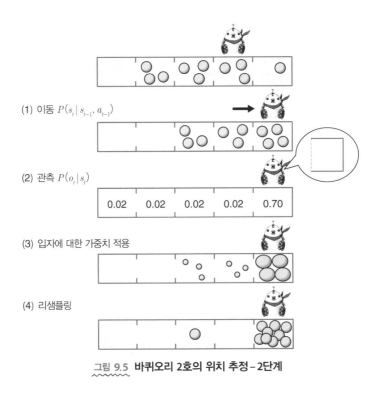

그림 9.5 **바퀴오리 2호의 위치 추정 – 2단계**

입자 필터는 이렇게 연속적으로 그리고 확률적으로 추정을 수행해 나가는 알고리즘이다. 입자 수 이상의 메모리만 확보하면 되며, 사용량 역시 파라미터로서 사용자가 조정할 수 있는 것이 특징이다. 입자 수를 늘리면 근사의 정밀도가 향상되지만, 계산량 및 메모리 사용량이 증가한다.

9.4.2 입자 필터의 응용

이동하는 로봇의 자신의 위치 추정에는 입자 필터가 가장 많이 쓰인다. 실세계의 연속 공간을 이동하는 로봇에 적용할 때는 확률적 시스템의 상태 방정식을 이산적인 것에서 연속적인 것으로 교체하고, 확률 분포는 이산분포가 아닌 시스템 노이즈로 가우스 분포를 가정하는 경우가 많다. 로봇의 연속 공간 내에서 자신의 위치를 추정하는 데 쓰이는 입자 필터는 **몬테 카를로 위치 추정**(Monte Carlo Localization, MCL)이라 불린다.

또, 컴퓨터 비전 분야에서는 예전부터 물체 추적(object tracking)에 입자 필터가 쓰였다. 현재에도 실내에 들어온 사람을 추적하는 시스템을 구축하기 위한 기법에는 1순위 후보로 꼽힌다.

정리

- 위치 추정 문제에서 베이즈 필터의 문제점을 메모리 관리와 연관시켜 이해하였다.
- 몬테 카를로 방법과 몬테 카를로 근사에 대해서 배웠다.
- SIR의 알고리즘을 수학적으로 유도하고, 어떻게 근사가 이루어지는지 이해하였다.
- 입자 필터의 알고리즘을 배웠다.
- 사례를 통해 입자 필터를 실행하는 기본적인 알고리즘을 확인하였다.

1. 어떤 테스트에서 반 평균 점수를 알아보기 위해 100명이 속한 반에서 무작위로 10명에게 점수를 물어 조사하였다. 10명이 대답한 점수의 평균은 50점이었다. 몬테 카를로 방법에 따라 이 클래스의 평균 점수를 구하여라.

2. 4개의 상태 A, B, C, D가 있다. 로봇은 한 가지 행동만을 취할 수 있다. 이 행동을 취한 뒤에는 1/2의 확률로 원래 장소에 머무르고, 1/6씩의 확률로 다른 장소로 이동한다. 관측값은 두 종류가 있으며, 빛 혹은 어둠이다. (A, B, C, D)에 대해 빛이 보일 확률은 (1/10, 1/5, 2/5, 1/10)이다. 최초에는 무정보 상태였다고 하자. 베이즈 필터를 이용하여 아래의 물음에 답하라.

   ❶ 로봇이 첫 번째 행동을 취한 뒤에 로봇이 A에 존재할 확률을 구해라.
   ❷ 위의 행동을 취한 후에 관측을 수행하니 빛이 보였다. 이 시점에서 로봇이 상태 C에 존재할 확률을 구해라.

3. 문제 2에 나온 시스템의 위치 추정을 입자 필터로 구현해라. 최초 시점에서 A에 4개의 입자가 있었다고 가정한다. 로봇이 첫 번째 행동을 취한 후, 관측을 수행하기 전에 상태 D에 한 개 이상의 입자가 존재할 확률을 구하라.

4. 문제 2에 나온 시스템에서 로봇이 한 번의 행동을 취한 후, 관측을 수행하기 전에 상태 천이의 결과로 A, B, C, D에는 각각 2개, 1개, 1개, 0개의 입자가 있었다고 하자. 그 다음 관측 결과로 빛이 관측되었고, 입자를 리샘플링하니 A, B, C의 순서대로 3개의 입자가 리샘플링되었다. 이때, 4번째 입자가 상태 C에서 리샘플링될 확률은 어느 정도인지 구하라.

10

학습과 인식(1):
클러스터링

자 이제 미로를 탐색하고, 벗어날 방법도 알았다. 자신의 위치를 잠시 잊어도 위치 추정을 통해 알아낼 수 있게 되었다. 바퀴오리 2호는 이제 안심이라고 생각했다.

"얼른 보물을 찾아서 목표 지점으로 가야지!"

그런데 잠깐, "'보물'은 뭐고 '목표 지점'은 뭐지?" 보물이랑 목표 지점은 어떻게 생긴 걸까? 바퀴오리 2호는 지도는 읽을 수 있지만, 눈앞에 보물과 목표 지점이 있어도 이를 인식할 수가 없다. 먼저 '보물'과 '목표 지점'이 무엇인지를 학습하지 않으면 안 된다.

가정

• 바퀴오리 2호는 적절한 이미지의 특징값을 유한 차원 벡터의 형태로 얻을 수 있다.

그림 10.1 비슷한 것끼리 카테고리를 나누는 바퀴오리 2호

10.1.1 클러스터링이란 무엇인가

데이터의 모임을 데이터 간의 유사도에 따라 몇 개의 그룹으로 분류하는 것을 **클러스터링**(clustering) 혹은 **클러스터 분석**(cluster analysis)이라고 부른다. 이 작업을 알고리즘을 통해 자동화한 것이 머신러닝에서 말하는 클러스터링이다. 클러스터링은 데이터가 갖는 정보만을 이용하여 그룹과 그룹을 나누기 때문에, 머신러닝에서는 **비지도 학습**으로 분류된다. 클러스터링을 수행하기 위한 다양한 기법이 존재한다.

그림 10.2에 클러스터링 과정을 도식화했다. 오른쪽 결과에서는 비슷한 도형끼리 모여 하나의 그룹을 형성하고 있다는 것을 알 수 있다. 이렇게 유사한 요소들을 모아서 형성되는 그룹을 **클러스터**라고 부른다. 클러스터링은 자동적으로 이렇게 유사한 요소들이 하나의 그룹으로 모이도록 클러스터를 형성한다.

그림 10.2를 보면 3개의 클러스터가 형성되어 있다. 이들은 '삼각형, 원, 사각형'의 카테고리 혹은 개념에 해당한다. 클러스터링은 데이터를 자동적으로 분류하기만 할 뿐, 각각의 클러스터에 '삼각형, 원, 사각형' 같은 이름까지 자동으로 붙일 수는 없다. 하지만 인공지능의 관점에서는 클러스터링을 인간의 개념 형성과 무관치 않다고 보는 것이 꽤 중요하다. 스스로 개념을 획득하는 로봇을 만드는 것을 목표로 한다면 클러스터링은 중요한 요소 기술 중 하나가 된다.

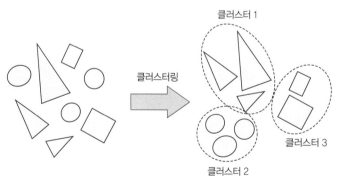

그림 **10.2** **클러스터링**

10.1.2 특징값 추출

그림 10.2에서 본 클러스터링 결과는 사람에게는 '자연스러운' 분류로 보이겠지만, 과연 이런 방법만이 유일하고 바른 클러스터링 결과일까? 그림 10.3에 또 다른 클러스터링 결과를 나타내었다. '크기'를 분류의 기준으로 하여 클러스터링한 결과를 보면, 이것은 또 나름대로 정당한 클러스터링의 결과로 보인다.

사람에게든 로봇에게든 어떤 분류가 자연스러운지 아닌지는 어떤 특징에 따라 클러스터링을 했는지에 따라 정해진다. 어떤 대상과 대상의 유사성을 정의하기 위해 클러스터링의 대상을 **특징값**(feature value) 혹은 **특징 벡터**(feature vector)라는 데이터로 변환해야 한다. 예를 들면, 그림 10.2는 '모양'에 따른 특징값으로 클러스터링한 결과라고 할 수 있다.

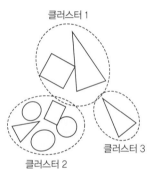

그림 **10.3** 또 다른 클러스터링

그림 10.4에 대상 물체로부터 로봇이 특징 벡터를 어떻게 얻는지를 도식화하였다. 이미지를 클러스터링하는 경우에도 이미지 데이터는 매우 커다란 데이터이고, 또 단순한 픽셀 정보의 유사성만으로는 이미지에 포함된 물체가 서로 닮았는지를 알기 위한 척도로 적합하지 않을 수도 있다. 따라서 더 낮은 차원을 가지면서 특징을 잘 포착하는 특징 벡터를 추출하는 것이 목표가 된다. 클러스터링이나 다음 장에서 다룰 패턴 인식에서도 특징 벡터에 의해 구성되는 **특징 공간**(feature space)을 어떻게 설계할 것인지는 매우 중요한 이슈다.

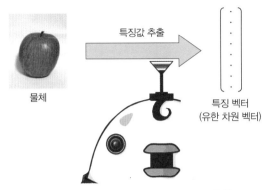

그림 10.4 대상 물체로부터 특징 벡터 추출

그림 10.5에 이미지 데이터로부터 특징 벡터를 몇 가지 추출하여, 특징 공간에서 클러스터링을 수행하는 과정을 도식화하였다. 이미지 자체는 RGB 100 × 100 픽셀의 컬러 비트맵 파일(bitmap)이라고 할 때, 각각의 픽셀이 3차원 값(RGB 값)으로 구성되어, 결과적으로 약 3만 차원 벡터로 표현된다. 그러나 이것만으로는 대상을 인식할 때, 대상물의 유사성을 가늠하기에는 '부자연스러운' 벡터가 된다. 여기서 부자연스럽다는 표현은 비슷한 것들이 비슷한 특징값을 갖지 않는 것을 의미한다.

이 예제에서는 j번째 이미지의 특징 벡터를 o_j라 하고, 그 첫 번째 차원의 값 $o_{j(1)}$으로 이미지의 붉은색(red)을, 두 번째 차원의 값 $o_{j(2)}$는 이미지의 녹색(green)을 나타내도록 구성하였다. 이 2차원 특징 벡터를 추출하여 주어진 '귤'과 '사과'의 이미지가 2차원 공

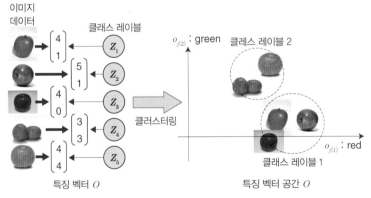

그림 10.5 특징값 추출과 클러스터링

간 안에 점으로 표현된다. 이렇게 특징 공간상에 점으로 나타내게 되면, 클러스터링은 특징 공간상의 점을 그룹으로 분류하는 수학적 문제로 귀착된다.

10.2 K-평균 클러스터링

10.2.1 K-평균 클러스터링 알고리즘

클러스터링 기법 중 가장 단순하고 기본적인 것이 **K-평균 클러스터링**(K-means clustering) 이다. K-평균 클러스터링은 n차원 실벡터로 표현되는 특징 벡터의 집합을 K개의 클러스터로 자동 분류한다. K-평균 클러스터링의 알고리즘을 알고리즘 10.1에 나타내었다. 먼저 K개의 클러스터를 결정하고, 클러스터의 대푯점을 초기화한다. 그리고 각 데이터가 어떤 대푯점에 가까운지를 기준으로 대푯점에 데이터를 할당한 뒤, 할당된 데이터에 따라 각각의 대푯점의 좌표를 업데이트한다. 이렇게 데이터 할당과 대푯점 업데이트를 반복하면서 클러스터링이 수행된다.

> **🏃 알고리즘 10.1 K-평균 클러스터링**
>
> ❶ K개 클러스터의 대푯점 $(c_1, c_2, \ldots, c_K)$를 초기화한다.
>
> ❷ **repeat**
>
> ❸ 각 데이터 $o_i(i \in \{1, 2, \ldots, N\})$에 대해, o_i와 c_j의 거리를 $d(x, y) = \|x - y\|^2$와 같이 측정하고, o_i의 클러스터 레이블 z_i를 o_i와 가장 가까운 클러스터 대푯점 c_j의 인덱스 j로 업데이트한다.
>
> $$z_i \leftarrow \arg\min_j d(o_i, c_j) \tag{10.1}$$
>
> ❹ c_j를 각 클러스터에 속하는 데이터의 중심값으로 업데이트한다.
>
> ❺ **until** 모든 클러스터는 변화하지 않는다.

이 알고리즘으로 식 (10.2)의 평가 함수 J를 단조감소시킬 수 있다는 것이 알려져 있다. 단, K-평균 클러스터링으로 계산한 결과가 평가 함수 J의 값을 반드시 최솟값이 되도록 하지는 않는다.

$$J = \sum_{j=1}^{K} \sum_{\forall i, z_i = j} \|o_i - c_j\|^2 \qquad (10.2)$$

10.2.2 K-평균 클러스터링의 예제

K-평균 클러스터링을 이용하여 클러스터링을 수행하는 예제를 살펴보자. 편의를 위해 $S = \{2, 4, 6, 10, 12, 14\}$의 6개 1차원 데이터를 준비한다. 초기 클러스터를 $S_1 = \{2, 4, 10\}$, $S_2 = \{6, 12, 14\}$로 설정한 경우에 대해 K-평균 클러스터링을 수행해 보자. 이 과정을 그림 10.6에 나타내었다.

먼저, 첫 단계에서 각 클러스터의 중심점은 다음과 같이 업데이트된다.

$$c_1 = (2 + 4 + 10)/3 = 16/3 = 5\frac{1}{3}$$

$$c_2 = (6 + 12 + 14)/3 = 32/3 = 10\frac{2}{3}$$

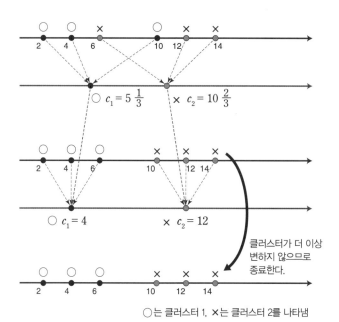

○는 클러스터 1, ✕는 클러스터 2를 나타냄

그림 10.6 **K-평균 클러스터링에 따른 클러스터링 과정**

그 다음, 각 데이터가 $c_1 = 5\frac{1}{3}$, $c_2 = 10\frac{2}{3}$, $c_3 = 10\frac{2}{3}$ 중 어느 것에 가까운지에 따라 S_1, S_2로 다시 분류해 보면, $S_1 = \{2, 4, 6\}$, $S_2 = \{10, 12, 14\}$가 된다. 다음 단계에서 중심값이 $c_1 = 4$, $c_2 = 12$로 업데이트된다. 그 다음 단계에서 클러스터 할당을 다시 계산하여도 $S_1 = \{2, 4, 6\}$, $S_2 = \{10, 12, 14\}$로 변하지 않는다. 클러스터가 변하지 않는 것이 알고리즘의 종료 조건이므로 이 시점에서 종료한다.

이렇게 얻어진 결과는 직관적인 결과와도 일치하는 자연스러운 클러스터링 결과임을 알 수 있다.

10.3 가우시안 혼합 모형

10.3.1 확률 모형에 기초한 클러스터링

K-평균 클러스터링은 직관적이고 이해하기 쉬운 알고리즘이며, 순차적으로 비용 함수 J를 감소시키도록 되어 있다. 한편, K-평균 클러스터링에서는 클러스터의 경계가 결정론적이며, 각 클러스터에 속하는 정도를 정량적으로 나타낼 수 없다. 클러스터 1 혹은 클러스터 2로 어느 한쪽에 들어가기 미묘한 데이터라도 K-평균 클러스터링으로는 어느 한쪽 클러스터로 확정적인 판정을 내리게 된다.

또, 데이터가 어떤 클러스터에 속하게 될지가 거리만으로 판단되기 때문에, 클러스터마다 데이터가 분포하는 폭이 달라지는 데이터를 적절히 분류할 수 없다. 예를 들어, 제주특별자치도에 속하는 추자도는 이런 기준대로라면 제주도가 아니라 해안에서 더 가까운 전라남도에 속하게 될 것이다. 특징 공간상에서 넓은 범위를 차지하는 클러스터와 좁은 범위를 차지하는 클러스터가 혼재된 과업은 현실적으로 얼마든지 있을 수 있지만, K-평균 클러스터링으로는 이런 과업에 적절히 대응할 수 없다.

이에 비해, **가우시안 혼합 모형**(mixture of Gaussians)은 각 클러스터의 크기를 자동적으로 조정할 수 있는 모형이다. 가우시안 혼합 모형은 K-평균 클러스터링과 비슷하지만, 확률 모형에 기초하여 유도된 클러스터링 기법이다. 가우시안 혼합 모형은 일반적으로 보면 **혼합 분포 모형**(mixture model)의 한 종류로, 혼합 분포를 이루는 요소 분포가 가우스 분포인 것이다.

10.3.2 혼합 분포 모형의 데이터 생성 과정

혼합 분포 모형은 이 데이터가 원래 어떻게 생성된 데이터인가에 대한 모형을 가정하여, 이 생성 과정을 베이즈 정리를 통해 역방향으로 추정하는 방법으로 클러스터링을 수행한다. 또, 데이터를 생성하는 모형으로 가장 그럴듯한 모형이 되도록 클러스터의 파라미터를 업데이트해 나가는 과정을 통해 결과를 얻는다.

원래, 관측된 특징 벡터를 생성하는 확률 분포가 K개 있고, k번째 확률 분포에 따라 데이터 o_j가 생성되었을 확률이 $p_k(o_j)$라고 하자. 그리고 k번째 확률 분포 자체가 혼합률이라 불리는 확률 α_k로 선택된다고 하자. 먼저, α_k에 따라 무작위로 k번째 확률 분포가 선택되고, 이 확률 분포로부터 데이터 o_j가 확률 $p_k(o_j)$에 따라 출력된다고 간주한다(그림 10.7). 그리고 현재 갖고 있는 데이터가 이런 데이터 생성기로부터 우연히 출력된 것이라고 가정하자. 이때, 데이터 o_j가 생성될 확률은 다음과 같다.

$$p(o_j) = \sum_k \alpha_k p_k(o_j) \tag{10.3}$$

$\alpha_k = P(k)$이고, 조건부 확률의 관점으로 보면 식 (10.3)은 다음과 같이 나타낼 수 있다.

$$p(o_j) = \sum_k P(o_j, k) = \sum_k P(k)P(o_j|k) \tag{10.4}$$

특히, 요소 분포 $p_k(o)$가 가우시안 분포인 것을 '가우시안 혼합 분포'라고 부른다. 가우시안 분포는 평균과 분산을 파라미터로 갖는다.

K-평균 클러스터링에는 '어떤 클러스터에 넣을지'를 결정하는 과정이 있었으나 가우시안 혼합 분포에서는 '어떤 클러스터에 넣을지'에 대한 확률 $P(k|o_j)$를 구해야 한다. 이를 베이즈 정리로부터 다음과 같이 구할 수 있다.

$$P(k|o_j) = \frac{P(o_j|k)P(k)}{\sum_{k'} P(o_j|k')P(k')} \tag{10.5}$$

이 값을 계산하는 것이 K-평균 클러스터링에서의 클러스터 할당에 해당한다.

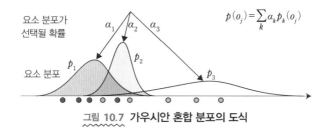

요소 분포가 선택될 확률

$p(o_j) = \sum_k \alpha_k p_k(o_j)$

α_1 α_2 α_3

p_1 p_2 p_3

요소 분포

그림 10.7 **가우시안 혼합 분포의 도식**

가우시안 혼합 분포의 가장 그럴듯한 파라미터를 구하기 위해서는 **EM 알고리즘** (expectation-maximization algorithm)을 사용할 수 있다. K-평균 클러스터링은 클러스터에 할당을 한 뒤 중심값을 업데이트하였지만, 가우시안 혼합 분포에서는 그 대신에 각 요소 분포의 평균과 분산, 그리고 혼합율 αk를 업데이트한다. EM 알고리즘을 사용하면 사후 확률에 대한 계산을 통해 확률적인 클러스터 할당과 이 할당에 따른 파라미터 업데이트를 반복하면서 가우시안 혼합 분포를 학습하고 클러스터링을 수행하게 된다. 확률적인 클러스터 할당 이 수행되는 부분이 **E단계**이고, 평균, 분산, 혼합률 파라미터를 업데이트하는 부분을 **M단계**라고 한다.

EM 알고리즘은 **최대 우도 추정**(maximum likelihood estimation)이라 불리는 순차적 해법으로 학습을 행한다. K-평균 클러스터링은 사실 가우시안 혼합 분포의 EM 알고리즘의 근사 혹은 분산이 0인 극단적인 경우에 해당한다고 해석할 수 있다.

가우시안 혼합 분포의 학습 방법으로는 일반적으로 EM 알고리즘이 유명하지만, 계층 베이즈 모형으로 모형화하면 **변분 베이즈**(variational Bayes)나 **마르코프 연쇄 몬테 카를로 방법**(Markov Chain Monte Carlo methods, MCMC) 등을 이용하는 해법도 있다. 특히, 마르코프 연쇄 몬테 카를로 방법에서 쓰이는 **깁스 샘플링**(Gibbs sampling)은 EM 알고리즘보다 더 구현이 쉬우며, 최근 들어 사용이 늘어나고 있다.

가우시안 혼합 분포 이외의 혼합 분포 모형으로는 데이빗 블라이(David M. Blei)가 2003년에 제안한 **LDA**(Latent Dirichlet Allocation, 잠재 디리클레 할당)[1]가 최근 가장 많이 쓰이고 있다. 데이터 생성 모형은 계층적 혼합 다항 분포 형태를 가지며, 주로 자연 언어 처리 분야에서 문서의 클러스터링이나 토픽 추출에 쓰이고 있다.

---

[1]   D.M.Blei, A.Y.Ng, M.I.Jordan: Latent Dirichlet Allocation, Journal of Machine Learning Research, 3(2003)993-1022.

또, 음성 인식 분야에서 많이 쓰이는 HMM(Hidden Markov Model, 은닉 마르코프 모형)은 연속적인 시계열 특징 벡터에 대해 시간적 연속성을 고려하도록 가우시안 혼합 분포를 확장한 모형이다.

10.4 계층적 클러스터링

10.4.1 계층적 클러스터링 기법

K-평균 클러스터링이나 가우시안 혼합 분포는 **비계층적 클러스터링**(nonhierarchical clustering)이다. 이에 비해 클러스터 간의 거리나 유사도에 기초하여 여러 개의 클러스터를 순차적으로 병합하여 데이터의 계층적 구조를 만드는 기법을 **계층적 클러스터링**(hierarchical clustering)이라고 한다. 고전적인 계층적 클러스터링 기법은 K-평균 클러스터링보다도 훨씬 이전부터 제안되어 왔다. 계층적 클러스터링은 클러스터링 결과를 **덴드로그램**(dendrogram)이라는 트리 구조로 나타낸다(그림 10.8).

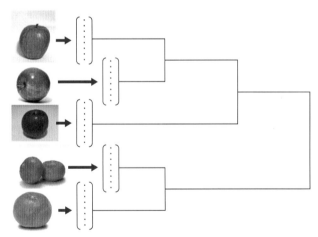

그림 10.8 **계층적 클러스터링과 덴드로그램**

고전적인 계층적 클러스터링 기법으로는 **최단 거리법**(nearest neighbor method), **그룹 평균법**(group average method), **중심법**(centeroid method), **중앙값 법**(median method), **워드법**(Ward's method) 등이 있는데, 이 중 워드법이 밸런스가 잘 잡혀 있는 기법이어서 자주 사용된다. 워드법은 클러스터의 결합을 통해 계층적 클러스터링을 수행한다. 이때, '클러스터 내에서 제곱합의 증가량'이 최소가 되는 2개의 클러스터를 하나로 합친다.

최근에는 LDA를 계층적 클러스터링으로 확장한 hLDA[2] 등 확률 모형에 기반을 둔 계층적 클러스터링 기법도 여럿 제안되고 있다.

10.5 차원 축소

10.5.1 클러스터링과 차원 축소

클러스터링은 주어진 데이터를 여러 개의 그룹으로 분류하는 과업이다. 이와 달리, 즉 데이터를 여러 개의 그룹으로 나누는 게 아니라 낮은 차원의 공간에 적절히 사영하여 데이터 간의 관계를 파악하는 것이 차원 축소 기법이다.

클러스터링은 데이터의 잠재적 특징을 설명하기 위해 데이터를 유한 개의 그룹으로 분류해서 이해한다. 이는 '클래스' 혹은 '분류'를 통해 이해하는 데는 유리하지만, '특징의 정도', '계량적 특징'을 이해하는 데는 적합하지 않다. 이에 비해 **차원 축소** 기법은 데이터의 이면에 존재하는 연속 변수를 추출하고, 고차원 데이터에 담긴 정보를 가능한 한 손실 없이 저차원 벡터로 표현하는 것을 목적으로 한다.

차원 축소 기법은 클러스터링과 함께 머신러닝 분야에서 비지도 학습의 중요한 주제다. 차원 축소 기법은 특징 **벡터 추출**(feature vector extraction)을 위해 사용되기도 하고, **시각화**(visualization), **데이터 압축**(data compression) 등 다양한 용도로 쓰인다.

---

[2]   T.L.Griffiths, M.I.Jordan, J.B.Tenenbaum, D.M.Blei: Hierarchical Topic Models and the Nested Chinese Restaurant Process, In proceedings of Advances in Neural Information Processing Systems 16(NIPS 2003).

10.5.2 주성분 분석

그림 10.9에 차원 축소의 대표적 기법인 **주성분 분석**(principal component analysis, PCA)을 도식화하여 나타내었다. 예를 들어, $N = 1000$명의 학생이 $D = 30$ 과목의 수업을 이수하고 나서, 100점 만점인 시험을 보아 성적을 매겼다고 하자. 이때, 학생 한 명의 성적은 $D = 30$차원의 벡터로 나타낸다. 그러나 30차원 벡터는 지나치게 차원이 높아 묘사가 어렵다. 그 때문에 많은 학생의 성적을 직관적으로 비교하기도 어렵다. 그래서 이 30차원 데이터를 가장 잘 나타낼 수 있는 낮은 차원의 표현을 얻기 위해 주성분 분석을 사용한다. 이 예제에서는 주성분 분석을 이용하여 2차원으로 차원 축소를 수행하고 있다. 이때 축의 의미는 클러스터링의 클러스터와 마찬가지로, 결과로부터 해석할 수밖에 없지만, 여기서는 첫 번째 주성분이 이과 과목의 성적, 두 번째 주성분이 문과 과목의 성적과 같이 나와 있다.

데이터가 고차원 공간에 분포한다고 가정하고, 그 분포를 주축 방향(가장 분산이 큰 방향)을 찾아서 이를 첫 번째 주성분으로 삼는다. 그리고 그 다음으로 분산이 큰 축을 찾아 두 번째 주성분으로 하는 식으로 순차적으로 축을 취하여, 저차원 공간을 얻는다. 구체적으로는 데이터의 분산 공분산 행렬을 고윳값 분해하여 구할 수 있다.

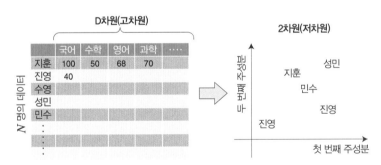

그림 10.9 주성분 분석에 의한 차원 축소

10.5.3 독립 성분 분석[※3]

주성분 분석은 원래의 데이터가 고차원 공간상에 다변량 정규 분포를 따라 분포한다고 가정하므로 공간상에서 데이터의 직교와 독립성을 구별하지 못한다. 이와 달리, 데이터가 거꾸로 가우스 분포에 따르지 않는다고 가정하고, 독립인 성분을 데이터로부터 추출하는 기법이 **독립 성분 분석**(independent component analysis, ICA)이다. 독립 성분 분석은 고차원 공간상의 비가우스성을 주목하고, 신호 분리를 수행한다. 화자가 여러 명 있는 상황에서 음원 분리 과업 등에 사용된다.

10.5.4 커널 주성분 분석[※4]

주성분 분석은 특징 공간에서 저차원 공간으로의 사상, 또는 그 역사상이 선형 함수라고 가정한다. 그 때문에 특징 공간상에서 곡면 모양으로 분포하는 데이터로부터는 좋은 표현을 추출하기 어려울 때가 있다. **커널 주성분 분석**(kernel principal component analysis, KPCA)은 커널을 이용하여 주성분 분석을 비선형계로 확장해서 이런 문제를 해소해 주는 기법이다. 커널 주성분 분석은 특징 공간상에서 복잡한 형태로 분포하는 데이터로부터 자동적으로 비선형 사상을 구성하여 차원 축소를 수행할 수 있다.

10.5.5 딥러닝

딥러닝(deep learning)은 2010년대에 들어 급속히 주목을 받고 있는 차원 축소 기법이다. 주로 패턴 인식을 위한 특징 벡터를 추출하는 데 사용되고 있다. 음성 인식이나 이미지 인식에서 매우 높은 성능을 보이는 데 기여하고 있다.

딥러닝의 대표 기법인 '자기부호화기'(그림 10.10)는 모래시계 모양의 신경망을 통해, 입력된 데이터 자신을 예측하는 학습을 수행한다. 이때, 은닉층에서 입력 데이터의 정보를 갖는 특징 벡터를 얻을 수 있다. 이 은닉층의 정보를 다시 여러 층의 자기부호화기로 구성된 상위 신경망으로 보내서, 여러 단계를 거쳐 압축된 정보 표현을 얻을 수 있다.

[※3] 무라타 노보루, 입문 독립 성분 분석, 도쿄전기대학출판국 2004.

[※4] 아카호리 쇼타로, 커널 다변량 분석 – 비선형 데이터 해석의 새로운 전개 (총서명: 확률과 정보 과학), 이와나미 쇼텐 2008.

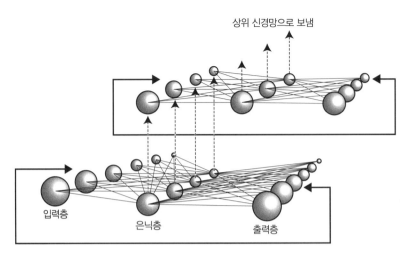

상위 신경망으로 보냄

입력층   은닉층   출력층

그림 10.10 자기부호화기를 이용한 딥러닝

- 클러스터링의 기초에 대하여 배웠다.
- K-평균 클러스터링의 알고리즘을 배우고, 간단한 숫자열을 통해 동작을 확인하였다.
- 가우시안 혼합 분포의 EM 알고리즘을 개략적으로 배웠다.
- 계층적 클러스터링의 개요를 배웠다.
- 차원 축소 기법의 개요에 대해 배우고, 그 대표적인 기법인 주성분 분석, 독립 성분 분석, 커널 주성분 분석, 딥러닝의 개요를 배웠다.

❓ 연습문제

1. 클러스터링은 머신러닝 분야에서 통상적으로 어느 것에 해당하는지 아래에서 가장 적합한 것을 고르시오.

   ❶ 강화 학습

   ❷ 지도 학습

   ❸ 비지도 학습

   ❹ 전이 학습

2. K-평균 클러스터링에 대한 설명으로 가장 적절한 것을 고르시오.

❶ 데이터를 가장 가까운 클러스터에 할당하고, 그 다음 클러스터의 대푯점을 업데이트한다.

❷ 클러스터 안의 데이터와 클러스터의 대푯점의 거리의 합을 감소시킨다.

❸ 가우시안 혼합 분포의 EM 알고리즘을 사용한 학습의 근사로서 해석할 수 있다.

❹ K개의 방법을 조합하여 학습을 진행한다.

3. 혼합 분포 모형에서 통상적으로 각 데이터를 클러스터에 할당하는 방법은 무엇인가? 가장 적절한 것을 고르시오.

❶ 재귀적인 최적화 계산을 통해 점근적으로만 결정할 수 있다.

❷ 베이즈 정리를 통해 사후 확률을 계산하여 결정한다.

❸ 클러스터의 대푯점과의 거리만으로 결정한다.

❹ 마르코프 결정 프로세스를 사용하여 결정한다.

4. 덴드로그램의 성질로서 가장 적합하지 않은 것을 고르시오.

❶ 트리 구조의 그래프 형태를 갖는다.

❷ 데이터를 순차적으로 병합하여 계층적 클러스터링이 진행되는 양상을 표현한다.

❸ 워드법으로 얻은 결과를 나타내는 데 쓰인다.

❹ 그램 행렬로부터 계산된다.

5. 차원 축소 방법을 사용하는 목적으로 가장 일반적이지 못한 것을 고르시오.

❶ 데이터 압축

❷ 시각화

❸ 특징값 추출

❹ 강화 학습

학습과 인식(2):
패턴 인식

스토리

바퀴오리 2호는 클러스터링을 통해 눈으로 본 물체를 몇 가지 클러스터로 분류할 수 있었다. 이제 새로운 물체를 보아도 그 물체가 어떤 클러스터에 속하는지 알 수 있을 것이다. 이제 바퀴오리 2호는 눈앞의 물체가 보물 상자인지 목표 지점인지도 알 수 있게 된 것이다.

그러나 보물 상자를 다섯 개쯤 열었을 때 바퀴오리 2호는 문득 생각했다. "이제 보니 보물 상자는 보물이 들은 것과 함정이 들은 것, 이 두 가지가 있는 것 같아." 이 두 종류의 보물 상자는 자세히 뜯어 보면 조금 다르지만, 다른 물체에 비해서는 서로 닮았기 때문에 비지도 학습을 통한 클러스터링으로는 같은 클러스터로 분류되었다.

이래서는 바퀴오리 2호가 두 종류의 보물 상자를 구분할 수 없다. 그러나 보물이 들어 있던 보물 상자의 이미지와 함정이 들어 있던 보물 상자의 이미지를 모으면, 그 차이를 학습할 수 있지 않을까?

가정

• 바퀴오리 2호는 적절한 이미지 특징값을 유한 차원 벡터로 얻을 수 있다.
• 바퀴오리 2호는 분류를 위한 정답 신호를 인식할 수 있다.

그림 **11.1** 보물이 들어 있는 보물 상자와 함정이 들어 있는 보물 상자

11.1 머신러닝의 기초

11.1.1 머신러닝의 분류

머신러닝(machine learning)은 인간이 갖고 있는 학습 능력을 로봇이나 컴퓨터에서 실현하려는 기술이다. 머신러닝은 매우 넓은 영역을 갖는 인공지능 분야에서도 수학적인 기초나 분류가 비교적 잘 되어 있는 분야다. 머신러닝의 기술적인 면에 대한 수학적 얼개는 그림 11.2에서처럼 지도 학습, 강화 학습, 비지도 학습으로 크게 나뉜다.

이들은 학습기가 다루게 될 입력과 출력에 대한 피드백 정보가 어떻게 주어지느냐에 따른 분류다. 지도라는 말이 포함되어 있긴 하지만, 실제로 지도 역할을 맡을 사람이 존재하느냐에 대한 것이 아니라 '정답 데이터'의 유무에 따라 구별한다.

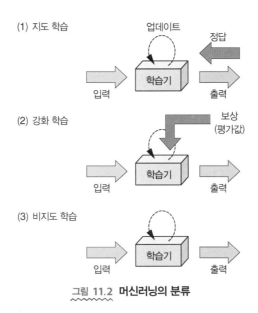

그림 11.2 **머신러닝의 분류**

11.1.2 지도 학습

학습기는 입력에 대해 출력을 출력하지만, 학습기는 훈련 데이터에 대한 출력이 맞는지 틀린지에 대한 검증을 통해 학습을 수행하기 때문에, 정답에 해당하는 출력 벡터를 사용할 수 있다고 가정한다. 이 정답 출력 벡터를 **정답 신호**(training signal) 혹은 **정답 벡터**(training vector)라고 한다. 이 정보를 사용하여 서서히 입력과 출력의 관계를 학습해 가는 것이 **지도 학습**(supervised learning)이다. 학습기의 입장에서 보면, 학습 시에 자신의 대답에 대한 바른 정답을 알려 주는 학습이라고 할 수 있다. 예를 들면, 다음과 같은 경우를 지도 학습이라고 할 수 있다.

- 카피바라의 사진 10장에 대해 '이것이 카피바라이다'라고 보여준 후에, 햄스터 사진 10장을 '이것이 햄스터이다'라고 보여 준다. 이 뒤에 카피바라 혹은 햄스터의 사진을 보이며 이것이 무엇인지 맞추는 과업
- 각각의 문제를 풀 때마다 답을 제시하여 문제에 대한 바른 답을 맞추는 과업
- 원룸 부동산 물건 100건에 대해 역에서부터의 거리, 바닥 면적, 욕조/화장실 유무, 월임대 시세를 수집하고, 그 정보로부터 월임대 시세를 예측하는 과업

11.1.3 강화 학습

인간이 시행착오를 통해 학습할 때 반드시 정답을 알게 되는 것은 아니다. 예를 들어, 축구의 프리킥을 상상해 보자. 골인인지 아닌지는 관측할 수 있지만, 어떻게 프리킥을 차는 것이 더 나았을지(정답)는 알 수 없다. 이렇듯 행동에 대한 사후 평가에 기초하여 수행하는 학습을 **강화 학습**(reinforcement learning)이라고 한다. 이 평가값을 강화 학습에서는 **보상**이라고 부른다. 예를 들면, 다음과 같은 경우를 강화 학습이라고 볼 수 있다.

- 문제를 풀면 최종 득점만을 알려 주고 '나머지는 직접 생각해 볼 것'이라고 지시하여 어떻게 풀면 될까를 스스로 생각해 보는 학습
- 미로를 무사히 빠져나와야 목표에 도달한 것을 확인할 수 있고, 이에 대해 상을 주는 것도 가능하지만 도중에 '어디서 어떻게 가면 더 나았을지'에 대해서는 알려 주지 않는 학습

11.1.4 비지도 학습

학습기는 입력에 대하여 출력을 내놓지만, 외부로부터 이에 대한 정답 신호는 제공되지 않고, 학습기가 입력 정보만을 따라 진행하는 학습을 **비지도 학습**(unsupervised learning)이라고 한다. 학습은 학습기 내부에 사전에 탑재된 규범이나 알고리즘에 의해 수행된다. 많은 경우에 어떤 평가 함수를 최대화(혹은 최소화)하도록 알고리즘이 구성된 경우가 많다. 비지도 학습의 주된 유형으로는 **클러스터링**과 **차원 축소**를 들 수 있다. 예를 들면, 다음과 같은 경우를 비지도 학습이라고 할 수 있다.

- 만화 캐릭터 100명에 대한 그림을 보여 주고, 캐릭터의 유사성에 기초하여 10개의 그룹으로 분류하는 과제
- 30명의 친구 중 특징이 비슷한 친구가 서로 가까운 자리에 위치하도록 A4 용지에 이름을 배치하는 과제

클러스터링은 입력 벡터가 할당되는 클러스터 번호가 출력이고, 차원 축소에서는 저차원 벡터가 출력값이 된다.

11.1.5 머신러닝의 공통 문제

머신러닝에서 학습기는 그림 11.2에서 보듯, 입력에서 출력으로 바꾸는 변환을 학습하는 존재로서 모형화된다. 전형적인 형태로, 학습기는 어떤 함수 $f(x; \theta)$를 갖고 있고, 이를 함수 $f(x; \theta)$의 내부 파라미터 θ를 변화시키며 학습을 수행한다. 이 θ는 신경망의 결합 가중치이거나 강화 학습기의 Q 값, 혹은 K-평균 클러스터링의 각 클러스터의 중심 좌표일 때도 있다.

또, 머신러닝에서는 **훈련 데이터**(training data, 학습용 데이터)와 **테스트 데이터**(test data)를 따로 나누는 것이 중요하다. 특히, 지도 학습에서는 훈련 데이터에 정답 신호가 주어져 있기 때문에 바른 정답을 출력할 수 있게 된다. 따라서 훈련 데이터로 학습한 학습기가 훈련 데이터에 포함되지 않은 테스트 데이터에도 바른 답을 내도록 하는 것이 중요하다.

11.2.1 패턴 인식과 그 응용

패턴 인식(pattern recognition)이란, 이미지나 음성 등의 데이터에 대한 정보 처리의 한 종류로, 관측된 데이터를 미리 정해진 클래스 중 하나에 대응시키는 처리다. 예를 들어, 동물의 종류를 패턴 인식으로 추정하는 과업에서는 '개'나 '고양이'라는 카테고리를 클래스 후보라고 볼 수 있다. 패턴 인식의 응용에는 문자의 이미지 데이터나 필기 입력 데이터를 인식하여 어떤 문자인지 인식하는 **문자 인식**(character recognition)이나, 사람의 목소리를 인식하여 문자열로서 해석하는 **음성 인식**(speech recognition) 등이 있다. 문자 인식의 구체적인 예로는 터치펜 필기를 텍스트 입력으로 변환하거나 스캔한 이미지로부터 텍스트 데이터를 추출하는 OCR(광학 문자 인식) 등이 있다. 음성 인식에는 음성을 텍스트 입력으로 바꾸어 문서로 작성하는 딕테이션(받아쓰기) 과업이나 모바일 디바이스에서의 음성 검색 등이 있다. **이미지 인식**(image recognition)은 카메라 이미지에 찍힌 물체가 어떤 물체인지 인식하는 일반 물체 인식이 이해하기 쉬운 사례이지만, 상품화된 기술 중에는 사람의 웃는 얼굴을 인식하여 카메라 셔터를 자동으로 누르는 기능 등이 있다. 이제 패턴 인식은 지적 정보 처리 기술의 도구 중 하나로 널리 보급되어 있다.

그럼 클러스터링과의 차이는 무엇인지 살펴보자. 예를 들어, 어린아이가 문자를 배울 때 처음에는 '1'과 '7'을 구분할 수 없을 수도 있다. 1과 7은 이미지로는 유사성이 높다. 특히, 쓰는 사람에 따라 1과 7을 매우 비슷하게 쓰는 경우가 있다. 따라서 클러스터링으로는 같은 클러스터에 분류되기 쉽다. 그러나 우리 상식에서 1과 7은 전혀 다르다. 이런 '규칙'이 있기 때문에 '다른 것은 다른 것'이다. 그렇다면 이미지의 비슷한 정도를 기준으로 클래스 경계를 긋는 것보다, 이 외부적 지식인 '규칙'에 따라 차이를 나누는 클래스 학습이 이루어져야 한다. 이와 같이 이미지 등의 입력 데이터에 잠재된 정보가 아닌, 외부적인 부가 정보를 이용하여 데이터 분류를 수행하는 것이 패턴 인식의 중심 과제다.

11.2.2 회귀 문제와 분류 문제

이번 장에서는 **지도 학습**을 다룬다. 지도 학습은 입력 데이터와 출력 데이터(분류 결과 등)의 대응을 학습한다. 학습 시에는 **정답 신호** 혹은 **정답 벡터**라 불리는 올바른 출력 결과가 주어진다. 이 정보를 이용하여 새로운 입력에도 올바른 출력을 내놓을 수 있도록 하는 것이 지도 학습의 목표다.

학습 시에 쓰이는 입력 데이터와 정답 데이터의 조합을 **훈련 데이터**라고 부른다. 이에 비해, 학습된 결과를 평가하기 위한 데이터를 **테스트 데이터**라고 부른다. 테스트 데이터에 대한 예측이 얼마나 맞는지에 따라 학습 결과의 좋고 나쁨을 평가한다.

그림 11.1로 보면, 입력 데이터는 바퀴오리 2호가 카메라로부터 얻은 보물 상자의 이미지이고, 정답 데이터는 그 이미지가 보물이었는지 함정이었는지 같은 결과에 대응한다. 이들을 여러 번 경험한 후 새로운 보물 상자를 보았을 때, 안에 들은 것이 무엇인지 예측하는 것이 패턴 인식의 역할이다.

지도 학습이 다루는 문제는 크게 나누어 **회귀 문제**(regression problem)와 **분류 문제** (classification problem) 두 종류가 있다.

회귀 문제는 입력 벡터에 대해 실숫값을 출력하는 연속 함수의 관계를 학습하는 문제다. 학습 후에는 미지의 입력의 출력값에 대한 예측을 수행한다. 훈련 데이터로써 입력 벡터 x와 출력 벡터(혹은 출력값) y의 쌍 (x, y)의 집합이 학습기에 투입된다. 그림 11.3으로 설명하면, 다양한 (x, y)상의 점이 주어졌을 때 미지의 입력, 예를 들어 물음표가 있는 위치의 입력에 대한 출력이 무엇인지 답하는 것이 회귀 문제다. 훈련 데이터에 대한 예측 오차가 0이 되었다고 해도 미지의 입력에 대한 오차가 최소화되는 것은 아니다. 훈련 데이터를 포함한 샘플의 모집단에 대한 오차를 일반화 오차라고 부른다. 회귀 문제는 이 일반화 오차를 최소화하는 것이 가장 중요하다.

이와 달리 분류 문제는 입력 벡터에 대해 양/음 두 가지 값을 {1, 0} 중 하나로 출력하는 분류를 수행한다. 2가지 값이 아니라 3개 이상의 값으로 나누는 경우에는 '다중 클래스 분류 문제'라고 부른다. 양과 음의 레이블로 정답 신호가 부여된 입력 데이터의 집합을 훈련 데이터로 사용한다. 그림 11.1의 바퀴오리는 보물 상자 이미지에 대해 {보물상자', '함정'} 이진 분류 문제를 풀고 있는 거라 할 수 있다. 0부터 9까지의 숫자를 인식하는 문제는 10 클래스를 갖는 다중 클래스 분류 문제다. 그림 11.3으로 설명하자면, 양과 음에 대한 사례가 주어졌을 때 미지의 입력, 다시 말해 물음표가 있는 위치의 입력이 양인지 음인지를 답하는 것이 분류 문제다.

회귀 문제와 분류 문제를 풀기 위한 방법에는 각각 아래와 같은 것들이 있다.

- **회귀 문제**: 선형 회귀, 일반 선형 모형, 신경망, 커널 회귀, 가우시안 프로세스 회귀
- **분류 문제**: 퍼셉트론, 신경망, SVM, 랜덤 포레스트, 가우시안 혼합 분포, 나이브 베이즈 필터

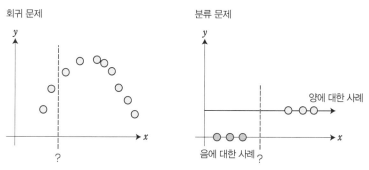

그림 11.3 **회귀 문제와 분류 문제**

11.3.1 예측 오차 최소화를 통한 학습

회귀 문제를 풀기 위한 가장 기본적인 방법은 입력 x와 출력 y의 관계를 $y = f(x; \theta)$라 가정하고, 예측의 오차가 최소가 되도록 학습기의 최적 파라미터 θ^*를 구하는 방법이다. 이때, θ는 함수 f의 파라미터다. 파라미터 θ는 일반적으로 하나의 변수로 제한되지 않으며, 여러 변수를 가질 수 있는 벡터, 행렬, 혹은 이들의 리스트로 표현될 수 있다. 2차 다항식 형태의 학습기를 예로 들면, 다음과 같다고 할 수 있다.

$$y = f(x, \theta) = ax^2 + bx + c \qquad (11.1)$$

$$\theta = (a, b, c) \qquad (11.2)$$

이때, 주어진 입출력 데이터에 대해 가장 예측 오차가 작게 되는 (a, b, c)를 찾는 것이 회귀에서 풀어야 할 문제가 된다.

예를 들어, 그림 11.4에 나타난 점과 같은 훈련 데이터가 주어졌다고 하자. 이때 파라미터로 인해 바뀌게 될 함수, 다시 말해 학습기를 준비한다. 여기서 학습기를 나타내는 함수가 $f(x) = ax$와 같은 1차원 함수라고 하면, 이 파라미터 a를 최적화해서 제곱 오차의 합인 평가 함수 E가 최소가 되도록 하는 것이 **최소 제곱법**(least squares method)이다.

$$E(a) = \sum_i \|y_i - f(x_i)\|^2 \qquad (11.3)$$

이때, $(x_i, y_i) \in D$는 훈련 데이터 집합 D를 구성하는 데이터다.

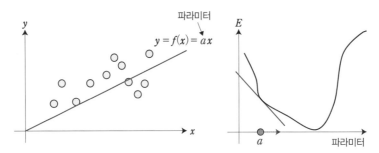

그림 11.4 **회귀 문제와 경사 하강법**

일반적으로 제곱 오차의 합 이외에도 다양한 형태로 평가 함수 $E(a)$를 설정할 수 있다. 이 $E(a)$를 최소화하려면 f를 함수의 파라미터 a로 편미분했을 때의 편미분 계수를 보면 된다. 편미분 계수가 0인 것은 극값의 필요조건이기 때문이다. 함수 f가 복잡한 경우, 일반적으로 파라미터 a에 대해 편미분하여도 E의 a에 대한 극값을 분석적으로 구하지는 못한다. 이런 경우 파라미터 a로 편미분한 값이 음수라면 파라미터 a를 증가시키면 평가 함수 E가 감소하고, 반대로 편미분한 값이 양수라면 파라미터 a를 감소시키면 평가 함수 E가 감소한다고 볼 수 있다. 이러한 원리로 순차적으로 파라미터를 최적화해 나가는 것이 **최급 하강법**(steepest descent method) 혹은 **경사 하강법**(gradient descent method)이다.

f의 파라미터를 θ라 할 때, k단계에 걸쳐 다음과 같은 방법으로 업데이트해 나간다.

$$\theta^{(k+1)} \leftarrow \theta^{(k)} - \eta \frac{\partial E}{\partial \theta}|_{\theta=\theta^{(k)}} \tag{11.4}$$

η는 학습률을 나타내는 양의 실수다. 다변수 파라미터를 갖는 경우에는 보다 일반적인 기울기를 나타내는 기호, 나블라(nabla) ∇를 사용하여 아래와 같이 나타낼 수 있다.

$$\theta^{(k+1)} \leftarrow \theta^{(k)} - \eta \nabla_\theta E \tag{11.5}$$

이때, $\nabla_\theta = \left(\frac{\partial}{\partial \theta_1}, \cdots, \frac{\partial}{\partial \theta_d}\right)^\top$이다. 또한, d는 함수의 파라미터 벡터 θ의 차원이다. 이를 통해 서서히 평가 함수 E의 값이 작아지게 할 수 있다.

11.3.2 최소 제곱법

학습기 f가 선형 함수인 **선형 회귀**(linear regression)나 기저 함수의 선형 합으로 표현되는 **일반 선형 모형**(general linear model)에서는 오차를 제곱 오차로 정의했을 때, 제곱 오차가 최소가 되는 파라미터 θ^*를 행렬 계산을 통해 닫힌 형태(closed form)로 구할 수 있다. 이를 **(좁은 의미의) 최소 제곱법**이라고 한다.

1차원 출력(y_i가 스칼라인)일 경우를 생각해 보자. x_i는 원래의 입력 벡터 $\bar{x}_i = (\bar{x}_{i,1}, \bar{x}_{i,2}, \ldots, \bar{x}_{i,d})$에 상수 항을 나타내기 위하여 상수 1을 추가한 벡터 $x_i = (1, \bar{x}_{i,1}, \bar{x}_{i,2}, \ldots, \bar{x}_{i,d})$라고 하자. 계수 벡터 w를 사용하면 선형 함수 $f(x)$와 평가 함수 $E(w)$는 다음과 같이 정의된다.

$$y = f(x) = w^\top x \tag{11.6}$$

$$w^* = \arg\min_w E(w) \tag{11.7}$$

$$= \arg\min_w \sum_i \|y_i - w^\top x_i\|^2 \tag{11.8}$$

편미분 계산을 구체적으로 살펴보자. 여기서 훈련 데이터는 N개의 입출력 (x_i, y_i) $(1 \le i \le N)$이 주어져 있다고 가정한다.

$$E(w) = \sum_i (y_i - w^\top x_i)^\top (y_i - w^\top x_i) \tag{11.9}$$

$$\frac{\partial E}{\partial w_j} = -2 \sum_i x_{i,j}(y_i - w^\top x_i) \tag{11.10}$$

이때 E가 최솟값을 갖기 위해서는 극값(편미분이 0인)이어야 하므로 다음과 같이 된다.

$$\frac{\partial E}{\partial w_j} = -2 \sum_i x_{i,j}(y_i - w^{*\top} x_i) = 0 \tag{11.11}$$

$$\sum_i x_{i,j} y_i = \sum_i x_{i,j} w^{*\top} x_i \tag{11.12}$$

$$\sum_i x_i y_i = \sum_i x_i w^{*\top} x_i = \sum_i x_i x_i^\top w^* \tag{11.13}$$

$$Xy^\top = (XX^\top)w^* \tag{11.14}$$

$$w^* = (XX^\top)^{-1} Xy^\top \tag{11.15}$$

이때 (X, y)는 (x_i, y_i)를 열벡터로 바꾼 $X = (x_1, x_2, \dots, x_N)$, $y = (y_1, y_2, \dots, y_N)$이다. 다차원 출력일 경우에는 이를 각 출력 차원마다 적용하면 된다.

11.3.3 일반 선형 모형

선형 회귀에서는 선형 함수, 다시 말해 그래프에서 직선이나 평면으로 표현되는 함수 관계만 모형화할 수 있었다. 선형 회귀의 얼개는 그대로 두고, 이를 확장하여 비선형 함수에도 대응할 수 있도록 한 간편한 방법이 일반 선형 모형이있다. 입력이 여러 개이고 출력이 하나인 함수 $f(x)$를 다음과 같이 기저 함수 $b_i(x)$의 선형 결합으로 모형화한다.

$$f(x) = \sum_i w_i b_i(x) = w^\top b(x) \tag{11.16}$$

$b(x) = (b_1(x), b_2(x), \dots, b_d(x))^\mathrm{T}$는 기저 함수의 출력을 열거한 벡터다. w_i는 가중치, w $= (w_1(x), w_2(x), \dots, w_d(x))^\mathrm{T}$는 가중치 벡터다.

언뜻 보면 복잡해 보이지만, 입력 벡터 x가 벡터 출력의 기저 함수 b에 의해 새로운 벡터로 변환된다고 보고 $b(x)$를 새로운 입력 벡터라고 생각하면, 일반 선형 모형은 선형 회귀에서 쓰였던 선형 모형과 완전히 같다. 따라서 최소제곱법의 해 w^*는 식 (11.15)와 마찬가지로 구할 수 있다.

이것은 입력 벡터 x를 요소로 갖는 저차원 입력 공간 X상의 입력 데이터를, 기저 함수로 변환한 특징 벡터 $b(x)$를 요소로 하는 보다 차원이 높은 공간 B로 사상하여 비선형 변환을 한 후, 그 공간에서 선형 회귀에 의해 대상 출력 데이터를 표현하는 구조를 갖는다.

이와 달리, 직관적으로는 기저가 될 여러 개의 함수를 준비한 뒤, 이 함수들을 겹쳐 가며 대상 데이터를 나타내려 한다고 이해할 수도 있다. 그림 11.5에 가우시안 형태의 기저 함수 $b(x)$를 이용하여 일반 선형 모형로 회귀를 수행하는 도식을 나타내었다.

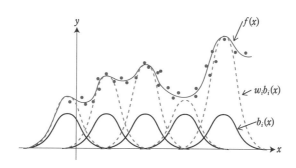

그림 11.5 일반 선형 모형을 이용한 회귀

11.3.4 신경망

다층 신경망(multilayer neural network)은 회귀 문제뿐만 아니라, 식별 모형으로써 분류 문제에도 적용 가능한 비선형 함수 근사 방법이다.

2층으로 구성된 신경망인 **퍼셉트론**(perceptron)이 프랭크 로젠블랫(Frank Rosenblatt)에 의해 1957년에 제안되었지만, 최초 제안된 퍼셉트론은 선형 분리가 가능한 데이터만을 식별할 수 있었다. 그 뒤 **역전파법**(error backpropagation algorithm, 오차 **역전파법**)이 제안되며 3층 이상의 신경망을 이용할 수 있게 되었다. 4층 이상의 신경망은 3층 신경망으로부터 자연스럽게 확장할 수 있으므로 이번 절에서는 3층 신경망을 기준으로 설명하겠다.

다층 신경망은 입력층 I와 하나 혹은 그 이상의 은닉층 H, 출력층 O를 가지며, MLP(multilayer perceptron)이라고도 불린다(그림 11.6). 은닉층 H의 뉴런의 갯수가 무한하다면, 3층으로 구성된 신경망으로 어떤 비선형 함수도 근사할 수 있음이 알려져 있어 관례적으로 3층 신경망이 많이 쓰인다.

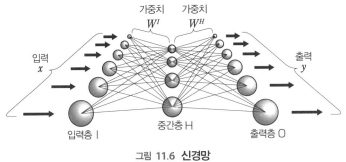

그림 11.6 **신경망**

3층 신경망에 대한 수식을 따라가 보도록 하자. 입력층 I의 i번째 뉴런 I_i에 대한 입력 자극을 x_i라 하고, I_i와 은닉층 H의 j번째 뉴런의 결합 가중치를 w_{ji}^I라 하면, 은닉층 H의 출력 z_j는 다음 식과 같다.

$$z_j = \text{sigmoid}(\sum_i w_{ji}^I x_i) \tag{11.17}$$

여기서 sigmoid는 다음 식과 같이 정의되는 **시그모이드 함수**다.

$$\text{sigmoid}(x) = \frac{1}{1 + \exp(-ax)} \tag{11.18}$$

$a = 1$이면 표준 시그모이드 함수가 된다. 마찬가지로, 출력층의 k번째 뉴런의 출력 신호 y_k는 아래 식과 같이 나타낼 수 있다.

$$y_k = \text{sigmoid}(\sum_j w_{kj}^H z_j) \tag{11.19}$$

출력층의 출력 공간을 실숫값 전체로 잡을 경우, 출력층의 시그모이드 함수는 생략된다. 기호 안의 요소 단위 표기는 각 차원마다 시그모이드 함수를 적용하는 N차원 벡터를 입력으로 받아 N차원 벡터를 출력하는 함수 $\textbf{sigmoid}(x) = (\text{sigmoid}(x_1),$ $\text{sigmoid}(x_2), \dots, \text{sigmoid}(x_{n^I}))^{\text{T}}$를 사용하여 보다 간결하게 표기할 수 있다. 입력 신호, 은닉층의 출력, 출력 신호를 각각 벡터 표기법으로 x, z, y로 표기하고, 입력 신호에 곱해지는 결합 가중치와 은닉층 출력에 곱해지는 결합 가중치를 각각 $W^I = [w_{ji}^I]$, $W^H = [w_{kj}^H]$라고 하면, 다음 식과 같게 된다. 이때, 이 3층 신경망의 파라미터는 W^I, W^H이다.

$$y = f(x; W^I, W^H) = W^H \textbf{sigmoid}(W^I x) \tag{11.20}$$

다층 신경망은 지도 학습의 경우, 출력 오차의 총합을 최소화하도록 학습시킨다. 다층 신경망을 학습시키는 데는 다양한 최적화 기법이 사용되지만, 역전파법은 그중에서도 표준이라 할 만큼 가장 많이 쓰인다.

이렇게 이름이 붙게 된 유래는 출력의 오차를 내부 가중치의 기울기로 단계적으로 전파하기 때문인데, 수학적으로는 합성 함수의 미분값을 알고리즘적으로 구하는 형태를 갖는다. 학습 방법과 이에 대한 유도 방법은 책 뒤의 부록을 참조하기 바란다.

시계열 데이터를 다루기 위해서는 문맥 항을 포함하는 **재귀 신경망**(recurrent neural network, RNN)이 자주 유효하게 쓰이는데, 이를 학습시키기 위해서는 역전파법의 확장인 BPTT(backpropagation through time) 등의 방법이 많이 쓰인다.

11.4 분류 문제

11.4.1 판별 모형과 생성 모형

분류 문제에도 크게 **판별 모형(discriminative model)**과 **생성 모형(generative model)**의 두 가지 접근법이있다. 그림 11.7에 두 접근법을 나타내었다.

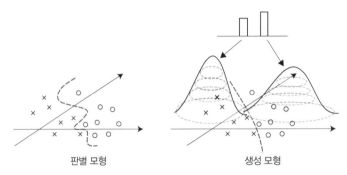

판별 모형   생성 모형

그림 11.7 **판별 모형과 생성 모형**

판별 모형을 따르는 접근법에서는 생성 모형과 같은 존재를 가정할 필요 없이, 양의 사례와 음의 사례를 구별하기 위한 경계선을 훈련 데이터로부터 직접 구한다. 이 경계는 공간을 양의 사례와 음의 사례로 나누는 경계이기 때문에 분리 초평면 혹은 분리 초곡면이라 불린다. 새롭게 관측된 데이터는 이 분리면의 어느 쪽에 존재하느냐에 따라 분류된다.

이와 달리, 생성 모형 접근법에서는 분류 대상이 되는 데이터가 어떤 확률 모형으로부터 생성되는지를 모형화하고, 이 모형에 기초하여 분류를 수행한다. 새롭게 관측된 데이터는 베이즈 정리를 적용하여 이 확률 모형을 뒤집어 잠재적 변수인 레이블이 양인지 음인지를 추정하여 분류 결과를 결정한다.

판별 모형의 대표적인 예로는 퍼셉트론이나 서포트 벡터 머신이 있으며, 생성 모형의 대표적인 예에는 가우시안 혼합 모형, 은닉 마르코프 모형 그리고 나이브 베이즈 모형 등이 있다.

11.4.2 서포트 벡터 머신

서포트 벡터 머신(support vector machine, SVM)은 판별 모형 접근법을 취하는 분류기 중 현재 가장 널리 쓰인다. 커널 함수를 사용하는 SVM은 블라디미르 배프닉(Vladimir Vapnik)이 1992년 제안하였다.

SVM은 선형 분류기인 퍼셉트론에 **커널 방법**(kernel method)을 적용한 것이다. 커널 방법이란 이론적으로는 입력 데이터를 고차원 공간에 사영하고, 계산 시에는 이 고차원 공간을 명시적으로 고려하지 않고 분류나 차원 축소 회귀 등을 수행하는 수학적 기법이다. SVM은 커널 방법을 사용하여 복잡한 비선형성을 갖는 데이터를 잘 분류하는 분리면을 얻을 수 있다.

또, 학습 결과가 되는 분리면은 '서포트 벡터'라 불리는 제한된 수의 입력 벡터만으로 설명된다는 의미에서 (학습 결과는) **희소성**을 갖는다. 그리고 학습 알고리즘도 이차 계획 문제로 귀착시킬 수 있기 때문에 효율적인 계산이 가능하단 점 등 다양한 장점을 가지고 있다.

그 외에도, 판별 모형 분류기의 예로는 신경망, 랜덤 포레스트 등 다양한 종류가 있다.

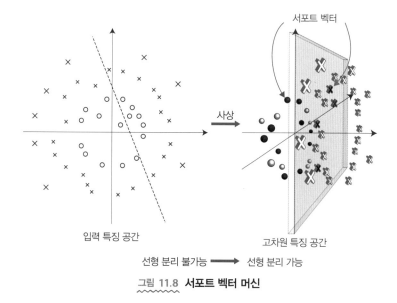

그림 11.8 서포트 벡터 머신

11.4.3 나이브 베이즈 모형

나이브 베이즈 모형(naive Bayes model)은 생성 모형에 기초하여 분류를 수행하는 가장 단순한 모형이다. **나이브 베이즈 필터**(naive Bayes filter)는 나이브 베이즈 모형에 기초한 분류기이며, 스팸 필터를 비롯하여 다양한 분야에 응용되고 있다.

예를 들면, 메일이 스팸인지의 여부를 판정하는 분류 문제로 예를 들어 보자. 먼저 i번째 단어의 유무에 대한 변수 w_i를 열거한 벡터 $W = (w_1, w_2, \ldots, w_D)$가 있다고 하자. 메일 한 통으로부터 하나의 벡터 W를 얻을 수 있다. 메일에 i번째 단어가 포함되었다면 $w_i = 1$, 포함되지 않았다면 $w_i = 0$이라고 하자. 또, 확률 변수 z는 그 값이 1이면 스팸, 0이면 정상 메일을 나타내는 플래그성 변수다. 예를 들어, $D = 3$일 때 w_1이 '안녕', w_2가 '특가', w_3이 '여고생'이라는 단어를 나타낸다고 하자. 이때, 다음과 같은 출력 분포를 생각해 볼 수 있다.

$P(w_i|z = 1)$은 스팸 메일에 어떤 단어 w_i가 포함되어 있을 확률을 가리키며, $P(w_i|z = 0)$은 정상 메일에 단어 w_i가 포함되어 있을 확률을 가리킨다. 내가 받은 공적인 메일에는 높은 확률로 '안녕하세요'라는 문구가 포함된다.

대체로 100통 중 30통에 '안녕'이라는 단어가 포함되어 있다고 한다면, 그 확률은 $P(w_1 = 1|z = 0) = 0.30$이다. 이와 달리 스팸 메일에는 '특가'라는 단어가 자주 쓰인다. 그리고 필자는 '여고생'이라는 화제에 대한 메일을 받을 공적인 용건이 없으며, 여고생으로부터 메일을 받게 될 이유도 없다. 이에 비하여, 성인 광고를 포함하는 스팸 메일에는 '여고생'이라는 단어가 자주 쓰인다. 이들 단어가 정상 메일과 스팸 메일에 포함될 확률을 표 11.1에 정리하여 나타내었다.

표 11.1 스팸 메일 분류 문제에서 단어 출력 분포 예

	w1: "안녕"	w2: "특가"	w3: "여고생"
$P(w_i|z = 1)$: 스팸	0.05	0.60	0.30
$P(w_i|z = 0)$: 정상	0.30	0.10	0.01

또, 스팸 메일이 수신되는 메일 중 어느 정도의 비율을 차지하는지에 대한 확률 $P(z)$도 필요하다. 여기서는 90퍼센트의 메일이 정상이라고 가정하여 $P(z = 1) = 0.1$로, $P(z = 0) = 0.9$로 하기로 한다.

생성 모형을 따르는 접근법에서는 먼저 이렇게 관측되는 데이터가 생성되는 과정을 모형화한다. 나이브 베이즈 필터는 나이브 베이즈 모형을 생성 모형으로 사용하여 분류 문제를 푸는 기법이므로, 여기서는 메일 한 통을 단어의 집합으로 보고 이 단어 집합을 생성하는 모형을 나이브 베이즈 모형으로 모형화한다. 나이브 베이즈 모형에 대한 그래피컬 모형을 그림 11.9에 나타냈다.

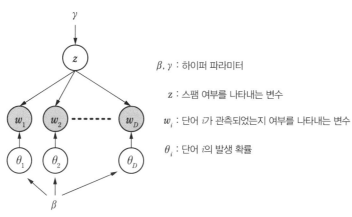

β, γ : 하이퍼 파라미터

z : 스팸 여부를 나타내는 변수

w_i : 단어 i가 관측되었는지 여부를 나타내는 변수

θ_i : 단어 i의 발생 확률

그림 11.9 나이브 베이즈 모형의 그래피컬 모형

먼저, 사전 확률 분포 $P(z)$에 따라 스팸 메일 여부를 결정하는 변수 z의 값이 무작위로 정해진다. 이 사전 확률은 다시 하이퍼 파라미터인 γ에 의해 결정된다. 그 뒤 결정된 변수 z에 기초하여 각각의 단어 w_i가 포함되는지의 여부가 $P(w_i|z)$에 따라 무작위로 결정된다. 수신된 메일이 이런 식으로 '생성되었다'고 보는 것이다. θ_i는 단어의 발생 확률로, 표 11.1의 정보에 해당한다. β는 θ_i의 '하이퍼 파라미터'다. 다음 식에서는 편의를 위해 θ를 생략하였다.

이때, 분류를 수행한다는 것은 메일에 포함된 단어의 집합이 결정되었을 때, 스팸일 확률을 따져본다는 의미로, $P(z|W)$와 같다. 그래서 z에 대하여 i번째 단어 w_i의 생성이 서로 독립이라고 가정하면 베이즈 정리를 이용하여 다음과 같이 변형할 수 있다.

$$P(z|W) = P(z|w_1, w_2, \ldots, w_D)$$
$$\propto P(w_1, w_2, \ldots, w_D|z)P(z)$$
$$= \left(\prod_{i=1}^{D} P(w_i|z)\right) P(z) \tag{11.21}$$

그럼, 이때 어떤 메일에 '특가'와 '여고생'이라는 단어가 포함되었다고 하자. 다음과 같이,

$$P(z=1|w_1=0, w_2=1, w_3=1) \propto P(w_1=0|z=1) \times P(w_2=1|z=1)$$
$$\times P(w_3=1|z=1) \times P(z=1)$$
$$= (1-0.05) \times 0.60 \times 0.30 \times 0.1$$
$$= 1.7 \times 10^{-2} \tag{11.22}$$

$$P(z=0|w_1=0, w_2=1, w_3=1) \propto P(w_1=0|z=0) \times P(w_2=1|z=0)$$
$$\times P(w_3=1|z=0) \times P(z=0)$$
$$= (1-0.30) \times 0.10 \times 0.01 \times 0.9$$
$$= 6.3 \times 10^{-4} \tag{11.23}$$

스팸 메일일 확률이 그렇지 않을 확률보다 27배 정도 높다는 것을 알 수 있다. 이렇게 나이브 베이즈 필터는 관측된 데이터인 단어 집합이 '생성되는' 과정을 나이브 베이즈 모형으로 구성한 생성 모형으로 모형화하고, '스팸인지 아닌지'를 나타내는 은닉 변수 z를 추정하는 방법으로 분류를 수행한다.

이러한 계산을 통해 스팸일 확률은 계산할 수 있지만, 어느 정도의 확률을 기준으로 스팸을 판단할지는 이를 활용하는 소프트웨어나 사용자의 결정에 따른다. 또, 이번 장에서는 표 11.1과 같이 스팸 메일에 출현하는 단어의 분포를 미리 알고 있었지만, 스팸 메일 여부가 레이블링된 훈련 데이터가 있다면, 이 단어의 분포도 쉽게 계산할 수 있으므로 학습이 가능하다는 것을 알 수 있다.

연습문제

1. 변수 x와 변수 y는 1차 함수의 관계를 갖는다고 하자. 그러나 x에 대한 y의 값을 측정할 때 반드시 오차가 발생한다. $(x, y) = (1, 2), (2, 4), (3, 5), (4, 7)$과 같은 관측 결과를 얻었을 때, 최소제곱법을 따라 a, b를 구하여라.

2. 지도 학습에 대한 설명으로 가장 알맞지 않은 것을 고르시오.

   ❶ 모든 데이터에 대해 정답 신호가 부여되어 있어야 하며, 인식을 수행할 때에도 입력 데이터에 대한 정답 신호가 주어져 있는 것을 전제로 한다.

   ❷ 훈련 데이터 집합에 기초한 학습을 수행한 후, 새로운 입력에 대해서 예측값을 출력해야 한다.

   ❸ 대부분의 경우에 회귀 문제의 목적은 일반화 오차가 작도록 하는 것이다.

   ❹ 비지도 학습으로 해결할 수 없는 과업도 해결할 수 있지만, 비지도 학습으로 해결 가능한 모든 과업을 해결할 수 있는 것은 아니다.

3. 계층형 신경망의 설명으로 가장 알맞지 않은 것을 고르시오.

   ❶ 사람의 뇌에서 일어나는 정보 처리 과정을 모방한 정보 처리 모형이다.

   ❷ 수학적으로 보면 다차원 입력을 선형 변환한 다음 활성화 함수로 비선형 변환하는 형태를 갖는다.

❸ 문자 인식에 활용할 수 있다.

❹ 분류 문제에 이용할 수 있지만, 회귀 문제에는 이용할 수 없다.

4. 나이브 베이즈 필터의 응용 사례를 하나 설명하라. 또, 이를 구현하는 구체적인 방법에 대해서도 각 변수의 정의를 포함하여 설명하라.

12

언어와 논리(1):
자연언어 처리

스토리

바퀴오리 2호는 미로의 목표 지점까지 갈 수 있다는 자신이 생겼다. 이젠 목표 지점까지 경로를 탐색하는 방법도, 적을 피해 갈 방법도 알게 되었다. 자신의 위치를 알 수 없게 된 경우에는 위치 추정을 통해 자신의 위치를 알 수도 있게 되었다. 또, 사전에 수행한 학습을 통해 보물 상자와 목표 지점을 구분할 수도 있다. 이 정도면 미로를 통과할 수 있을 것이다.

그러나 미로를 통과하기만 하면 되는 것이 아니었다. 그렇다. 미로 저편에는 스핑크스가 자리를 지키고 있으며, 수수께끼를 낼 것이다. 소문에 의하면, 스핑크스는 어려운 문제보다는 평범하게 논리적으로 생각하면 풀 수 있을 정도의 수수께끼를 낸다고 한다.

하지만 바퀴오리 2호는 지금 큰 문제에 봉착해 있었다. 바퀴오리 2호는 사람의 말을 이해할 수 없었다.

가정

• 바퀴오리 2호는 문법에 대한 지식, 어휘에 대한 지식을 사전에 갖고 있다.
• 바퀴오리 2호는 오류 없는 음성 인식 기능을 탑재하고 있다.

그림 12.1 문자열로는 인식할 수 있지만, 문장으로는 인식하지 못하는 바퀴오리 2호

12.1 자연언어 처리

12.1.1 자연언어 처리와 그 응용 분야

사람이 바퀴오리 2호에게 "옆 방에 가서 페트병을 가져다 줘"라고 말했다고 가정하자. 만약, 바퀴오리 2호가 음성 인식에 성공하여, 이 발화를 "yup bang e gaseo pet byung eul gajyeoda jueo"라는 문자열로 인식했다고 해도 그것만으로 이 말을 이해했다고 할 수 없으며, 페트병을 가지러 가는 행동으로도 연결할 수 없다. 바퀴오리 2호가 텍스트 데이터를 입력받는 것과 이를 이해하는 것 사이에는 큰 간극이 있다. 이 간극을 여러 각도에서 차근차근 메우는 기술이 **자연언어 처리**(natural language processing)이다.

자연언어 처리는 컴퓨터에서 '언어'를 다루기 위한 기술이다. 사람이 로봇에 명령을 내리는 상황뿐 아니라, 텍스트 데이터를 폭넓게 다루기 위한 연구 및 개발이 진행되고 있다. 응용 기술로는 정보 검색, 기계 번역, 대화형 시스템, 질의응답, 문서 요약 등으로 매우 다양하다. 블로그나 SNS 등 웹상에서 작성된 텍스트 데이터에 대한 분석이나, 자동 번역 사이트에서 쓰이는 번역 기술 등 다양한 곳에서 쓰이고 있다. 특히, 2000년대의 폭발적인 인터넷 보급에 의해 대량의 디지털 문서 데이터가 잇달아 공개되었다. 텍스트 데이터의 수집이 쉬워짐에 따라 자연언어 처리는 더욱 주목을 받는 분야가 되었다.

12.1.2 자연언어와 인공언어

자연언어 처리는 언어를 다루는 기술인데, 왜 '자연'이라는 수식어가 붙었을까? 일상에서 언어는 당연히 사람이 사용하는 언어를 가리키지만, 정보 기술 분야에서는 프로그래밍 언어를 비롯한 인공적으로 만들어진 형식 언어가 존재한다. 그 때문에 Java나 C와 같은 프로그래밍 언어, XML이나 CSS 등의 마크업 언어 등을 **인공언어**라고 부른다. 이와 달리, 영어, 한국어, 중국어, 일본어처럼 사람이 일상에서 사용하는 언어를 **자연언어**로 구별하고 있다.

유행어, 가요 등의 가사, 각 지방의 사투리, 민요, 시 등도 자연언어의 일종으로 볼 수 있다. 이와 달리, 새의 지저귐이나 개가 짖는 소리 등은 자연의 산물로, 동물의 언어라 보는 경우도 있으나 일반적으로는 자연언어 처리의 대상에 포함되지 않는다. 앞으로 이런 것들을 대상으로 하는 정보 처리도 인공지능의 과제가 될 수 있을지도 모른다.

12.1.3 요소 기술 간의 관계

자연언어 처리는 다양한 요소 기술을 갖는다. 자연언어의 문장을 분석하기 위한 기반 기술인 형태소 분석, 구문 분석, 의미 분석, 문맥 분석 등이 연구되고 있다. 특히, 형태소 분석은 일본어 문장을 대상으로 하는 자동 요약 서비스나 질의응답 시스템, 추천 시스템 같은 서비스를 개발할 때 필수적인 기술이다. 다음 문장을 예로 들어, 이들 네 가지 기술을 살펴보자.

- 나는 창가에서 내리는 눈을 보았다.
- 우산을 가지고 집을 나섰다.
- 그걸 잊고 왔다.

로봇이 이 문장들을 들었을 때, 우선 문제가 되는 것은 들은 문장이 어떤 단어로 구성되었는지를 알 수 없다는 점이다. 예를 들어, 첫 번째 문장의 '내리는'이 '눈, 비, 서리 이슬 따위가 오다'에 해당하는 단어일 수도 있고, '타고 있던 물체에서 밖으로 나오다'에 해당하는 단어일 수도 있다. 혹은 '눈'이 사람이나 동물의 눈인지 하늘에서 내리는 눈인지에 따라 문장의 의미가 완전히 달라지게 된다. 이렇게 문장을 의미를 갖는 단위로 분할하고 이들의 품사를 추정하는 것이 **형태소 분석(morphological analysis)**이다. 위의 문장을 의미를 갖는 단위로 분할하면 다음과 같이 될 것이다.

- 나―는―창가―에서―내리―는―눈―을―보―았―다
- 우산―을 가지―고 집―을 나서―ㅆ―다
- 그거―ㄹ―잊―고―왔―다

그러나 문장을 분할하는 것만으로 문법적인 구조가 드러나지는 않는다. '나섰다'는 것은 '우산을' 나선 것일까 '집을' 나선 것일까? 보통의 한국어 화자라면 자연스럽게 집을 나선 것임을 알 수 있는데, 이것은 이미 알고 있는 한국어 지식에 따라 '집을'이 체언과 목적격 조사이고 '나서다'가 이를 꾸미는 용언이 되는 문법적 관계를 무의식적으로 해석해 낼 수 있기 때문이다. 이렇게 문법적 관계를 분석하는 것을 **구문 분석(syntactic** analysis)이라고 부른다.[1]

그럼, 구문 분석 결과는 문장의 형태에 따라 기계적으로 결정할 수 있는 것일까? 반드시 그렇지는 않다. 예를 들어, 첫 번째 문장의 일부를 추상화해 보면 다음과 같다.

- 나는 A(창가)에서 내리는 눈을 보았다.

이때, 위의 문장에서는 눈이 내리고 있고, 나는 A의 위치에서 내리는 눈을 보고 있다는 문법적 구조가 된다.

그러나 이 A 자리에 '창가'가 아니라 '하늘'을 넣어 보면, A가 '나'를 수식하는 구조에서 '내리는 눈'을 수식하는 구조로 바뀌게 된다.

'눈'은 창가에서 내리는 것이 아니라 '하늘'에서 내리는 것이므로 결국 A에 어떤 단어가 들어가느냐가 문장의 구조에 영향을 미치게 된다. 다시 말해, 단어의 의미도 문장의 문법적 구조에 영향을 미친다는 말이 된다.

단어의 의미와 단어 사이의 의미 관계를 분석하여 문장 구조의 모호성을 해소하는 것이 **의미 분석**(semantic analysis)이다. 의미 분석으로는 **격문법**(case grammar)이 유명하다. 구문 분석에서 다루듯이, 조사로 표현되어 구조가 가시적으로 드러나는 **표층격**(surface case)에 비하여 필모어(Charles J. Fillmore)의 격문법 기반 의미 분석에서는 어떤 동사에 대해 이것이 어떤 관계를 갖는지에 대한 관점으로부터 주격, 도구격, 목적격과 같은 **심층격**(deep case)에 대한 분석을 수행한다. 앞에서 예로 들었던 구문 분석의 불확실성을 이런 의미 분석을 통해 해소한다.

또, 문장의 의미는 해당 문장만으로는 분석할 수 없는 경우도 있다. 예를 들어, 아무런 앞뒤 관계없이 "그걸 잊고 왔다"라고만 한다면, 무엇을 잊고 온 것인지 알 수가 없다. 그 앞 문장에 "우산을 가지고 집을 나섰다"라는 문맥이 있어야 '그것'이 '우산'이라는 것을 알 수 있다. 이렇게 여러 문장에 걸쳐 의미나 구문 분석 결과를 이용하여 대명사가 가리키는 대상이나 생략된 주어를 분석하는 것이 **문맥 분석**(context analysis)이다. 일반적

---

[1] 문법 구조, 혹은 의존관계 분석은 일반적으로 문장만을 입력으로 받는 것은 아니기 때문에, 구문 분석이라는 말 대신 **통사 분석**이라고 부르는 경우도 많다. 이 책에서는 인공지능 분야에서 오랫동안 쓰였던 용어인 구문 분석을 사용하고 있다.

으로 의미 분석이나 문맥 분석은 복잡하고 어려운 문제다. 따라서 이들에 대한 설명은 다른 책을 참조하기 바라며, 이 책에서는 형태소 분석과 구문 분석에 대해서만 다루기로 하겠다.

12.2 형태소 분석

12.2.1 언어와 형태소

문장을 **형태소**(morpheme)라 불리는 최소의 문법적 단위로 분할하여 분석하는 것을 **형태소 분석**이라고 한다. 형태소는 일본어, 영어, 중국어 등 언어에 의존적인 개념이다. 한국어 형태소 분석에서는 대략적으로 문장을 형태소 단위로 분할한 뒤, 이 단어의 품사와 이 단어에 어떤 활용이 적용되었는지를 분석한다.

일반적으로 자연언어는 음소, 형태소, 단어, 절, 문장 순으로 계층적인 구조를 갖는다. 이 중에서 형태소는 의미를 갖는 최소 단위를 가리킨다. 일반적으로, 단어는 그림 12.2와 같이 품사로 나뉜다. 형태소 분석이란, 간단히 말해서 주어진 문장에서 그림에 나온 단어를 추출하는 것이라고 볼 수 있다. 또 한국어에는 단어와 문장 사이에 **어절**이

형태에 따른 분류	기능에 따른 분류	의미에 따른 분류	단어 예시
불변어	체언	명사	책상, 행복, 것
		대명사	나, 너, 우리
		수사	하나, 둘, 첫째, 둘째
	수식언	부사	너무, 아직
		관형사	헌, 새, 옛, 온갖
	독립언	감탄사	아차, 글쎄, 네, 오냐
	관계언	조사	이/가, 을/를, 에, 이다
가변어	용언	동사	오다, 가다, 먹다
		형용사	예쁘다, 푸르다

그림 12.2 **한국어의 품사 분류**

라는 단위가 있는데, 이는 띄어쓰기를 하는 단위가 된다. 예를 들면, '나는'이나 '책을'과 같이 단어에 조사가 붙은 형태도 어절이라고 할 수 있다.

12.2.2 형태소 분석에 쓰이는 정보

아무 사전 정보 없이 형태소 분석을 수행하기는 어렵다. 바퀴오리 2호는 형태소 분석을 수행하기 위해 어떤 형태로든 언어적 지식을 갖고 있어야 한다. 어휘 사전은 단어의 품사, 활용형 등에 대한 정보를 모은 것이다. 또, **연어 사전(collocation dictionary)**은 어떤 단어가 서로 인접할 수 있는지에 대한 정보를 모은 것이다.

예를 들어, '가은이와 놀았다'라는 문장이 있다면, 이를 사전만으로 분석하면 '가(조사)/ 은(조사)/ 이(조사)/ 와(조사)'와 같은 식으로도 분석될 수 있다. 그러나 조사 뒤에 다시 조사가 오는 경우는 거의 없기 때문에 연접 사전의 정보를 통해 이런 오분석을 방지할 수 있다.

또, 한국어의 용언에는 '달(리다)', '달(립니다)', '달(리면)'과 같이 활용이 일어난다. 이 때문에 활용이 일어나는 품사에 대한 지식도 필요하다.

지금까지의 예처럼, 사전에 포함된 단어만을 후보로 하여 형태소 분석을 수행하면, 분석 결과가 딱 한 가지만 나오지 않는다. 입력 문장이 주어지면, 어휘 사전 및 연접 사전의 정보를 이용하여 형태소 분석 결과의 후보를 **단어 래티스(word lattice)** 형태로 얻을 수 있다. 그림 12.3에 단어 래티스의 한 예를 실었다. 단어 래티스는 단어의 후보가 나열된 구조를 나타내는 그래프 형태를 가지며, 문장 첫머리부터 문장 끝까지 가는 경로를 통해 형태소 분석 결과의 후보를 나타낼 수 있다. 단어 래티스를 얻을 수 있으면, 형태소 분석 문제를 이 그래프상에서 적절한 경로를 선택하는 문제로 바꿀 수 있다.

12.2.3 휴리스틱 기법

단어 래티스에 존재하는 다양한 형태소 분석 결과 후보로부터 우선 순위에 따라 결과를 선택하기 위해서는 이 순위를 매기기 위한 방법이 필요하다. 이를 위한 휴리스틱 기법으로 표 12.1과 같은 방법을 들 수 있다. 이들은 모두 '가은이와'를 '가—은—이—와'로

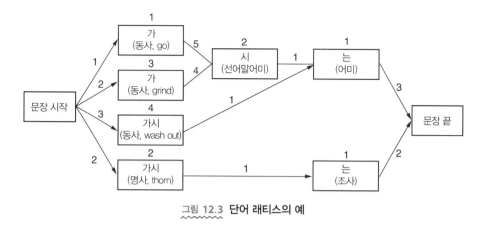

그림 12.3 단어 래티스의 예

과도하게 분절하지 않는다는 의미에서 직관적이다. 또, 나름대로 효율적인 계산을 통해 결과를 얻을 수도 있지만, 품사나 단어끼리의 연접 정보를 잘 활용하지는 못한다.

표 12.1 휴리스틱을 이용한 형태소 분석에서 분석 후보를 선택하는 방법

최장 일치법	문장 처음부터 길이가 더 긴 형태소를 우선적으로 선택
2어절 최장 일치법	문장 처음부터 2어절 단위로 길이가 긴 것부터 우선적으로 선택
최소 형태소법	여러 개의 분석 결과 후보 중 형태소 수가 가장 적은 것을 선택
최소 어절법	여러 개의 분석 결과 후보 중 어절 수가 가장 적은 것을 선택

12.2.4 최소 비용 기법

그림 12.3과 같이, 단어 래티스의 노드(단어)와 에지(단어 간의 연결)에 적절히 비용을 부여할 수 있다면, 단어 래티스에서 가장 적절한 경로를 선택하는 문제를 최소 비용 경로를 선택하는 문제로 바꿀 수 있다. 최소 비용 기법은 단어 래티스의 최적 경로로써 형태소 분석 결과를 구하는 기법이다. 단어 래티스의 비용은 노드와 에지에만 부여되므로 동적 계획법을 이용함으로써, 연접 정보를 활용하며 효율적으로 형태소 분석의 해를 구할 수 있다.

'가시는'이라는 어절에 대한 단어 래티스 예를 그림 12.3에 실었다. 이 래티스에서 에지 옆의 숫자는 연접 관계가 갖는 비용을 가리키며, 노드 위의 숫자는 해당 단어에 대한 비

용을 가리킨다. 문장 첫머리부터 순서대로 단어를 경유하며 문장을 생성할 수 있지만, 단어에서 단어로 이동할 때마다 지나는 노드와 에지에 대한 비용을 지불해야 한다.

이 단어 래티스에서 목표까지의 비용이 최소가 되게 하는 경로는 동적 계획법을 통해 구할 수 있다. 그림 12.4에는 각 에지의 비용에 에지를 따라 도착한 노드의 비용을 합한 값을 표시하였다. 이렇게 바꾸면 5장에서 다뤘던 문제 유형이 된다는 것을 알 수 있다. 동적 계획법을 수행하여 메모이제이션된 값과 경로를 그림 12.4에 나타내었다. 그 결과 '가시─는'이라는 형태소 분석 결과를 얻었다. 이렇게 동적 계획법을 이용하여 최적 경로를 계산하는 방법을 **비터비 알고리즘**(Viterbi algorithm)이라고 한다.

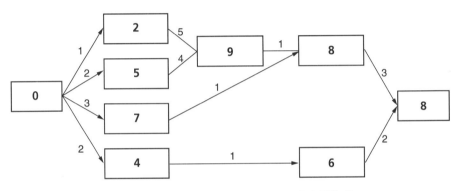

그림 12.4 **동적 계획법으로 최소 비용 기법을 수행한 예**

12.2.5 통계적 접근법

최근에는 연접 관계에 대한 비용을 사람이 부여하는 것이 아니라 수집된 문서 데이터로부터 통계적으로 구하고 있다. 특히, 단어에 대한 마르코프 프로세스로부터 문장을 생성하는 생성 모형을 가정했을 때, 단어열 $w_{t-n+1}, \ldots, w_{t-1}$이 관측된 후, 단어 w_t가 관측될 확률을 **n-gram 확률** $P(w_t|w_{t-1}, \ldots, w_{t-n+1})$이라고 한다. 특히, 각 단어에 대해 이 확률을 계산해서 저장해 둔 n-gram 모형은 형태소 분석뿐만 아니라, 자연언어 처리와 그 인접 분야에서 널리 쓰이고 있다. 그중에서도 $n=1$인 경우를 **유니그램**(unigram), $n=2$인 경우를 **바이그램**(bigram), $n=3$이면 **트라이그램**(trigram)이라고 부른다. n-gram 모형은 $(n-1)$의 차수를 갖는 마르코프 모형에 해당한다. 예를 들어, 형태소 분석을 바이그램 모형에 대한 생성 확률 최대화 문제로 치환하면, 통계적 언어 모형에 기초한

형태소 분석이 가능해진다.

이렇게 대규모 문서 데이터로부터 통계적 정보를 얻고, 이들 정보를 이용하는 자연언어 처리를 **통계적 자연언어 처리**(statistical natural language processing)라고 하며, 계산 자원, 언어 자원이 풍부해지고 머신러닝 기술이 발전하면서 현재는 자연언어 처리의 중심을 차지하고 있다.

12.2.6 분류 문제로 보는 관점

형태소 분석에는 이외에도 단어를 분할하는 방법이 쓰이기도 한다. 단어 분할 문제를 이진 분류 문제로써 다루는 접근법을 예로 들 수 있다. 단어를 분할하는 방법이란, 문장 내의 각 문자의 자리에 대해 '여기를 단어의 경계로 할 것인지, 그렇지 않을 것인지'를 결정하는 이진 분류 문제로 볼 수 있다. 문제를 이런 관점에서 볼 경우, 단어를 분할하는 문제를 패턴 인식 문제로 볼 수 있다. 충분한 훈련 데이터가 있다면, 지도 학습을 통해 어떤 문자가 연속해서 있을 때, 그 사이가 단어의 경계인지 아닌지를 학습할 수 있다.

12.3 구문 분석

12.3.1 구 구조 분석과 의존관계 분석

구문 분석은 주어진 문법에 따라, 문장이 갖는 문법적 구조를 분석하는 것이다. 특히, **구 구조 문법**(phrase structure grammar)에 따라 문장의 문법 구조를 분석하는 것을 **구 구조 분석**(phrase structure analysis)이라고 한다(그림 12.5a). 영어에 대한 구문 분석에는 구 구조 분석이 자주 사용된다. 이 책에서는 구 구조 분석을 주로 설명하려고 한다.

이와 달리, **의존 문법**(dependency grammar)에 따라 단어와 단어 사이의 의존관계를 분석하는 것을 **의존관계 분석**(dependency structure analysis)이라고 한다(그림 12.5b). 한국어에는 어절 간의 의존관계가 존재하는데, 의존관계 분석을 통해 이런 문법구조를 명확히 드러낼 수 있다. 어순이 중요한 의미를 갖는 영어에 비해 한국어는 어순이 비교적 자유

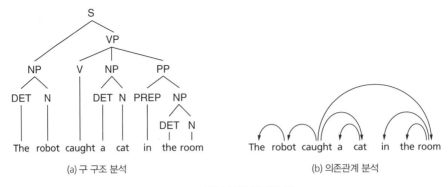

(a) 구 구조 분석　　　　　　　　　　　(b) 의존관계 분석

그림 12.5 **구문 분석 결과의 예**

롭다. 이렇게 어순이 자유로운 경우에는 구 구조 문법보다 의존 문법을 이용한 분석이 더 유용하다고 알려져 있다.

예를 들어, 바퀴오리 2호에게 사용자가 "하얀 책상 위 상자를 가져와"라고 했다면, 바퀴오리 2호는 '책상이 하얀 것인지, 상자가 하얀 것인지' 알아야 명령을 수행할 수 있다. 또, 웹상의 블로그에 '그 사설 탐정은 신뢰할 만한 소식통에 의하면 신뢰할 수 없다'는 문장이 게재되었다면, 어절 '사설 탐정은'을 받는 구가 '신뢰할 만한'인지 '신뢰할 수 없다'인지를 알아야 그 사설 탐정에 대한 평가를 내릴 수 있다. 이런 문제를 해결하기 위해 문장을 구성하는 단어 간의 문법 관계를 분석하는 것이 구문 분석이다.

영어의 경우, 구 구조 분석을 통해 그림 12.5a와 같은 결과를 얻을 수 있다. 구 구조 문법으로 구문 분석을 한 결과는 **문법 트리**(syntactic tree, 문법 분석 트리)라는 트리 구조로 나타낸다. 구 구조 분석은 노암 촘스키(Noam Chomsky)가 제안한 **생성 문법**(generative grammar)이라는 계산적 문법 모형을 기초로 하고 있으나, 이 중에서도 **문맥 자유 문법**(context free grammar, CFG)을 따른다고 가정하고 분석하는 경우가 많다.

문맥 자유 문법 G는 비단말 기호의 집합, 단말 기호의 집합, 생성 규칙 집합, 시작 기호에 의해 정의된다. 문맥 자유 문법은 시작 기호 S에 다시 쓰기 규칙을 적용하면서 여러 개의 비단말 기호로 분기한 후, 마지막으로 단말 기호가 출력되면 단어열이 생성된 것으로 간주한다.

표 12.2에 문맥 자유 문법의 생성 규칙 집합의 한 예를 실었다. 여기서 PP는 전치사구,

PREP는 전치사를 나타낸다.

그림 12.5의 예에서는 문장 전체를 나타내는 S로부터 명사구 NP, 동사구 VP라는 비단말 기호가 생성되고, NP가 다시 한정사 DET와 명사 N, 두 개의 비단말 기호를 생성한다. 이들이 다시 단말 기호에 해당하는 실제 단어 'the'와 'robot'으로 바뀐다. VP로 갈라진 쪽은 V와 NP로 분기하고, NP가 다시 DET와 N으로 바뀌어서 최종적으로는 'caught a cat'이라는 단말 기호의 연속열이 된다. 문맥 자유 문법은 트리 구조로 문장 전체를 생성하는 메커니즘이기도 하며, 이렇게 만들어진 트리 구조는 단어열의 이면에 숨은 문법적 관계를 나타낸다. 따라서 관측된 문장으로부터 트리 구조를 추정하는 것이 구 구조 문법에 기초한 구문 분석이다.

이와 달리 의존관계 분석은 의존 문법을 전제로 하여 구 구조에 대한 추정 대신 의존관계를 추정한다. 한국어 의존관계 분석에서는 어절과 어절 사이의 의존관계로써 문장의 구조를 표현한다. 그림 12.5b에 의존관계 분석의 예를 실었다.

표 12.2 문맥 자유 문법에서 쓰이는 생성 규칙 집합의 예[*2]

(1) S → NP VP	(4) VP → V	(7) PP → PREP NP
(2) NP → N	(5) VP → V NP	
(3) NP → DET N	(6) VP → V NP PP	

12.3.2 구문 분석을 위한 알고리즘

구 구조 문법을 전제로 문맥 자유 문법에 기초한 구문 분석은 주어진 문장에 대응하는 트리 구조를 찾는 문제에 해당한다. 이때, 문장은 형태소 분석을 통해 단어 단위로 나누어져 있다고 가정한다.

구문 분석에 대한 기본적인 접근법은 **하향식 방법**(top-down method)과 **상향식 방법**(bottom-up method)이 있는데, 두 방법 모두 탐색을 통해 구문 분석을 수행한다. 하향

[*2] 다음 문헌에서 발췌함. 나가오 마코토, 사토 사토시(편): 자연어 처리(이와나미강좌 소프트웨어과학), 이와나미쇼텐, 1996

식 방법은 시작 기호에서부터 적용 가능한 다시 쓰기 규칙을 적용해 나가면서 대상 문장을 결과로 생성하는 규칙 패턴을 찾는다. **얼리 파서**(Earley parser)에서 사용된 바 있다. 상향식 방법은 이와는 반대로, 이웃한 단어 및 구를 결합해 가며 시작 기호로 돌아가는 방향으로 탐색을 수행한다. **CYK 파싱**(Cocke-Younger-Kasami algorithm)에서 이런 방식을 사용한다. 얼리 파서와 CYK 파싱을 사용하면 문맥 자유 문법을 따르는 문장에 대한 구문 분석을 다항 시간에 수행할 수 있다고 알려져 있다. 상향식 및 하향식 방법을 나타낸 도식을 그림 12.6에 실었다.

최근에는 구문 분석도 형태소 분석과 마찬가지로 확률적 접근법을 채용하는 경우가 늘어나고 있다. 이 경우에 문맥 자유 문법의 생성 규칙에 확률이 적용된 확률 문맥 자유 문법을 사용하여 구문 분석이 이루어진다.

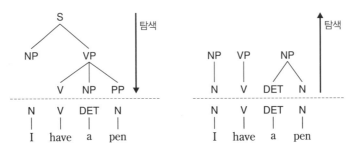

그림 12.6 **상향식 방법(왼쪽)과 하향식 방법(오른쪽)을 이용한 구문 트리 탐색**

12.4 Bag-of-words 표현

12.4.1 문서 데이터의 간편 표현

대량의 문서 속에서 어떤 문서와 비슷한 문서를 찾는다거나, 문서 내용을 자연언어 처리 기법을 이용해 분석할 때, 모든 문서에 대해 구문 분석이나 의미 분석, 문맥 분석을 모두 하는 것은 아무래도 계산 부하가 너무 크다. 또, 블로그 포스팅이나 사람의 발화 문장에는 문법적 오류가 섞여 있기 때문에, 형태소 분석 이상의 분석이 실패하는 경우가 많다.

문법 구조나 문맥에 대한 추정을 하려면 더 많은 계산 비용이 필요하고, 대량의 문서를 분석할 때는 문법적 관계를 상세히 추정했다 해도 이를 다 활용할 수 없는 경우도 있다. 이 때문에 텍스트 마이닝이나 문서 토픽 분석 등에서는 **bag-of-words 표현**(BoW 표현)이라는 간편 표현법을 많이 사용한다.

BoW 표현은, 간단히 말하면 '문서에 어떤 단어가 몇 번 출현하였는가'에 대한 정보만을 사용하는 것이다. 모든 단어의 출현 횟수를 대상으로 하면, 한국어에서는 '이' 혹은 '가' 등 조사의 빈도가 매우 높게 나온다. 이들 단어는 거의 모든 문서에 출현하기 때문에 문서의 특징을 나타내는 정보로는 보기 힘들다. 그렇기 때문에 명사만을 대상으로 BoW 표현을 구성하는 경우가 많다. 또, 목적에 따라 키워드 추출 기법을 사용하여 보다 중요도가 높은 단어를 선별하는 경우도 있다. BoW 표현은 알고리즘 12.1과 같은 절차로 만들 수 있다.

BoW 표현으로 나타낸 문서의 단어 출현 빈도를 행렬로 나타낸 것이 **단어-문서 행렬**(term-document matrix)이다. 단어-문서 행렬의 한 예를 그림 12.7에 실었다. 이 예에서는 열은 각각의 문서에 대응하고, 행은 각 키워드에 대응한다. 이 행렬의 셀은 이 문서에서 해당하는 단어가 출현한 횟수를 의미한다.

	문서1	문서2	문서3	문서4	문서5
지능	3	1	2	0	0
로봇	1	0	4	0	0
정부	0	0	0	0	2
국군	0	0	1	0	4
할인	0	0	0	5	0
순록	0	1	0	0	0
산타클로스	0	1	0	3	0

그림 12.7 단어-문서 행렬의 예

BoW 표현으로 나타낸 문서 데이터를 클러스터링하여 **잠재 토픽**(latent topic)을 지도 기반 학습으로 추출하는 기법으로 **LDA**가 있다. 또, 코사인 유사도와 같은 방법으로 BoW 표현끼리의 유사도를 측정하여 문서의 유사성에 대한 지표로 삼는 등 정보 추천 분야에서 널리 쓰이는 기법이다.

⁎⁎⁎ 알고리즘 12.1　BoW 표현

❶ 문서에 포함된 각 문장을 형태소 분석한다.

❷ 형태소 분석 결과에서 모종의 방법으로 키워드를 추출한 뒤, 키워드 집합의 리스트 $W = \{w_i\}$를 만든다.

❸ 각 문서 d 내에서 키워드 w_i의 출현 횟수 c_{di}를 세어 문서 벡터 $c_d = (c_{d1}, c_{d2}, \ldots, c_{d\#(W)})$를 만든다.

12.4.2 tf-idf

단어-문서 행렬을 만든 뒤, 각 문서에서 키워드가 어느 정도의 중요성을 갖는지를 간편하게 가늠해 볼 수 있는 방법으로 **tf-idf**가 있다. tf는 **단어 빈도**(term frequency), idf는 **역문서 빈도**(inverse document frequency)의 약자다. 이는 단어-문서 행렬에서 문서 j에서 단어 i의 빈도 n_{ij}에 대해 아래와 같이 정의된다.

$$\mathbf{tf}_{ij} = \frac{n_{ij}}{\sum_k n_{kj}} \tag{12.1}$$

$$\mathbf{idf}_i = \log \frac{D}{\sum_j \mathrm{sgn}(n_{ij})} \tag{12.2}$$

$$\mathbf{tf\text{-}idf}_{ij} = \mathbf{tf}_{ij} \times \mathbf{idf}_i \tag{12.3}$$

tf-idf$_{ij}$의 값이 큰 단어일수록 해당 문서에서의 중요도가 높다고 추정할 수 있다. D는 문서의 총수이다. $\mathrm{sgn}(x)$는 $x = 0$일 때 0, $x > 0$일 때 1을 함숫값으로 하는 함수다.

tf-idf는 어떤 문서 j에서 단어 i가 출현하는 횟수를 **tf**$_{ij}$로 측정하여 그 문서에서 단어 i의 중요도를 나타내는 기본 척도로 삼는다. 여기서 다시, 이 단어가 일반적인 단어일 때(출현하는 문서 수가 많음) 작아지는 값인 **idf**$_i$를 곱하기 때문에, 해당 문서에만 특징적으로 나타나는 단어가 높은 점수를 받게 된다.

tf-idf는 매우 간단하면서도 유용하며, 정보 검색이나 추천에 많이 사용된다.

정리

- 자연언어 처리의 입지와 그 응용 분야에 대해 살펴보았다.
- 형태소 분석, 구문 분석, 의미 분석, 문맥 분석이 서로 어떤 관계를 갖는지 실제 예와 함께 배웠다.
- 동적 계획법으로 단어 래티스상의 최적 경로를 계산하는 방법으로 형태소 분석을 수행하는 최소 비용 기법을 배웠다.
- 구 구조 분석과 의존관계 분석이 어떤 차이가 있는지 배웠다.
- 구문 트리 탐색 방법 중 하향식 방법과 상향식 방법의 개요를 이해하였다.
- 문서 데이터를 간단하게 나타내는 방법인 Bag of Word 표현과 키워드를 추출하기 위한 기법인 tf-idf에 대하여 배웠다.

연습문제

1. "이 길을 곧바로 가면 파출소가 있습니다. 거기서 오른쪽으로 꺾으면 수도원이에요"라는 문장에서 '거기'가 가리키는 것이 무엇인지 특정하기 위해 다음 예 중 어떤 분석 결과가 필요하겠는가? 가장 적절한 것을 고르시오.

   ❶ 형태소 분석

   ❷ 구문 분석

   ❸ 의미 분석

   ❹ 문맥 분석

2. 의미 분석과 구문 분석의 관계에 대해서 가장 적절한 것을 고르시오.

   ❶ 의미 분석과 구문 분석 사이에는 의존관계가 없으므로 각각 독립적으로 수행해야 한다.

   ❷ 구문 분석 결과, 단어 사이의 문법적 관계가 드러나면 의미 분석을 수행할 수 있으나 이 관계는 일방적인 것으로 의미 분석 결과가 구문 분석에 영향을 미치지는 않는다.

❸ 의미 분석은 구문 분석을 통해 얻은 구문 트리에 대한 의미 해석에 쓰인다.

❹ 의미 분석과 구문 분석은 원래 상호 의존적이며, 구문 분석은 의미에 대한 지식을 활용하여 수행하는 것이 바람직하나 의미 분석을 하지 않았다고 구문 분석을 할 수 없는 것은 아니다.

3. 한국어 형태소 분석기 KoNLPy[※3]를 인터넷에서 다운로드한 후, "나는 인공지능 개론을 수강하고 있다."는 문장을 입력하고 그 결과를 확인하라.

4. Stanford Corenlp[※4] 도구를 인터넷에서 다운로드한 후, 의존관계 분석기를 이용하여 "I am attending an introductory class of artificial intelligence."라는 문장을 입력하고 그 실행 결과를 확인하라.

※3 KoNLPy(Korean NLP in Python): http://konlpy.org
※4 Stanford CoreNLP: http://stanfordnlp.github.com/CoreNLP

13

언어와 논리(2):
기호 논리

스토리

바퀴오리 2호는 자연어 문장에 대해 형태소 분석과 구문 분석을 할 수 있게 되었다. 그럼 이제 스핑크스와 싸울 수 있게 된 걸까? 그렇지는 않다.

단어의 분절이나 문장 구조를 안다고 해서, 스핑크스가 "석촌호는 호수입니다", "호수에는 물이 있습니다"라고 말했을 때, '석촌호에는 물이 있다'는 결론에 이르는 추론을 할 수는 없다. 이렇게 글 안에 잠재된 논리 구조를 추출할 수 없다면, 수수께끼에 답하는 것은 불가능하다.

바퀴오리 2호는 이제 논리적으로 사고할 수 있는 능력이 필요하다.

가정

• 바퀴오리 2호는 문법 지식, 어휘 지식을 사전에 갖추고 있다.
• 바퀴오리 2호는 오류 없는 음성 인식 기능을 탑재하고 있다.
• 바퀴오리 2호는 주어진 자연어 문장을 논리식으로 변환하는 기능을 갖추고 있다.

그림 13.1 스핑크스의 말을 논리적으로 파악하고 있는 바퀴오리 2호

13.1 기호 논리

언어로 표현된 글을 논리 기호로 변환하여 이들이 갖는 논리 관계를 통해 글의 의미를 파악하기 위한 학문을 **기호 논리학**(symbolic logic, 혹은 **수리 논리학**(mathematical logic))이라고 부른다. 기호 논리학은 19세기까지 거슬러 올라가는 긴 역사를 갖는다. 기호 논리학 중에서도 가장 기초적인 것이 **명제 논리**(propositional logic)다. 그러나 명제 논리는 명제 간의 논리적 관계만을 표현할 수 있고, 명제 자체에 대한 분석은 불가능하다. 명제를 주어와 술어로 나눈 것을 **술어 논리**(predicate logic)라고 한다.

술어 논리는 '나는 사과를 좋아한다'처럼 사실을 서술하는 글을 표현하기 위한 형식 언어다. 예를 들어, '나는 사과를 좋아한다'를 명제 논리로 나타내려면, 이 글 자체를 명제 논리식 P로 나타낼 수밖에 없다. 술어 논리라면 술어 기호 like를 써서 like(I, apple)처럼 나타낼 수 있으므로 명제 논리보다 풍부한 **추론**이 가능해진다.

술어 논리는 보다 고차원적인 고차 술어 논리로서 다룰 수도 있지만, 이 책에서는 1차 술어 논리만을 다룬다. 고차 술어 논리는 '나는 지훈이가 사과를 좋아한다고 생각한다'처럼 사실에 대한 표현이 안겨 있는(nested) 구조로 되어 있는 것을 가리킨다.

기호 논리학은 **공리계**(axiomatic system)라 불리는 일련의 주어진 규칙을 통해 다양한 논리를 만든다. 따라서 형식적으로 다양한 논리를 만들 수 있다. 술어 논리를 확장한 것으로 **양상 논리**(modal logic)나 **시제 논리**(tense logic) 등이 있다. 또, 진릿값을 [0, 1] 구간으로 확장하여 모호성에 대한 표현을 시도한 **퍼지 논리**(fuzzy logic)도 있다. 퍼지 논리는 **다가논리**(multi-value logic)의 한 종류라 할 수 있다.

기호 논리는 일반적으로 언어의 의미를 '언어가 가리키는 대상물'처럼 다루지 않고, 그 글의 참/거짓만을 다룬다. 기호 논리학에서 '이 논리식을 **해석**(interpretation)한다'고 하는 것은 이 논리식의 참/거짓을 판별하는 것을 말한다.

13.2 술어 논리

13.2.1 기호와 정의

술어 논리는 어떤 사실을 기술할 수 있다. 예를 들어,

$$\exists x \neg like(\text{MOTHER}(현우), x)$$

위의 내용은 '현우 어머니에게는 좋아하지 않는 것이 있다'는 의미이며, 술어 논리식을 직접 읽으면, '현우 어머니가 좋아하지 않는 x가 존재한다'라는 뜻이고, 다시 말해, 현우 어머니에게는 좋아하는 것과 싫어하는 것이 있다는 말이다. 현우 어머니가 어떤 것이든 좋아하는 사람이라면, 이 논리식은 거짓이 될 것이지만, 무언가 하나라도 싫어하는 것이 있다면 참이 된다.

술어 논리에서 사용하는 기호를 표 13.1에 정리하였다. 이 예에서는 '∃'가 **한정 기호** (quantifier), 'x'가 **변수 기호**(variable symbol), '현우'는 **상수 기호**(constant symbol), 'like'가 **술어 기호**(predicate symbol), '¬'는 **논리 기호**(logical symbol), 'MOTHER'가 **함수 기호** (function symbol)다. 이들을 이용하여 일반적인 술어 논리식을 정의할 수 있다.

표 13.1 술어 논리에서 쓰이는 기호

기호의 종류	설명
상수 기호	특정한 개체를 나타내는 기호. a, b, c나 실제 이름 apple, box, Tommy 등이 사용되는 경우가 많다.
변수 기호	임의의 개체를 나타내는 기호. x, y, z가 사용되는 경우가 많다.
함수 기호	개체 간의 관계를 나타내는 기호. f, g가 사용되는 경우가 많다. $f(x)$와 같이 어떤 개체를 나타낸다. 예를 들어, MOTHER(Tom)은 'Tom의 어머니'를 가리킨다. 함수 기호는 인자를 받는 개체를 가리킨다. 이 책에서는 술어 기호와의 구별을 위해 함수 기호는 대문자로 표기한다.
술어 기호	개체가 갖는 성질이나 상태를 나타내는 기호. p, q, r이나 혹은 성질을 나타내는 단어(cold, fly, small)가 쓰이는 경우가 많다. cold(x)로 'x가 차다'는 상태를 나타낸다. 이 책에서는 소문자로 표기한다.
논리 기호	결합 기호(connectives)라고도 불린다. 부정(¬), 논리곱(∧), 논리합(∨), 함의(→), 동의(≡)가 있다.
한정 기호	'임의의 ∼'를 나타내는 전칭 기호 ∀와 '어떤 ∼가 존재한다'를 나타내는 존재 기호 ∃가 있다.

- 상수 기호, 변수 기호는 모두 항(term)이다.
- $t_1, t_2, \dots, t_n$이 항이고, f가 함수 기호이면 $f(t_1, t_2, \dots, t_n)$도 항이다.

- $t_1, t_2, \dots, t_n$가 항이고 p가 술어 기호이면, $p(t_1, t_2, \dots, t_n)$은 **원자 논리식(atomic formula)**이다.

- 원자 논리식은 논리식이다.
- P, Q가 논리식일 때, 논리 기호를 사용하여 구성된 $\neg P$, $P \wedge Q$, $P \vee Q$, $P \rightarrow Q$, $P \equiv Q$도 논리식이다.
- P가 논리식이고 x가 개체 변수일 때, $\forall x P$, $\exists x P$도 논리식이다.
- 위의 정의로부터 논리식이 되는 것만이 논리식이다.

논리식은 논리 기호로 결합되어 하나의 논리식이 된다. 술어 논리에서 사용하는 논리 기호로는 ¬ 부정(not), ∧ 논리곱(and), ∨ 논리합(or), → 함의(implication), ≡ 동치(equivalence)의 5가지가 있다. 동치 기호 결합 $P \equiv Q$는 $(P \rightarrow Q) \wedge (Q \rightarrow P)$와 같으며, 함의 결합 $P \rightarrow Q$는 $\neg P \vee Q$와 같다.

대상 논리식의 각 요소 논리식의 진릿값이 주어졌을 때, 대상 논리식의 진릿값이 어떻게 되는지를 모든 경우에 대해 나타낸 표를 **진리표**(truth table)라고 한다. 표 13.2에 요소 논리식의 참, 거짓에 따라 이들 5가지 논리 기호로 결합된 논리식의 참/거짓이 어떻게 되는지를 나타내었다.

표 13.2 **진리표**

P	Q	$\neg P$	$P \lor Q$	$P \land Q$	$P \to Q$	$P \equiv Q$
1	1	0	1	1	1	1
1	0	0	1	0	0	0
0	1	1	1	0	1	0
0	0	1	0	0	1	1

P와 Q의 진릿값이 왼쪽과 같을 때, 논리 기호로 연결된 논리식은 이 표와 같은 진릿값을 갖는다.

13.2.2 항진식과 항위식

원자 논리식의 진릿값이 결정된 뒤, 논리식의 진릿값을 결정한다. 이를 해석이라고 하는데, 원자 논리식의 진릿값에 대해 어떤 조합에서도 논리식이 참이 되는 경우, 이 논리식을 **항진식**(tautology) 또는 **토톨로지**라고 부른다. 또 반대로 원자 논리식의 진릿값의 모든 조합에서 거짓이 되는 논리식을 **항위식**(contradiction), **모순식** 또는 **만족 불가능한 논리식**이라고 한다. 이와 달리 논리식을 참으로 하는 해석이 하나라도 있다면, 이 논리식은 **만족 가능한 논리식**이라고 한다.

다음에 대표적인 항등식을 나타내었다. 이들의 동치 관계는 항상 성립하므로 논리식을 변형하는 데 이용할 수 있다.

- 이중 부정 $P \equiv \neg\neg P$
- 결합 법칙 $(P \wedge Q) \wedge R \equiv P \wedge (Q \wedge R)$, $(P \vee Q) \vee R \equiv P \vee (Q \vee R)$
- 분배 법칙 $P \wedge (Q \vee R) \equiv (P \wedge Q) \vee (P \wedge R)$,
  $P \vee (Q \wedge R) \equiv (P \vee Q) \wedge (P \vee R)$
- 교환 법칙 $P \wedge Q \equiv Q \wedge P$, $P \vee Q \equiv Q \vee P$
- 드 모르간의 법칙 $\neg(P \wedge Q) \equiv \neg P \vee \neg Q$, $\neg(P \vee Q) \equiv \neg P \wedge \neg Q$

13.2.3 술어 논리식의 예

술어 논리식은 사실을 나타내는 자연언어 문장에 대응한다. 몇 가지 예를 표 13.3에 나타내었다.

표 13.3의 첫 번째 예는 두 개의 인자를 갖는 술어 $\mathrm{have}(x, y)$로 'x가 y를 갖고 있다'는 의미를 나타낸다. 또, book은 술어 기호로써 $\mathrm{book}(x)$는 'x가 book이라는 성질을 만족한다'는 의미라고 하자. 이에 따라 '어떤 x가 존재하고, 이를 내가 갖고 있으며, 그리고 그 x는 책이다'라는 의미를 가진 술어 논리식이며, 원래의 자연언어 문장인 '내가 책을 갖고 있다'를 나타낸다.

두 번째 예는 x가 공책임을 나타내는 $\mathrm{notebook}(x)$를 새롭게 도입하여 첫 번째 논리식과 논리합을 구성하여 문장의 뜻을 나타낸다.

세 번째 예는 '모든 여자는'에 해당하는 부분을 전칭 기호($\forall$)와 'x가 여자이다'라는 술어 $\mathrm{girl}(x)$를 써서 나타낸다. 또, 함의를 이용하고 함의의 후반부에 존재 기호 $\exists$를 y에 적용시키고 있다. 따라서 함의의 전반부에서 여자라고 했던 x에 $\mathrm{loves}(x, y)$로 좋아하는 것인 y가 있다는 것을 나타낸다. 또, y는 '케이크이다'라는 술어 기호 $\mathrm{cake}(y)$를 만족하므로 좋아하는 것인 y는 케이크라는 것을 알 수 있다.

네 번째 예는 '아무도'라는 부분을 '사람은 아무도'로 의역하고 있다. 또, BACK은 함수 기호로서, BACK(x)는 x의 등 뒤를 가리킨다. touch는 술어 기호로, 만지는 것을 의미한다. touch(x, BACK(x))는 자신의 등을 만지는 것을 의미한다.

다섯 번째 예에서는 '새이다'인 bird(x)와 '펭귄이다'의 부정형 ¬penguin(x)를 논리곱 (∧)으로 연결하여 '펭귄이 아닌 새'에 해당하는 부분을 나타낸다.

이렇게 술어 기호와 함수 기호를 잘 정의하면 다양한 사실을 나타내는 술어 논리식을 만들 수 있다.

표 13.3 **일차 술어 논리식의 예**

예	자연언어 문장	술어 논리식
1	나는 책을 가지고 있다.	$\exists x(\text{have}(I, x) \wedge \text{book}(x))$
2	나는 책 혹은 공책을 가지고 있다.	$\exists x(\text{have}(I, x) \wedge \text{book}(x))$ $\vee \exists x(\text{have}(I, x) \wedge \text{notebook}(x))$
3	모든 여자는 케이크를 좋아한다.	$\forall x(\text{girl}(x) \rightarrow \exists y(\text{loves}(x, y) \wedge \text{cake}(y)))$
4	아무도 자신의 등을 만질 수 없다.	$\neg \exists x(\text{human}(x) \rightarrow \text{touch}(x, \text{BACK}(x)))$
5	펭귄을 제외한 새는 날 수 있다.	$\forall x(\text{bird}(x) \wedge \neg \text{penguin}(x)) \rightarrow \text{fly}(x))$

13.3 절 형태

13.3.1 명제 논리식을 절 형태로 변형

먼저, 변수와 한정 기호가 없는 단순한 명제 논리식부터 살펴보자. 기초가 되는 원자 논리식을 P, Q, R 같은 기호로 나타내고, 이들을 앞에서 설명한 5개의 논리 기호로 결합한 논리식만을 다룬다. 이 책에서는 명제 논리에 대한 자세한 설명은 생략하겠지만, 위와 같은 조작을 통해 얻어지는 논리식을 **명제 논리식**(propositional logical formula)이라고 부르기로 하겠다.

논리식에 동치 변형을 가하면, 동치가 되는 논리식을 얼마든지 만들 수 있다. 예를 들어, $P \wedge P$와 P는 완전히 같다. 본질적으로 같은 논리식이 서로 다른 모양을 취하고 있으면 다루기가 어려우므로 표준적인 형태로 만들 필요가 있다. 수학이나 대수학에서 다루는 다항식에도 $x^2 + 3x + 2$를 $(x+2)(x+1)$처럼 정리해서 표준 형태로 변형하는 조작인 인수분해가 있다. 수학이나 대수학의 이런 인수분해에 해당하는 논리식의 표준적인 형태가 **논리곱 표준형**(conjunctive normal form)이다.

리터럴(literal, 원자 논리식 혹은 원자 논리식의 부정) p_{ij}를 논리합($\vee$)만으로 결합한 논리식을 **절**(clause) C_i라고 하고, 이 절을 논리곱($\wedge$)만으로 결합한 논리식 q가 논리곱 표준형이다. 일반적으로 아래와 같이 나타낼 수 있다.

$$C_i \equiv p_{i1} \vee p_{i2} \vee \cdots \vee p_{in_i} \tag{13.1}$$

$$q \equiv C_1 \wedge C_2 \wedge \cdots \wedge C_m \tag{13.2}$$

명제 논리식을 논리곱 표준형으로 바꾸는 방법을 알고리즘 13.1에 나타내었다. $P \equiv Q \vee R$을 예로 들어 직접 변형해 보겠다.

$$P \equiv Q \vee R \tag{13.3}$$

$$\Leftrightarrow (P \rightarrow Q \vee R) \wedge (Q \vee R \rightarrow P) \ \dots \ 동치\ 기호\ 소거 \tag{13.4}$$

$$\Leftrightarrow (\neg P \vee (Q \vee R)) \wedge (\neg(Q \vee R) \vee P) \ \dots \ 함의\ 기호\ 소거 \tag{13.5}$$

$$\Leftrightarrow (\neg P \vee Q \vee R) \wedge ((\neg Q \wedge \neg R) \vee P) \ \dots \ 드\ 모르간의\ 법칙 \tag{13.6}$$

$$\Leftrightarrow (\neg P \vee Q \vee R) \wedge (\neg Q \vee P) \wedge (\neg R \vee P) \ \dots \ 분배\ 법칙\ 적용 \tag{13.7}$$

절의 논리곱으로 구성된 논리곱 표준형을 **절 형태**(clause form)라고 한다.

알고리즘 13.1 명제 논리식을 논리곱 표준형으로 변형

❶ 동치 기호 $P \equiv Q$를 $(P \rightarrow Q) \wedge (Q \rightarrow P)$로, 함의 기호 $P \rightarrow Q$를 $\neg P \vee Q$로 바꾸어서 동치 기호 $\equiv$와 함의 기호 $\rightarrow$를 제거한다.

❷ 이중 부정($\neg\neg P \equiv P$)을 소거하고, 드 모르간의 법칙($\neg(P \wedge Q) \equiv \neg P \vee \neg Q$, 혹은 $\neg(P \vee Q) \equiv \neg P \wedge \neg Q$)을 적용하여 모든 부정 기호가 원자 논리식의 앞에 오도록 한다.

❸ 분배법칙($P \wedge (Q \vee R) \equiv (P \wedge Q) \vee (P \wedge R)$ 혹은 $P \vee (Q \wedge R) \equiv (P \vee Q) \wedge (P \vee R)$)을 적용하여 논리곱 표준형으로 변형한다.

13.3.2 술어 논리식을 스콜렘 표준형으로 변형

이번에는 한정 기호나 변수 기호를 포함하는 술어 논리식을 절 형식으로 변형해 보자. 여기서는 **스콜렘 표준형( )**이라는 절 형식으로 변환하는 방법을 살펴보도록 하겠다. $C_1, C_2, \ldots, C_m$이 절이고 이들 절에 출현하는 모든 변수가 $x_1, x_2, \ldots, x_n$이라고 했을 때 아래 식을 논리식의 절 형태라고 한다.

$$\forall x_1 \forall x_2 \cdots \forall x_n (C_1 \wedge C_2 \wedge \ldots \wedge C_m) \tag{13.8}$$

술어 논리식에는 일반적으로 존재 기호 ∃가 있지만, 앞으로 도입할 스콜렘 함수로 이를 제거하기 때문에 위와 같은 형태를 스콜렘 표준형이라 부른다.

술어 논리식을 스콜렘 표준형으로 변형하는 것은 명제 논리식을 절 형태로 변형하는 것보다는 조금 더 복잡하기 때문에 예제를 보며 순서대로 설명하겠다. 예로 사용할 술어 논리식은 아래와 같다.

$$\exists x \forall y P(x, y) \vee Q(x) \rightarrow \exists x \forall z R(x, z) \tag{13.9}$$

① 동치와 함의의 삭제

먼저, 명제 논리식의 절 형태 변형과 마찬가지로, 동치 기호와 함의 기호를 삭제한다.

$$\Leftrightarrow \neg(\exists x \forall y P(x, y) \vee Q(x)) \vee \exists x \forall z R(x, z) \tag{13.10}$$

② 이중 부정 삭제·드 모르간의 법칙으로 부정 기호를 앞으로 이동

그 다음, 역시 명제 논리식의 경우와 같이, 이중 부정을 삭제하고 드 모르간의 법칙을 적용하여 부정 기호를 원자 논리식의 앞으로 이동시킨다. 이때, 한정 기호에 대한 드 모르간의 법칙을 이용한다.

한정 기호에 대한 드 모르간의 법칙

$$\neg(\forall x p(x)) \equiv \exists x (\neg p(x)) \tag{13.11}$$

$$\neg(\exists x p(x)) \equiv \forall x (\neg p(x)) \tag{13.12}$$

$$\Leftrightarrow \forall x \exists y \neg (P(x,y) \lor Q(x)) \lor \exists x \forall z R(x,z) \tag{13.13}$$

$$\Leftrightarrow \forall x \exists y (\neg P(x,y) \land \neg Q(x)) \lor \exists x \forall z R(x,z) \tag{13.14}$$

③ 변수의 표준화

이 시점에서 논리식에는 왼쪽의 $\forall x$의 x와 오른쪽의 $\exists x$의 x가 있는데, 이 두 변수는 서로 다른 변수다. 절 형태로 변형하기 전에 이들 변수를 구별해 두어야 한다. 그래서 전체 변수를 일관적인 규칙을 따라 이름을 바꾸어 표준화한다. 구체적으로는 왼쪽부터 순서대로 x_1, x_2, …와 같이 이름을 바꾼다.

$$\Leftrightarrow \forall x_1 \exists x_2 (\neg P(x_1,x_2) \land \neg Q(x_1)) \lor \exists x_3 \forall x_4 R(x_3,x_4) \tag{13.15}$$

④ 스콜렘 함수로 존재 기호 삭제

스콜렘 표준형에서 한정 기호는 전칭 기호 $\forall$만 남게 된다. 이를 위해 존재 기호 $\exists$를 삭제한다. 식 (13.15)에는 두 개의 존재 기호가 있다. 그중에서 $\forall x_1 \exists x_2 \neg P(x_1,x_2)$를 예로 들면, '모든 x_1에 대해 x_2가 존재하며 $\neg P(x_1,x_2)$를 만족한다'고 해석할 수 있다. '~에 대해 존재한다'는 것은 '~에 대응하여 하나를 만들 수 있다'는 뜻이기도 하다. 따라서 이 조건을 만족하는 구체적인 값을 함수 기호로 $f(x_1)$이라 하기로 한다. 한편으로, 두 번째 존재 기호 부분 $\exists x_3 \forall x_4 R(x_3,x_4)$는 먼저 어떤 x_3이 존재한다는 뜻이므로 이 '존재하는'의 값을 상수 a로 하기로 한다. 이들 함수(인자가 없는 경우에는 상수)를 **스콜렘 함수(Skolem function)**라고 한다.

$$\Rightarrow \forall x_1 (\neg P(x_1, f(x_1)) \land \neg Q(x_1)) \lor \forall x_4 R(a,x_4) \tag{13.16}$$

⑤ 프리넥스 표준형으로 변형

전칭 기호를 모두 앞으로 이동시킨다.

$$\Leftrightarrow \forall x_1 \forall x_4 (\neg P(x_1, f(x_1)) \land \neg Q(x_1)) \lor R(a,x_4) \tag{13.17}$$

⑥ 분배 법칙을 이용하여 절 형태로 변형

마지막으로, 명제 논리식의 경우처럼 분배 법칙을 적용하여 절 형태로 변형한다.

$$\Leftrightarrow \forall x_1 \forall x_4 \underbrace{(\neg P(x_1, f(x_1)) \lor R(a,x_4))}_{C_1} \land \underbrace{(\neg Q(x_1) \lor R(a,x_4))}_{C_2} \tag{13.18}$$

이것으로 절 형태로 변형이 완료되었지만, 아직 한 단계가 더 남았다.

⑦ 각 절의 변수를 독립화

절 형태로 변형하였지만, 각 절의 x_1, x_4는 전칭 기호에 묶인 변수이므로 C_1과 C_2에서 같을 필요는 없으며 독립이어도 무방하다. 절 형태를 취한 뒤의 이용을 생각하면 오히려 독립인 편이 유리하므로 보다 일반성이 높은 독립 변수로 바꾼다.

$$\Leftrightarrow \forall x_1 \forall x_2 \forall x_3 \forall x_4 \underbrace{(\neg P(x_1, f(x_1)) \vee R(a, x_2))}_{C_1} \wedge \underbrace{(\neg Q(x_3) \vee R(a, x_4))}_{C_2} \quad (13.19)$$

이것으로 스콜렘 표준형으로 변환이 모두 끝났다. 알고리즘 13.2에 스콜렘 표준형으로 변환하는 방법을 정리하였다.

알고리즘 13.2　스콜렘 표준형으로의 변환

❶ 주어진 술어 논리식 P로부터 동치 기호와 함의 기호를 삭제한다.

❷ 이중 부정을 삭제하고, 드 모르간의 법칙을 적용하여 부정 기호를 원자 논리식의 앞으로 이동시킨다.

❸ 변수를 표준화한다.

❹ 스콜렘 함수를 도입하여 존재 기호를 삭제한다.

❺ 전칭 기호를 앞으로 이동시켜 프리넥스 표준형으로 변형한다.

❻ 식을 논리곱 표준형으로 변형해서 절 형태가 되도록 한다.

❼ 각 절의 변수를 독립화한다.

13.3.3　절 집합

스콜렘 표준형의 절 형태는 반드시 식 (13.20)과 같은 형태를 취한다.

$$\forall x_1 \forall x_2 \cdots \forall x_n (C_1 \wedge C_2 \wedge \ldots \wedge C_m) \quad (13.20)$$

절 형태에서 $(C_1 \wedge C_2 \wedge \ldots \wedge C_m)$ 같은 부분을 **행렬(matrix)**이라고 하는데, 이 부분에 포함된 모든 변수는 반드시 행렬 앞에 전칭 기호와 함께 나오므로 굳이 기술할 필요가 없다. 또, 행렬 안의 절은 모두 논리곱($\land$)으로 연결되므로 결국, 절 C_i의 집합만 기억하면 된다.

행렬을 구성하는 절로 이루어진 다음과 같은 집합을 **절 집합**(clause set)이라고 한다.

$$C = \{C_1, C_2, \ldots, C_m\} \tag{13.21}$$

이들은 실제로는 논리곱 $\land$로 결합되어 있기 때문에, 절 집합이 참이 되려면 모든 절 C_i가 참이어야 한다.

> **정리**
> - 술어 논리에서 쓰이는 기호를 도입하여 술어 논리의 기초를 배웠다.
> - 항진식과 항위식이 무엇인지 배웠고, 주요 동치 관계를 확인하였다.
> - 사실을 나타내는 일반적인 자연언어 문장을 일차 술어 논리식으로 나타내는 방법을 배웠다.
> - 명제 논리식을 절 형태로 변형하는 방법을 배웠다.
> - 술어 논리식을 스콜렘 표준형과 절 집합 형태로 변형하는 방법을 배웠다.

연습문제

1. 항진식(토톨로지)에 대한 설명으로 가장 적절하지 않은 것을 고르시오.
   - ❶ 만족 가능이다.
   - ❷ 부정형이 모순이다.
   - ❸ 해석하기에 따라 거짓이 될 수도 있다.
   - ❹ 자연언어로 의미를 나타내고자 하면 '당연한' 문장이 될 경우가 많다.

2. 명제 논리식을 절 형태로 변환하기 위한 방법으로 가장 부적절한 것을 고르시오.
   - ❶ 함의 기호와 동치 기호를 삭제한다.
   - ❷ 드 모르간의 법칙을 적용하여 원자 논리식에만 부정 기호가 적용되도록 변형한다.
   - ❸ 분배 법칙을 적용한다.
   - ❹ 각각의 리터럴을 해석한다.

3. '나는 가방을 가지고 있다'를 술어 논리식으로 나타낸 것으로 가장 적절한 것을 고르시오.

❶ $\exists x(\text{have}(I, x) \land \text{bag}(x))$

❷ $\text{have}(I, x) \lor \text{name}(x, \text{ bag})$

❸ $\exists x(I(\text{have}, \text{bag}) \land I(x))$

❹ $\forall x(\text{bag}(x) \land \text{have}(I, x))$

4. 술어 논리식 $\forall x(P(x) \rightarrow \exists y(Q(x, y) \land R(x)))$를 스콜렘 표준형으로 변형하라.

CHAPTER

14

언어와 논리(3):
증명과 질의응답

스토리

바퀴오리 2호는 단순한 수준의 논리를 이해할 수 있게 되었다. 스핑크스와 맞서는 바퀴오리 2호, 스핑크스가 말한다.

"민지는 은주의 딸이다", "자식의 자식은 손자(녀)다", "딸은 자식이다", "은주는 성재의 딸이다", "현주는 은주의 사촌이다"

이제 스핑크스가 묻는다.

"그럼, 성재의 손자(녀)는 누구인가?" 과연, 바퀴오리 2호는 이 물음에 답할 수 있을까?

가정

• 바퀴오리 2호는 문법 지식, 어휘 지식을 사전에 갖추고 있다.
• 바퀴오리 2호는 오류 없는 음성 인식 기능을 탑재하고 있다.
• 바퀴오리 2호는 주어진 자연언어 문장을 논리식으로 변환하는 기능을 갖추고 있다.

그림 14.1 스핑크스에 맞서는 바퀴오리 2호

14.1 도출 원리

14.1.1 도출 원리와 증명

스핑크스가 바퀴오리 2호에게 낸 문제는, 사실을 나타내는 문장만으로 구성된 문제다. 바퀴오리 2호는 이들 문장으로부터 논리적으로 도출할 수 있는 답을 답하면 된다.

이러한 질문에 답하기 위해서는 먼저 주어진 문장으로부터 얻을 수 있는 술어 논리식이 바른지를 먼저 판정할 수 있어야 한다. 다시 말해, 주어진 술어 논리식이 전제가 되는 술어 논리식을 기반으로 항진식이 되는지를 판정해야 하는 것이다. 이렇게 대상이되는 식이 항진식이라는 것을 보이는 과정을 수학에서는 **증명**이라 불러왔다. 기호 논리학에서도 주어진 논리식이 항진식이라는 것을 보이는 과정을 증명이라고 한다.

술어 논리식이 항진식인지 아닌지를 인공지능이 판정할 수 있게 하려면, 증명을 수행할 수 있도록 하는 장치를 알고리즘으로써 구축할 필요가 있다. 이번 장에서는 자동적인 증명을 구현하기 위한 방법인 도출 원리와 반박에 의한 증명을 설명할 것이다. 또한, 반박에 의한 증명을 응용하여 바퀴오리 2호가 스핑크스의 물음에 대해 질의응답을 할 수 있도록 한다.

14.1.2 도출이란 무엇인가?

술어 논리식을 절 집합으로 변형한 뒤, 각각의 절이 논리합만으로 연결되었다는 점을 이용하여 **도출**(resolution)을 반복하면 **반박**(refutation)에 의한 증명을 할 수 있다.

도출 원리(resolution principle)란, 어떤 리터럴 Q를 포함하는 절 $C_i \equiv P \lor Q$와 그에 대한 부정 $\neg Q$를 포함하는 절 $C_j \equiv \neg Q \lor R$이 존재할 때, 이들 두 절에서 $C_{ij} \equiv P \lor R$을 유도하는 것이다. 또한, $C_i \equiv Q$와 $C_j \equiv \neg Q \lor R$로부터 $C_{ij} \equiv R$을 유도할 수 있다. 이러한 조작을 도출이라고 부른다. 이 도출 과정을 도식화한 것을 그림 14.2에 나타내었다.

도출 원리는 논리식으로 생각하면 좀 더 쉽게 이해할 수 있다. $\neg Q \lor R$은 $Q \to R$과 동치이므로 $P \lor Q$에서 Q가 참이면 $Q \to R$이므로 자동적으로 R이 참이 되어 $P \lor R$

이 명백하게 성립한다.

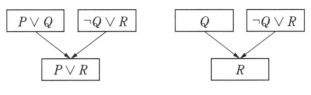

그림 14.2 도출 과정

14.1.3 단일화

명제 논리식에서는 절 집합에서 $P \vee Q$와 $\neg P \vee R$의 조합을 골라 $Q \vee R$을 도출하는 조작을 수행할 수 있다. 그러나 술어 논리식에는 변수가 존재하기 때문에 완전히 같은 리터럴을 갖는 경우는 매우 드물며, 대부분의 경우 술어의 인자가 되는 변수나 상수가 달라지기 때문에 같은 리터럴이 되지 않는다. 예를 들어, 아래와 같은 술어 논리식의 조합이 있다고 할 때,

$$P(x_1) \vee Q(x_3) \tag{14.1}$$

$$\neg P(c) \vee R(b) \tag{14.2}$$

이 식의 $P(x_1)$은 임의의 상수에 대해 성립하므로 당연히 $P(c)$에 대해서도 성립한다. 이때 x_1을 c로 치환하여 아래 식과 같은 논리식을 만들면,

$$P(c) \vee Q(x_3) \tag{14.3}$$

이를 이용하여 $Q(x_3) \vee R(b)$를 도출할 수 있다. 위에서 설명한 치환은 x_1을 c로 치환하는 것이므로 치환 기호(치환할 기호/치환되는 기호)로 $s = (c/x_1)$으로 나타낼 수 있다. 이렇게 서로 다른 리터럴을 하나의 리터럴로 통일하는 치환을 **단일화**라고 한다. 단일화를 이용하면 술어 논리식에서도 도출을 수행할 수 있다. 그러나 치환을 과도하게 적용하면 이후의 치환을 수행할 자유도가 낮아질 가능성이 있다. 특히, 변수를 상수로 치환하는 것은 자유도를 크게 떨어뜨리므로 이를 최소한으로 제한하는 것이 중요하다.

14.1.4 반박에 의한 증명

이번에는 사실에 대한 지식이 술어 논리로 기술되어 있다고 하자. 이때, 이에 대한 항진성을 증명하려고 한다. 사람이 직접 증명하는 것이 아닌, 어떤 알고리즘을 통해 자동적으로 증명하려는 것이다.

술어 논리식 P에 대해, 그 부정형 $\neg P$를 스콜렘 표준형의 절 집합으로 나타냈다고 하자. 만약 $\neg P$가 항위식(모순)이라면 P는 항진식이며, P가 나타내는 사실에 대한 항진성이 증명된다. P의 절 집합이 아래 식과 같다고 하자.

$$\{C_1, C_2, \ldots, C_m\} \tag{14.4}$$

절 집합의 요소가 되는 절은 모두 논리곱 $\wedge$로 연결되어 있으므로 모든 C_i와 이들로부터 도출되는 절이 모두 참이어야 한다. 만약 하나라도 거짓이라면, 이 절 집합 전체로 보면 거짓이 된다. 이러한 성질을 이용하여 술어 논리식 P의 항진성을 증명한다.

형식적 절차는 다음과 같다. 먼저, 절 집합에서 절을 두 개 골라 도출을 수행한 뒤, 얻은 절을 집합에 추가한 뒤 다시 절을 두 개 골라 도출을 수행하는 과정을 반복한다. 그 결과 Q와 $\neg Q$를 얻으면, 이로부터 □(**빈 절** 혹은 **NIL 절**)이 유도된다. $Q \wedge \neg Q \equiv F$는 배중률을 나타내며, 명백하게 항상 거짓이다. 형식적으로는 도출을 이용하면 Q와 $\neg Q$가 서로가 서로를 부정하는 양상이 되므로 이때는 □가 도출되는 것으로 한다. 도출에 의해 □가 유도되면, 원래의 $\neg P$의 항위성을 보였으므로 결과적으로 P의 항진성을 증명한 것이 된다.

증명하려는 논리식은 $X \to Y$(X이면 Y)와 같은 형태를 취하는 경우가 많다. 이때 X를 '전제'라고 하고, Y를 '결론'이라고 한다. 이런 경우에는 $Z \equiv (X \to Y)$의 Z가 항상 참임을 보이면 된다. 따라서 반박에 의한 증명은 이 부정형이 거짓임을 보임으로써 이루어진다.

이때, 아래와 같이 변형할 수 있으므로,

$$\neg Z \equiv \neg (X \to Y) \tag{14.5}$$

$$\equiv \neg (\neg X \vee Y) \tag{14.6}$$

$$\equiv X \wedge \neg Y \qquad (14.7)$$

전제 X의 절 집합에 결론의 부정형 $\neg Y$를 포함시킨 절 집합에 대해 도출을 반복 수행하여 NIL 절 □를 유도하면 된다는 것을 알 수 있다.

14.1.5 반박에 의한 증명의 예

다음과 같은 논리식을 증명해 보도록 하자.

$$\text{전제 } P \rightarrow Q, \ P \wedge R \qquad (14.8)$$
$$\text{결론 } Q \wedge R \qquad (14.9)$$

P이면 Q이고, P이고 R이므로 당연히 P도 R도 성립하며, P가 성립하므로 Q도 성립한다. 결과적으로 $Q \wedge R$도 성립한다. 따라서 결론도 자명하게 성립한다. 이 정리에 오류가 있어 보이지는 않는다. 이 증명을 도출 원리에 따라 증명해 보려고 한다.

전제에 대한 절 집합에 결론의 부정을 더한 절 집합은 아래와 같다.

$$\underbrace{\{\neg P \vee Q, P, R,}_{\text{전제 부분}} \underbrace{\neg Q \vee \neg R\}}_{\text{결론 부분}} \qquad (14.10)$$

이때, $\neg P \vee Q$와 P로부터 Q가 도출되고, Q와 $\neg Q \vee \neg R$로부터 $\neg R$이 도출된다. 마지막으로 R과 $\neg R$로부터 □가 도출된다(그림 14.3). 이로부터 정리의 부정형이 항위식임을 보였다. 그림 14.3과 같은 그래프를 **도출 그래프**(resolution graph)라고 한다.

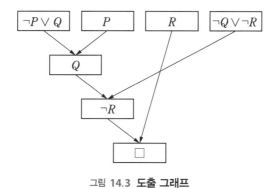

그림 14.3 **도출 그래프**

14.1.6 도출의 제어 전략

도출 원리에 따라 기계적으로 증명을 할 수 있게 되었다. 그러나 앞의 예에서는 '어떤 두 절을 선택하여 도출할 것인가'에 대해서는 사람이 결정하였다. 당연히 이 선택이 좋지 않으면 □에 도달하지 못하는 경우가 생긴다. 이렇게 조합을 선택하는 문제는 탐색 문제로, 다양한 탐색 기법을 사용하여 해결할 수 있다. 어떤 절을 선택하여 도출을 수행할 것인가를 결정하기 위한 도출의 제어 전략도 여럿 존재한다.

너비우선 탐색이나 깊이우선 탐색 외에도, **지지집합 전략**(set-of-support strategy) 같은 휴리스틱을 이용한 탐색도 사용할 수 있다. 지지집합 전략은 $P \rightarrow Q$를 증명할 때, 절 집합이 전제에 해당하는 P와 결론에 해당하는 $\neg Q$, 두 부분으로 나뉘는 것을 이용한다. P는 전체이므로 참일 경우가 많다. 모순은 $\neg Q$에 포함되는 절에서 발생하는 경우가 많다. 그래서 탐색을 수행할 때, $\neg Q$로부터 얻은 절과 P로부터 나온 절을 우선적으로 조합한다. 이 $\neg Q$의 절 집합을 **지지집합**(set of support)이라고 하며, 이 제어 전략을 지지집합 전략이라고 한다.

14.2 술어 논리를 통한 질의응답

14.2.1 질의응답 시스템

술어 논리를 통해 사실에 대한 지식을 갖고 있는 로봇이 질문에 대해 답하는 것이 가능할까? 예를 들어, big(고질라)라는 식을 통해 '고질라는 크다'는 지식을 가지고 있는 바퀴오리 2호가 "고질라는 큰가?"라는 질문을 받으면 "네"라고 대답할 수 있을 것이다. 그러나 이것만으로는 데이터베이스를 그냥 조회하는 것과 다를 바가 없으며, 모든 질문에 대한 답을 직접 미리 기록해 놓아야 할 것이다. 또한, 그것만으로는 안 되고, 가지고 있는 지식으로부터 논리적으로 추론을 거쳐 얻은 정보에 대해서도 대답할 수 있어야 한다.

예를 들면, monster(x) $\rightarrow$ big(x), 즉 '괴수는 크다'는 지식과 monster('고질라'), 즉 '고질라는 크다'라는 지식으로부터 '고질라는 큰가?'라는 질문에 대답할 수 있어야 한다.

가지고 있는 지식을 그대로 사용하는 방법부터 생각해 보자. 바퀴오리 2호 는 '고질라는 괴수다'와 '괴수는 크다'는 지식만을 알고 있다. 그러므로 '고질라는 큰가?'에 대해서는 '알 수 없다'고 대답할 수밖에 없을 것이다. 그러나 바퀴오리 2호에게 논리적인 사고가 조금이라도 가능하다면 '고질라는 괴수다'를 이미 알고 있으므로 '괴수는 크다'라는 지식으로부터 다시 '고질라는 크다'는 결론을 이끌어낼 수 있을 것이다.

이러한 질의응답을 도출 원리에 기초하여 구현하려고 한다. 그러기 위해서는 질의 문장을 논리식으로 나타낼 필요가 있다. 그러나 술어 논리식은 애초에 사실을 나타내는 문장에 대한 형식 표현이며, 질의 문장을 표현하기 위해 만들어진 것이 아니다. 어떻게 하면 될까? 간단한 질의 문장은 아래와 같은 증명 문제로 귀착시킬 수 있다.

14.2.2 일반 의문문에 대한 질의응답

일반적으로 '네', '아니오'로 대답할 수 있는 질의 문장을 일반 의문문이라고 한다. 영어로는 'Do you-?' 혹은 'Is this-?'와 같은 형태의 문장이 Yes 혹은 No로 대답해야 하는 일반 의문문이다. 일반 의문문과 같은 경우는 의문문에 포함된 사실이 참인지 거짓인지를 판정하면 된다. 이를 위해 아래와 같은 형태의 술어 논리식을 구성하고, 그 식이 항진식임을 보이면 된다.

$$(\text{사전 지식}) \rightarrow (\text{의문문에서 묻고 있는 사실}) \tag{14.11}$$

예를 들어, '괴수는 크다', '고질라는 괴수다'라는 지식을 갖고 있는 바퀴오리 2호에게 '고질라는 큰가?'라고 물어본 경우, 바퀴오리 2호는 아래와 같은 논리식의 참/거짓을 판정하면 된다.

$$(\text{monster}(x) \rightarrow \text{big}(x)) \land \text{monster}(\text{고질라}) \rightarrow \text{big}(\text{고질라}) \tag{14.12}$$

그림 14.4와 같은 도출 그래프로부터 NIL 절 □를 유도할 수 있으므로 바퀴오리 2호는 '네'라고 대답할 수 있게 된다.

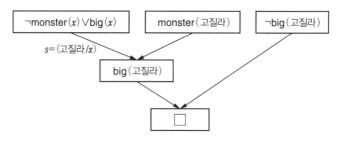

그림 14.4 일반 의문문에 대한 도출 그래프

14.2.3 특수 의문문에 대한 질의응답

일반적으로 '네', '아니오'로 답할 수 있는 것이 아니라 '무엇이?' 혹은 '언제?' 같은 것을 묻는 의문문을 특수 의문문이라고 한다. 소위 what, when, where, why, who, how에 해당하는 5W1H에 대해 묻는 의문문이다. 이런 경우에는 '무엇이'의 '무엇'에 해당하는 답을 탐색해야 한다. 이런 의문문을 어떻게 술어 논리식으로 바꾸어야 할까?

'수진 님은 어떤 음식을 좋아합니까?'라는 의문문을 예로 들어 살펴보자. 이때, 어떤 해답이 있다는 것을 전제로 하면, 위의 의문문은 '어떤 x가 존재하며, 수진 님은 어떤 음식 x를 좋아한다'와 같은 긍정문에 대응시킬 수 있다. 이 문장은 다시 아래와 같은 술어 논리식으로 나타낼 수 있다.

$$\exists x \ \text{like}(수진, x) \tag{14.13}$$

이 x를 특정할 수 있다면, 그것이 의문문에 대한 답이 될 것이다. 이러한 특정은 도출 원리 중 단일화를 통해 구현할 수 있다. 예를 들어, 로봇이 like(수진, 연어알)(수진 님은 연어알을 좋아한다)는 지식을 갖고 있다면,

$$\{\text{like}(수진, 연어알), \neg\text{like}(수진, x)\} \tag{14.14}$$

이 식으로부터 $s = (연어알/x)$로 단일화를 거쳐 NIL 절 □를 유도할 수 있다.

이를 통해 '어떤 x가 존재하고, 수진 님은 어떤 음식 x를 좋아한다'가 성립한다는 것을 보이게 되면, 이 과정에서 '그럼, 구체적으로 x가 무엇이어야 성립할까?'에 대해서도

$s =$ (연어알/x)로 단일화하는 조작을 통해 그것이 '연어알'이라는 것을 보일 수 있게 된다(그림 14.5).

이렇게 특수 의문문에는 존재 기호와 변수를 사용한 술어 논리식으로 의문문의 내용을 기술하여 증명 문제로 귀착시킬 수 있다.

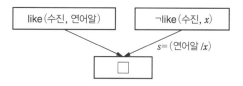

그림 14.5 특수 의문문에 대한 도출 그래프

14.2.4 Prolog

이렇게 도출 원리를 이용한 정리 증명이나 질의응답을 하기 위한 프로그래밍 언어로 **Prolog**(PROgramming in LOGic)가 있다. Prolog는 논리형 프로그래밍 언어의 한 종류이다. 논리형 언어의 프로그램은 논리식의 집합으로 주어진다. Prolog의 프로그래밍 예제를 아래에 나타내었다.[1]

```
Prolog의 프로그래밍 예

parent(Pam, Bob)
parent(Tom, Bob)
parent(Tom, Liz)
parent(Bob, Pat)
?- parent(Bob, Pat)
출력>> yes
?- parent(X, Liz)
출력>> Tom
```

※1   I. Bratko, Proglog programming for Artificial Intelligence, Addison Wesley, 2000

14.3 스핑크스의 수수께끼

자 그럼, 도출 원리를 이용하여 스핑크스가 내는 수수께끼를 맞춰 보자. 스토리에 나온 스핑크스의 수수께끼를 확인해 보면 다음과 같았다.

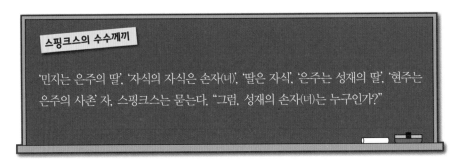

스핑크스의 수수께끼

'민지는 은주의 딸', '자식의 자식은 손자(녀)', '딸은 자식', '은주는 성재의 딸', '현주는 은주의 사촌' 자, 스핑크스는 묻는다. "그럼, 성재의 손자(녀)는 누구인가?"

이때, 바퀴오리 2호는 이 말을 오류 없이 음성 인식하고, 나아가 자연언어 문장을 분석하여 술어 논리식으로 변환할 수 있다고 하자. 각각의 자연언어 문장은 아래와 같은 술어 논리식으로 변환할 수 있을 것이다.

$$\text{'민지는 은주의 딸'} \quad \text{딸(민지, 은주)} \tag{14.15}$$

$$\text{'자식의 자식은 손자(녀)'} \quad \forall x \forall y \forall z \text{자식}(y, x) \wedge \text{자식}(z, y) \rightarrow \text{손자}(z, x) \tag{14.16}$$

$$\text{'딸은 자식'} \quad \forall x \forall y \text{ 딸}(x, y) \rightarrow \text{자식}(x, y) \tag{14.17}$$

$$\text{'은주는 성재의 딸'} \quad \text{딸(은주, 성재)} \tag{14.18}$$

$$\text{'현주는 은주의 사촌'} \quad \text{사촌(현주, 은주)} \tag{14.19}$$

이때 질의 문장은 다음과 같이 변환할 수 있다.

$$\text{'그럼, 성재의 손자(녀)는 누구인가?'} \quad \exists w \text{ 손자}(w, \text{성재}) \tag{14.20}$$

질의 문장을 결론으로 삼고, 결론의 논리식 (14.20)의 부정형과 전제가 되는 논리식 (14.15)부터 (14.19)를 절 집합 형식으로 다시 쓰면 다음과 같다.

$$C_1 \quad \text{딸(민지, 은주)} \tag{14.21}$$

$$C_2 \quad \neg\text{자식}(y,\ x) \lor \neg\text{자식}(z,\ y) \lor \text{손자}(z,\ x) \tag{14.22}$$

$$C_3 \quad \neg\text{딸}(x,\ y) \lor \text{자식}(x,\ y) \tag{14.23}$$

$$C_4 \quad \text{딸(은주, 성재)} \tag{14.24}$$

$$C_5 \quad \text{사촌(현주, 은주)} \tag{14.25}$$

$$C_6 \quad \neg\text{손자}(w,\ \text{성재}) \tag{14.26}$$

반박을 통한 증명에는 다양한 제어 전략을 적용할 수 있지만, 한 가지 예를 들어 보도록 하겠다(그림 14.6). 먼저, C_2와 C_6에서 $C_7 \equiv \neg\text{자식}(y,\ \text{성재}) \lor \neg\text{자식}(w,\ y)$를 도출할 수 있다. 이때 (w/z), (성재/x) 두 가지 단일화를 적용한다. 그 다음에는 C_7과 C_3로부터의 도출에 다시 C_3로 도출을 적용하여 $C_8 \equiv \neg\text{딸}(y,\ \text{성재}) \lor \neg\text{딸}(w,\ y)$를 얻는다. 여기에 C_4를 적용시키면, $C_9 \equiv \neg\text{딸}(w, \text{은주})$를 얻을 수 있다. 이때에는 (은주/$y$)로 단일화를 적용한다. 마지막으로, (민지/w) 단일화와 함께 C_1과 C_9으로부터 NIL 절 □를 유도할 수 있다.

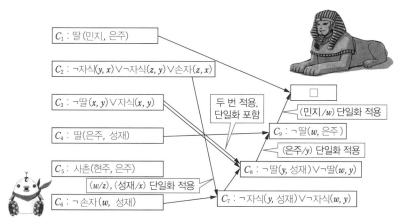

그림 14.6 스핑크스의 수수께끼에 대한 도출 과정

이것으로 이 질문에 답이 존재한다는 것을 보일 수 있다. 나아가 의문문에 포함된 w의 단일화가 '$w \Rightarrow$ 민지'이므로 적어도 질문의 답에 '민지'가 포함된다는 것을 알 수 있다.

스핑크스 "그럼, 성재의 손자(녀)는 누구인가?"

바퀴오리 2호 "성재의 손자(녀)는 '민지'다!"

바퀴오리 2호는 스핑크스의 수수께끼에 답할 수 있었다. 스핑크스는 크게 놀라, 돌로 된 좌대에서 뛰어내려 바다에 빠져 죽었다(그림 14.7). 바퀴오리 2호는 자신의 지능으로 훌륭하게 스핑크스를 물리쳤다.

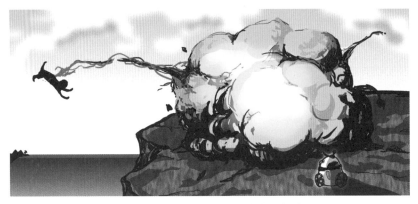

그림 14.7 스핑크스를 물리친 바퀴오리 2호

📋 정리

- 도출 원리에 대하여 배웠다.
- 술어 논리를 통한 질의응답 시스템을 반박에 의한 증명에 기초하여 구현할 수 있는 구조를 배웠다.
- 도출 원리에 기초한 질의응답의 실제 사례를 배웠다.

1. 도출 원리를 통해 $P \lor R$, $\neg Q \lor \neg R$로부터 도출되는 절을 구하여라.

2. 반박에 의한 증명을 할 때, 단일화가 왜 필요한지에 대하여 설명하라.

3. 바퀴오리 2호가 $C_1 \equiv \text{play}(\text{MAHJONG, JINSU})$, $C_2 \equiv \text{play}(\text{POKER, JINYOUNG})$과 같은 지식을 갖고 있다고 하자. 이에 대해 "진영이는 무엇을 하고 있는가?"라는 의문문에서 바퀴오리 2호가 도출 원리를 통해 최종적인 답을 도출하는 과정을 보여라.

4. 아래와 같은 3개의 전제와 1개의 결론이 있다. 전제가 참이라면 결론이 참이 된다는 것을 증명하려고 한다.

결론 $\exists x(S(x) \land L(x))$

전제 1 $\forall x(P(x) \rightarrow O(x) \lor K(x) \lor S(x))$

전제 2 $\forall y(K(y) \lor O(y) \rightarrow \neg L(y))$

전제 3 $\exists z(P(z) \land L(z))$

❶ 결론의 부정형을 절 형태로 나타내라.

❷ 전제 1, 2, 3을 절 형태로 나타내라.

❸ 도출 원리를 이용하여 전제가 참이라면 결론이 참이라는 것을 증명하라.

❹ 위의 논리식에서 $K(x)$, $O(x)$, $S(x)$가 각각 'x는 도쿄이다', 'x는 오사카이다', 'x는 사가이다'를 나타내고, $L(x)$가 'x에는 호수가 있다'를 나타낸다고 하자. 또 $P(x)$는 'x에는 요도 강이 흐른다'를 나타낸다. 이때 위의 결론과 전제 1, 2, 3은 어떤 뜻이 되는지 설명하라.

그림과 수식으로 배우는
통통 인공지능

→have(x,water)

정리:
지능을 '만든다'는 것

스토리

바퀴오리 2호는 지도를 지닌 채 던전에 진입했다. 바퀴오리 2호는 보물 상자를 발견하고 적을 피하면서 문을 발견하여 다음 층, 또 다음 층으로 나아갔다. 때로는 길을 잃을 때도 있었지만 드디어 바퀴오리 2호는 미로를 벗어나 스핑크스와 맞서게 되었다. 스핑크스는 바퀴오리 2호에게 수수께끼를 내었다. 바퀴오리 2호는 자신에게 주어진 자연언어 처리 능력과 논리적 사고력을 모두 활용하여 수수께끼에 답하였다. 스핑크스는 크게 놀라, 돌로 된 좌대에서 뛰어내려 바다에 빠져 죽고 말았다.

바퀴오리 2호의 싸움은 모두 끝났다. 바퀴오리 2호는 저물어가는 해를 바라보며 자신에게 뛰어난 지능을 부여해 준 개발자에게 감사하고 있었다.

가정

- 결국 바퀴오리 2호는 얼마나 많은 것을 가정하고 있었을까?
- 이러한 가정을 어떻게 하면 제외할 수 있을까?

그림 15.1 드디어 목표 지점에 도착하는 바퀴오리 2호

15.1.1 다시보기: 바퀴오리 2호의 모험

마지막 장에서는 이 책에서 배운 내용을 되돌아보며, 바퀴오리 2호가 어떤 지능을 얻었는지 살펴보려고 한다. 먼저 '바퀴오리 2호의 모험'을 회상해 보자.

탐색

바퀴오리 2호의 목적은 미로를 빠져나와 스핑크스를 물리치는 것이었다. 그러기 위해서는, 먼저 미로 안에서 목표 지점과 보물 상자를 찾아내야만 한다. 아는 것이 없으면 아무것도 할 수 없으므로 먼저 바퀴오리 2호에게 지도를 주었다. 또, 바퀴오리 2호는 자신의 위치를 정확히 알 수 있다고 가정하였다. 이렇게 구축한 상태 공간에서, 먼저 단순한 탐색 알고리즘인 깊이우선 탐색과 너비우선 탐색을 도입하였다. 깊이우선 탐색은 스택이라는 자료구조를 이용하며 너비우선 탐색은 큐 자료구조에 기반을 두고 있어 오픈 리스트를 관리하고 탐색을 수행하는 방법에 차이가 있었다. 그러나 이 탐색 기법들은 상태 공간을 '샅샅이' 뒤져야 하므로 목표 지점을 효율적으로 탐색하는 것이 보장되지 않았다.

바퀴오리 2호는 행동의 비용과 예측되는 평가값을 고려하여 A* 알고리즘과 최고우선 탐색, 최적 탐색을 이용하여 목표 지점에 도달하기 위한 효율적인 경로를 탐색하였다. 알고리즘 자체는 너비우선 탐색이나 깊이우선 탐색과 비슷하지만, 오픈 리스트에 누적 비용과 예측 평가값을 함께 저장하여 우선순위를 조정하는 것이 새로운 부분이었다.

바퀴오리 2호는 최적의 경로를 발견하고 미로 1층의 목표 지점으로 향하였지만, 이제 새로운 문제가 생겼다. 적의 존재다. 미로 안에는 보물 상자와 목표 지점만 있는 것이 아니었다. 바퀴오리 2호를 방해하려는 적이 존재했다. 적이라는 타자가 존재하고 자신의 행동뿐만 아니라 이 타자의 행동에 의해서도 결과가 결정되는 세계, 그것이 게임의 세계였다. 타자가 존재하지만, 그 타자의 '목적이 무엇인가'를 알 수 있다면 바퀴오리 2호도 대처할 방법이 있다. 타자가 스스로 이익을 최대화하면서 행동하리라는 예상 아래, 바퀴오리 2호는 최적의 행동을 취하는 방법을 익혔다. 제로섬 게임이라면 미니맥스 방법을 사용하면 된다. 바퀴오리 2호는 적을 피해 가며 목표 지점으로 향했다(그림 15.2).

그림 15.2 수많은 난관을 헤치며 미로를 벗어나는 바퀴오리 2호

다단계 결정

미로의 2층은 더욱 복잡했다. 그저 목표 지점을 향해 가기만 하면 되는 것이 아니었다. 목표 지점까지 가는 길에 존재하는 보물 상자나 아이템을 얻고, 물 구덩이와 함정을 피하면서 목표 지점으로 향해야 한다. 이벤트에 의해 시간에 따라 변화하는 요소도 있다. 장소에 따른 이익의 합계를 높이기 위해, 빠지면 데미지를 얻게 되는 물구덩이를 지나가야 할 수도 있다. 이런 생각을 하니 모든 경로를 고려에 넣어야 할 필요성을 느끼게 되었다. 물론 어려운 일이다. 그러나 동적 계획법을 이용하면 효율적인 계산으로 모든 가능성을 고려할 수 있다. 바퀴오리 2호는 동적 계획법을 이용하여 목표 지점까지 빠르게 이동하였다.

미로의 3층은 지도가 주어지지 않았다. 모든 것을 시행착오를 통해 헤쳐 나갈 수밖에 없다. 바퀴오리 2호는 처음에는 다양한 행동을 취해 보았다. 행동을 취할 때마다 어떤 상태에서 어떤 행동을 취하면 어느 정도의 이익을 얻게 되는지를 알게 되었다. 수많은 시행착오를 반복하며 바퀴오리 2호는 미로 3층의 전체 윤곽을 알게 되었다. 바퀴오리 2호는 시행착오를 통한 강화 학습으로 목표 지점에 도달하여 다음 층으로 향했다.

위치 추정

지금까지 바퀴오리 2호는 '지도상에 자신의 위치가 어디인지 정확히 안다'고 가정하였으나, 이는 생각보다 간단한 일이 아니다. 바퀴오리 2호가 자신의 위치로부터 볼 수 있는 것은 사방의 벽뿐이다. 어떤 이유로, 자신의 위치를 알 수 없게 되면 아무리 지도가 있다고 해도 크게 소용이 없다.

그러나 바퀴오리 2호는 자신의 위치가 지도상에서 어디인지를 추정하기 위한 기술을 갖고 있다. 베이즈 필터로 자신의 위치를 추정하는 것이다. 바퀴오리 2호는 이전에 본 주위에 대한 정보와 자신의 행동 히스토리 정보를 베이즈 필터로 통합하여 자신의 지도상 위치를 추정할 수 있었다. 이런 능력이야 말로 바퀴오리 2호가 지도를 가지고 미로를 나아갈 수 있었던 이유였다.

바퀴오리 2호의 내부 시스템에서 일어나는 위치 추정은 실제로는 입자 필터로 구현되어 있어서 메모리를 효율적으로 사용하며 자신의 위치를 추정할 수 있다.

학습과 인식

바퀴오리 2호가 갖추고 있는 중요한 능력이 하나 더 있다. 학습과 패턴 인식에 대한 능력이다. 바퀴오리 2호는 미로 안에서 보물 상자나 목표 지점을 인식할 수 있어야 한다. 그렇지 않으면 눈앞에 보물 상자가 있어도 이를 인식할 수 없고, 목표 지점이 있어도 알아챌 수 없을 것이다. 바퀴오리 2호는 클러스터링을 통해 대강의 구분을 할 수 있게 되었다. 그러나 보물 상자와 보물 상자의 모양을 한 함정은 잘 구별되지 않기 때문에 보물 상자에 대해서는 어떤 것이 상자이고, 어떤 것이 함정인지 많은 사례에 대한 이미지 데이터를 손에 넣었다. 이 이미지 데이터를 훈련 데이터로 삼아 지도 학습 기법으로 보물 상자와 함정을 구분하는 패턴 인식기를 학습시켰다. 이를 통해 바퀴오리 2호는 정확하게 보물 상자와 함정을 구분할 수 있게 되었다.

언어와 논리

바퀴오리 2호는 빠른 속도로 각 층을 돌파하고 미로를 빠져나와 스핑크스와 맞서게 되었다. 좌대에 앉아 있는 스핑크스는 수수께끼를 내는 것으로 유명했다. 스핑크스는 자신의 앞에 나타난 바퀴오리 2호에게 사람의 언어로 말을 걸었다. 바퀴오리 2호는 음성 인식 장치를 통해 그 말을 자연언어 문장으로 인식하였다. 그러나 이 자연언어 문장은 그저 텍스트 데이터로써 입력되었을 뿐, 바퀴오리 2호가 말한 내용을 이해한 것은 아니었다. 바퀴오리 2호는 음성으로부터 얻은 문장을 형태소 분석을 통해 단어 단위로 나누고 구문 분석으로 문장의 구조를 분석한 뒤, 이를 다시 술어 논리식으로 변환하였다.

스핑크스가 낸 문제는 논리적으로 생각하면 알 수 있는 단순한 것이었다. 바퀴오리 2호는 스핑크스의 문제를 잘 듣고, 문제를 술어 논리식으로 변환하였다. 이렇게 얻은 술어 논리식은 그대로는 답할 수가 없다. 이것으로부터 유도되는 답을 찾지 않으면 안 된다. 바퀴오리 2호는 머릿속에서 술어 논리식을 절 집합 형태와 스콜렘 표준형으로 변형하였다. 그 다음 다시 도출 원리를 이용하여 드디어 스핑크스의 문제에 대한 답을 찾았다.

> **바퀴오리 2호** "성재의 손자(녀)는 '민지'다!"
>
> **스핑크스** "뭐라고!"

스핑크스는 놀란 표정을 지었다. 충격을 받은 스핑크스는 돌로 된 좌대에서 뛰어내려 바다에 빠져 죽었다. 바퀴오리 2호는 훌륭하게 스스로의 지능으로 스핑크스를 물리쳤다(그림 15.3).

그림 15.3 바다로 뛰어내린 스핑크스와 이를 지켜보는 바퀴오리 2호

15.1.2 가정과 인공지능의 개발

이 책에서는 각 장의 서두에 **가정**을 두었다. 이 가정의 중요성을 확인해 보자. 지능을 만들겠다는 공학적 관점에서 인공지능의 연구를 보면, 무에서 갑자기 '지능'을 만든다는 것은 불가능하다. 처음 배우는 사람은 특히 '이것만 있다면 인공지능이다' 같은

극단적인 뭔가를 찾으려고 하기 쉽다. 그러나 사람의 진화 과정을 돌아보면, 지능의 뒷면으로 복잡한 진화의 흔적이 존재하며, 지능 자체가 애초에 여러 층위를 갖는 존재임을 상상하기는 어렵지 않다. 인공지능을 만들기 위해서는 반드시 한 걸음씩 '어떤 것을 가정하여 다른 것을 만드는' 절차를 밟아가지 않으면 안 된다.

바퀴오리 2호도 처음에는 여러 가지를 가정하고 있었다. 그러나 이들 가정을 조금씩 완화시켜 갈 수 있었다. 예를 들어 2장에서 가정했던 '미로 안에서 자신의 위치를 인식할 수 있다'는 가정은 자신의 위치 추정 기능을 추가함으로써 완화시킬 수 있었다.

그러나 자신의 위치 추정을 위한 능력에도 가정이 숨어 있다. 자신의 위치 추정을 위해 바퀴오리 2호는 사전에 지도를 갖고 있어야 하며, 어떤 장소에서 어떤 관측 결과를 얻게 되는지를 확률적으로 알고 있어야 한다. 이 책에서는 다루지 못했지만, 로봇이 스스로 경험으로부터 지도를 작성하는 기법에는 자신의 위치 추정 기법을 확장한 **SLAM**(simultaneous localization and mapping)이 유명하다.

자연언어 처리에서는 로봇이 음성 인식 장치를 가지고 있다고 가정하였다. **음성 인식 기술**은 이 책에서 미처 다루지 못하였다. 음성 인식은 클러스터링과 패턴 인식에 대한 논의의 연장선상에 존재하는 학문으로, 매우 세련된 기술이다. 다른 책에서 반드시 익히기를 바란다. 또, '미로 안에서 보물 상자를 발견한다'는 기본적인 과업에도 바퀴오리 2호가 보물 상자를 보물 상자로 인식할 수 있다는 암묵적인 가정이 있었다. 실은 탐색에 대한 논의를 할 때, 보물 상자에 대한 인식 능력은 명시적으로 가정하지 않았다. 독자 여러분도 대부분 2장이나 3장에서 이런 가정이 필요하다고는 생각하지 않았을 것이다. 인공지능에 대한 연구 개발에는 이렇게 무언가를 암묵적으로 가정하는 경우가 많다. 이는 지능의 대부분이 사람에게는 '당연'하고 '무의식적'인 것과도 관계가 깊다.

이렇게 '가정'이 필요 없도록 단계적으로 기능을 추가하는 식의 인공지능 연구 단계를 구성하는 것이 매우 중요하다. 이를 위해서라도 학습자, 설계자, 연구자 자신이 항상 '무엇을 가정하고 있는지'를 주의 깊게 생각하는 것이 중요하다. 이를 위해서는 '문제를 해결한다', '실세계를 바꾼다'는 생각을 늘 의식하면서 연구 개발에 매진하는 것이 중요하다. 지능을 만들기 위한 가정을 명확하게 하고, 그 가정을 하나씩 완화하도록 노력하면 바퀴오리 2호의 지능은 사람의 지능에 가까워질 것이다.

15.2.1 물리 기호 시스템 가설과 프로덕션 시스템

술어 논리를 이용한 증명이나 탐색 알고리즘 등은 고전적인 인공지능 연구에서 탄생한 것이다. 인공지능 연구는 많든 적든 물리 기호 시스템 가설의 영향을 받았다. 물리 기호 시스템 가설에 대해서는 1장에서도 다루었지만, 실세계를 기호 시스템으로 표현하고, 그 안에서 문제를 해결함으로써 현실의 문제를 해결하려는 아이디어다. 고전적 인공지능 연구에서 큰 역할을 한 **프로덕션 시스템**(production system)은 이런 아이디어를 여실히 드러내고 있다. 프로덕션 시스템이란 절차적 지식을 나타내기 위한 방법으로 아래와 같은 요소로 구성된다.

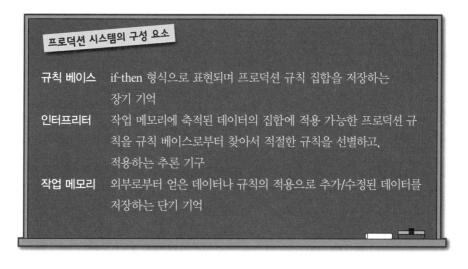

프로덕션 시스템의 구성 요소

규칙 베이스	if-then 형식으로 표현되며 프로덕션 규칙 집합을 저장하는 장기 기억
인터프리터	작업 메모리에 축적된 데이터의 집합에 적용 가능한 프로덕션 규칙을 규칙 베이스로부터 찾아서 적절한 규칙을 선별하고, 적용하는 추론 기구
작업 메모리	외부로부터 얻은 데이터나 규칙의 적용으로 추가/수정된 데이터를 저장하는 단기 기억

프로덕션 시스템은 상황에 따라 조건에 맞는 프로덕션 규칙을 적절히 적용하여 문제를 해결한다. 외부 세계는 기호 논리식으로 기술되며, 그 기호 논리식을 변형하는 조작이 그대로 외부 세계에 대한 조작으로 대응되도록 고안되었다. 다시 말해, 외부 세계의 모든 것을 시스템 안의 기호 표현으로 변환하여, 해결한다는 아이디어에 기초하여 실세계의 문제를 해결하려는 시도이다. 프로덕션 시스템에 대한 연구는 1970년대에 시작돼 어느 정도 성과를 거뒀다.

그러나 프로덕션 시스템처럼 물리 기호 시스템 가설에 기초를 두고 인공지능 연구의 고전적인 접근법을 취하여 만들어진 로봇은 실세계에서는 기민하게 움직이지 못했다. 실세계가 갖는 불확실성, 역동성을 고려하지 않은 접근법은 실세계와의 사이에서 큰 문제를 안고 있었다.

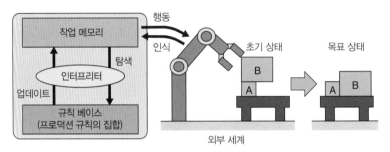

그림 15.4 프로덕션 시스템과 물체 조작 과업

15.2.2 포섭 구조

로봇은 한발 내딛을 때마다 로봇 내부에 표현된 기호 시스템의 상태를 외부 세계의 상태와 비교한다. 조금이라도 차이가 있으면 그 문제를 해결해야 했다. 그러나 실제 생활에서 로봇이 이동하려고 할 때, 고려하지 않았던 물체가 바닥에 있거나 사람도 걷고 있는 경우가 많다. 이들 변화를 모두 로봇 내부의 기호 시스템에서 계산해야 하는 큰 부담을 지게 된다.

로드니 브룩스는 1986년에 종래의 인공지능의 접근법에 의문을 던지며 **포섭 구조**(subsumption architecture)를 제안하였다. 그림 15.5에 지금까지의 접근법과 포섭 구조를 비교하였다. 종래의 인공지능은 지각, 모형화, 계획에 이르는 일련의 프로세스를 직렬로 연결하여 로봇의 행동을 생성하였다. 그 때문에 행동에 반드시 기호 시스템과 실세계의 대응 관계가 필요했고, 이에 대한 계획이 필요했다. 그러나 기호 시스템 같은 것을 갖지 않는 벌레들도 당시의 로봇보다는 훨씬 기민하게 움직일 수 있었다. 과연 로봇에 기호 시스템이 필요한 것일까?

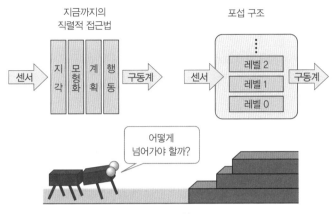

그림 15.5 포섭 구조

그래서 로드니 브룩스는 여러 개의 모듈이 독자적으로 입력과 출력을 갖고, 이들이 병렬로 연결되어 자극에 응답하듯이 반응하도록 하여 로봇의 행동을 생성하는 포섭 구조를 제안하였다.

깅기스는 포섭구조로 만들어진 다족 로봇이다(그림 15.6). 깅기스는 움직일 때 다리를 파닥파닥 움직이며 전진하였고, 눈앞에 쌓인 책 더미를 힘 좋게 타고 넘었다. 여기서 중요한 점은, 깅기스는 물리 신호 시스템적인 의미에서 보았을 때, 책을 인식하지도 않았고 행동 계획도 하지 않았다는 점이다.

그림 15.6 깅기스: 포섭 구조로 만들어진 로봇

언뜻 보기에 '책 더미를 타고 넘는' 행동이 있었다고 해서, 반드시 머릿속에 '책 더미를 타고 넘는다'는 계획이나 신호, 내부 표현이 있는 것은 아니다. 단지, 파닥파닥 다리를 움직이면 결과적으로 책 더미를 넘게 될 수도 있다. 이렇듯, 행동과 내부 표현이 일치하지 않는 문제를 롤프 파이퍼(Rolf Pfeifer)라는 **참조 프레임 문제(frame-of-reference problem)**로 불렀다. 행동을 머릿 속에서 계획된 것이 겉으로 드러난 과정이 아니라 뇌, 신체, 환경의 상호작용을 통해 창발적으로 형성된 패턴으로 보는 관점이 인공지능 연구에서 중요한 관점이다. 머리 속의 기호가 아니라, 눈에 보이는 행동에 촛점을 맞추었던 로드니 브룩스의 접근법을 **행동주의 로보틱스**(behavior-based robotics)라고 부른다.

15.2.3 수동적 보행

보다 극단적인 예는 **수동 보행 기계**(passive dynamic walker)일 것이다. 이족 보행은 사람이라는 종을 특징짓는 것으로 특별한 대접을 받고 있었지만, 실은 컴퓨터로 제어조차 하지 않는 몸체로도 이족 보행을 구현할 수 있다. 그림 15.7에 수동 보행 기계의 한 예를 나타내었다. 이 수동 보행 기계를 언덕길에 놓으면 덜컹덜컹 굴러가듯이 걸음을 내딛는다. 여기에는 계획은커녕 컴퓨터조차 쓰이지 않는다. 실로 행동이 신체와 환경의 상호작용의 결과이며, 또한 이로부터 형성된 패턴이라는 것을 잘 보여 주는 예라고 하겠다. 무엇보다 '멈춘다'든가 '교차점에서 좌로 돈다' 같은 의식적인 행동은 센서 계통과 컴퓨터, 그리고 구동계 없이는 구현할 수 없으므로 넓은 의미에서 이족 보행에 컴퓨터가 필요 없는 것은 아니다. 단지, 한편으로 우리들 사람의 지능을 생각할 때, 어디까지가 뇌 안에서 계산된 결과이고, 어디까지가 신체의 역학 등 외부적인 작용에 의한 것인지를 의식하는 것은 중요하다.

그림 15.7 수동 보행 기계(나고야 공업대학 후지모토 연구실·사노 연구실 웹사이트를 참고하여 작성함)

15.2.4 인공 생명

우리들의 몸은 진화와 함께 변화해 온 것으로, 환경에 적응하면서 현재의 몸에 이르게 되었다는 것은 오늘날 널리 알려진 진화론의 아이디어다. **인공 생명**(artificial life)은 진화론적인 아이디어로부터 분석적인 연구 방법 대신에 합성적 연구 방법으로 생명 현상을 탐구하는 분야다. 인공 생명의 연구는 유전자 알고리즘, 유전적 프로그래밍을 시작으로 하는, 진화를 모형화하려는 기법이 고안되고, 생물적인 행동을 창발적으로 생성할 수 있음을 보였다.

칼 심스(Karl Sims)는 유전적 프로그래밍에 기초하여 몸체와 이를 움직이는 제어기를 동시에 진화시키는 가상 생명을 컴퓨터상의 가상공간 안에 만들었다. 진화를 거치며 다양한 형태의 몸체를 가진 가상 생명이 실제로 발생하였고, 가상공간 안에서 활발하게 활동하였다. 그림 15.8에 이들의 실험에서 진화시킨 가상 생명체를 실었다. 그림 15.8의 왼쪽은 걷는 것을 목표로 하여 진화시킨 몸체다. 그림 15.8의 오른쪽은 가상 생명체 두 종을 서로 경쟁시켜서 게임에 이기도록 진화시킨 것이다. 두 생물체 사이에 놓인 상자를 상대보다 빨리 빼앗는 게임으로, 이 게임에 이기도록 두 개체를 진화시킨 결과, '긴 팔로 빠르게 상자를 감싸거나', '커다란 몸체로 위에서 상자를 덮거나', '어떻게든 빠르게 움직여 상자를 확보하는' 등의 전략을 발전시켜 가는 것이 관찰되었다.

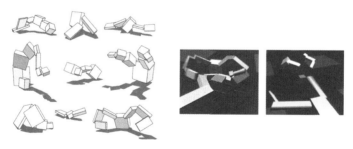

그림 15.8 칼 심스가 만든 가상 생명

이것이 시사하는 바는, 지능이 결코 신체와 따로 떨어져 존재하는 것이 아니라 어떤 신체를 갖고 있느냐와 강한 상호관계를 갖는다는 점이다. 또, 행동은 뇌 안에서 계획된다기보다는 환경과 신체의 상호작용 중에 창발적으로 형성된다는 것이다.

15.3 기호에 대한 지혜

15.3.1 신체와 기호 사이

앞에서 우리는 물리 기호 시스템 가설을 맹목적으로 신뢰하는 데 따르는 위험성을 확인할 수 있었다. 그럼, 로드니 브룩스의 포섭 구조와 같은 자극-반응적 접근법만으로 언어를 획득하고 사람과 언어적 커뮤니케이션을 수행할 수 있는 인공지능을 만들어 낼 수 있을까? 아쉽게도 로드니 브룩스 등이 주장한 행동주의 로보틱스의 접근법도, 인공 생명의 접근법도 언어를 획득하기에 이를 만한 지능을 만들어 낼 수는 없었다.

말하자면, 진화론적 입장에 섰던 행동주의 로보틱스나 인공 생명에 대한 연구는 실세계와의 상호작용을 중시하여, 실세계를 힘차게 이동하는 곤충과 같은 로봇을 만들려고 하였다. 이에 비하여, 기호 이론이나 문제 공간에서 해를 찾는 탐색을 기초로 한 고전적 인공지능 연구에서는 곤충이나 동물과같은 진화적 단계도, 유아기나 소년기와 같은 발달적인 단계도 모두 건너뛰고 논리적 사고가 가능한 단계의 성인의 사고를 만들려고 하였다. 이렇게 보면, 두 가지 접근법이 모두 상당히 극단적이었음을 알 수 있다. 이 간극을 메우기 위한 노력이 필요할 것이다. 이 간극이란, 실세계와 상호작용을 기초로 하는 신체와 인식 세계를 만드는 기호 사이의 간극을 말한다. 앞으로의 인공지능 연구는 실세계에 대한 인지, 운동, 언어를 통합하는 지능을 구성하는 것을 목표로 하지 않으면 안 된다.

15.3.2 의미망과 프레임 이론

기호 이론은 문장의 논리적 구조에 초점을 맞추었다. 일상에서 문장을 해석한다는 것은 그 문장이 가리키는 의미를 알아보는 것이겠지만, 기호 이론에서의 해석은 각 항의 진릿값에 대해 논리식의 참 거짓을 계산하는 것이었다. 일상 용어적 의미로는 바퀴오리 2호는 '말의 의미'를 알지 못한다. 바퀴오리 2호가 이 말의 의미를 이해하도록 할 수 있을까?

의미망(semantic network)은 구문론적 정의를 제공하기 위한 방법으로써 제안되었다. 구문론적 정의란, 예를 들어 '사과'의 정의를 '사과는 과일이다'나 '사과는 빨갛다'처럼 다른 단어(과일이나 빨갛다)를 이용하여 정의하는 방법이다. 그림 15.9에 의미망의 한 예를 실었다. 의미망은 개념과 개념을 연결하는 관계로 기술하는 방법으로 지식을 표현한다. 개념은 개념의 성질을 나타내는 속성에 대한 정보를 갖는다. 속성이 구체적인 값을 가지면서 개념은 실체로써 존재하게 된다.

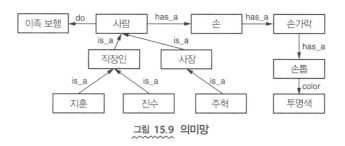

그림 15.9 의미망

개념이 갖는 계층 구조를 나타내기 위해 아래와 같이 is-a 관계나 has-a 관계를 이용할 수 있다.

의미망 외에도, 사람이 어떤 대상에 대해 갖는 전형적인 이미지를 나타내는 지식 표현 방법에 **프레임 이론**(frame theory)이 제안되었다. 프레임 이론도 의미망처럼 개념의 의미를 다른 개념과의 관계로부터 나타낸다.

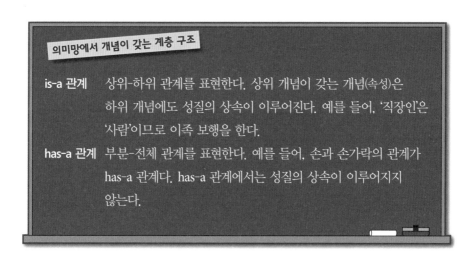

의미망에서 개념이 갖는 계층 구조

is-a 관계 상위-하위 관계를 표현한다. 상위 개념이 갖는 개념(속성)은 하위 개념에도 성질의 상속이 이루어진다. 예를 들어, '직장인'은 '사람'이므로 이족 보행을 한다.

has-a 관계 부분-전체 관계를 표현한다. 예를 들어, 손과 손가락의 관계가 has-a 관계다. has-a 관계에서는 성질의 상속이 이루어지지 않는다.

그러나 의미망의 문제점은 로봇이 말의 의미를 어휘의 관계로써만 이해할 수 없다는 점에 있다. 컴퓨터가 데이터베이스에 '사과는 과일'이라는 지식을 갖고 있다고 해도, 이 컴퓨터는 사과를 먹어본 적도 없을 뿐더러 현실의 과일을 본 적조차 없다. 과연, 이런 상황에서 컴퓨터가 사과의 의미를 이해했다고 할 수 있을까?

15.3.3 기호 접지 문제

의미망뿐 아니라 말로써 말을 정의하는 데에도 한계가 있다. 인공지능 연구자인 데브 로이(Deb Roy)는 웹스터 사전에서 말이 갖는 모순적 정의에 대한 예를 들고 있다.[1] 웹스터 사전에는 'force'는 'energy or strenth'라고 정의되어 있고, 'strength'는 'the power to resist force'라고 정의하고 있다. strength를 이해하기 위해서는 force를 이해해야 하는데, force를 이해하기 위해 다시 strength를 이해해야 한다. 언어학자 스즈키 타카오(鈴木孝夫)도 이와나미 국어사전에서 이런 순환 정의에 대한 예를 들고 있다.[2] 이와나미 국어사전에서 '돌'은 '흙이나 나무보다 단단하며, 물에 가라앉고, 모래보다 크며, 바위보다 작은 덩어리'라고 정의되어 있으며, '모래'는 '매우 알갱이가 고운 돌'이고, '바위'는 '커다란 돌'이라 정의되어 있다. 돌을 이해하지 못하면 모래와 바위를 이해할 수 없는데, 돌을 이해하기 위해서는 모래와 바위에 대한 이해가 필요하다. 말의 의미를 말로써 정의하려 하면, 정의가 없는 말이 되거나 순환 정의에 빠지게 된다. 결국, 스스로가 갖는 기호의 의미는 사람이 그렇듯이 로봇도 자신의 감각을 통해서 이해할 수밖에 없다. 우리도 로봇도 자신이 가진 감각기관으로부터 얻은 정보 외에는 알 수 없으며, 운동 기관으로 가능한 동작만으로 외부 세계에서 활동해야 한다. 이것은 우리가 '인지적으로 닫혀' 있음을 의미한다. 기호 접지 문제를 해결하려면, 로봇이 세계를 어떻게 보고 있는지부터 시작하여 로봇이 스스로 개념을 획득해 나가는 과정을 고안해야 할 필요가 있다.

인공지능 연구의 여명기에는 개념이란 설계자가 로봇에게 부여하는 것이라 여겼다. 이를 위해 주어진 기호를 어떻게 실세계와 맞닿도록 할 것인지에 대한 문제가 발생하였

---

[1] D. Roy, Semiotic schemas: A framework for grounding language in action and perception, Artificial Intelligence, 167(2005) 170-205.

[2] 스즈키 타카오, 말과 문화(총서명: 이와나미 신서), 이와나미쇼텐, 1973.

고, 이 문제를 **기호 접지 문제**라 불렀다. 그러나 '인지적으로 닫혀' 있는 상황에서는 사람이나 로봇이 기호 시스템 자체를 어떻게 갖도록 할 것이냐가 다시 문제가 된다. 실제로 자율적인 인공지능을 만들고, 사람과의 커뮤니케이션을 실현했다고 하면, 기호 접지보다는 어떻게 로봇이 기호를 알아보고 획득하게 할 것인지에 대한 문제인 기호 창발적 관점이 필요할 것이다.

15.3.4 멀티모달 카테고리제이션

2010년대 들어, 로봇의 시각, 청각, 촉각 센서 같은 **멀티모달 정보**(multimodal information)로부터 로봇이 스스로 물체 개념을 획득할 수 있는 **멀티모달 카테고리제이션**(multimodal categorization)을 실현하기 위한 연구가 이루어지고 있다. 기술적으로는 이 책에서 소개한 클러스터링, 패턴 인식과 관련된 기술을 발전시킨 기술로 이를 구현해 나가고 있다.[3]

예를 들어, 로봇이 스스로 페트병을 쥐고 병이 얼마나 단단한지 크기는 얼마나 되는지에 대한 정보를 얻고, 여러 방향에서 페트병의 이미지를 카메라로 찍고, 흔들어 보면서 소리를 들어본 뒤, 이들 특징값을 이용하여 확률적인 클러스터링을 수행하여 물체 개념을 획득한다. 또, 이렇게 물체 개념을 획득한 로봇에게 '이것은 페트병이다'와 같이 말을 건넴으로써 서서히 로봇이 물체의 이름을 알도록 하는 **언어 획득**(language acquisition) 과정도 실현되고 있다.[4]

15.3.5 기호 창발 시스템

인공지능 연구에서 개념이나 말의 의미에 대한 논의는 단지 공학만이 관련된 문제가 아니다. 말의 의미란 실제로는 사회에서 결정되는 것이며, 각 개인의 인지 안에서 부여되는 것이기도 하다. 이 때문에 인지 과학, 사회학, 복잡계, 심리학, 언어학, 기호론 같은 학문 영역이 함께 논의해야 할 대상이다.

---

[3] Stanford CoreNLP, http://stanfordnlp.github.com/CoreNLP
[4] 타니구치 타다히로, 기호창발 로보틱스 지능의 메커니즘 입문(총서명: 고단샤 선서 메치에), 고단샤, 2014.

창발 시스템의 관점에서 보면, 사람이 기호를 사용하여 커뮤니케이션할 때, 각각의 개인은 **기호 창발 시스템(symbol emergence system)**의 구성 요소가 된다고 볼 수 있다. 나는 기호 창발 시스템을 아래와 같이 정의하였다.[5]

> 자율적 지능이 기호 과정을 맡을 만한 적응성을 충분히 갖게 되면, 기호론적 상호
> 작용을 통해 협조적으로 동작하는 하나의 시스템이 생겨나게 된다. 이렇게 개체가
> 학습 적응 과정을 갖추고 상향식(bottom-up)으로 창발하는 기호 시스템을 매개로하
> 여 동작하는 시스템을 기호 창발 시스템이라고 부른다.

기호 창발 시스템을 도입하면 '인지적인 닫힘'을 전제로 하면서 기호적 커뮤니케이션을 실현하기에 이르는 과정을 설명할 수 있게 된다. 이렇게 '인간의 언어가 갖는 의미'를 뒷받침하는 시스템 전체를 이해하고, 본래의 의미로 사람과 자연스러운 커뮤니케이션을 실현할 수 있는 인공지능을 만드는 것이 21세기의 큰 과제라고 할 것이다.

15.4 인공지능과 미래

15.4.1 구성론적 접근법

인공지능을 연구하거나 배우려 할 때 보이는 태도는 크게 두 가지로 나뉜다. 하나는 '지능을 가진 로봇을 만들고 싶다', '편리한 기계를 만들고 싶다', '인공지능 기술을 응용하여 흥미로운 웹 서비스를 만들고 싶다'처럼 응용을 위해 공학을 중시하는 태도다. 다른 하나는 '사람의 지능을 이해하고 싶다'거나 '지능이 어떤 구조를 갖는지 이해하고 싶다'와 같이 철학적이고 심리학적인 의미로 사람에 대한 이해를 중시하는 태도다. 후자의 경우 어디까지나 사람의 지능을 이해하는 것이 목적으로, 로봇을 만드는 것은 이 이해를 검토하기 위한 목적이 크다. 이렇게 무언가를 만드는 것을 통해 대상 시스템을 이해하려는 접근법을 **구성론적 접근법(constructive approach)**이라고 한다. 인공지능 연구는 공학의 연구 분야이자 구성론적 접근법을 통해 인간을 이해하려는 분야이기도 하다.

---

[5] 타니구치 타다히로, 커뮤니케이션하는 로봇을 만들 수 있을까? – 기호 창발 시스템에 대한 구성론적 접근법(총서명: 코무니스), NTT 출판, 2010.

15.4.2 자율적인 지능과 도구로서의 지능

이런 두 가지 태도 중에 어느 쪽에 더 많은 비중을 둘지는 연구자 혹은 학습자의 자유이다. 그러나 이러한 태도의 차이가 결과물로 만들어낸 인공지능에 대해 내리는 평가에도 영향을 미친다는 것을 알아 두어야 한다.

응용을 중시하는 연구에서는 편리하고 지능적인 도구인 로봇을 만드는 것이 목적이다. 그러므로 이 연구에서 만들어진 인공지능에 대한 '사람의 지능은 이런 계산을 통해 이뤄지는 것이 아니다' 같은 비판은 잘못된 비판이다. 또, 사람에 대한 이해를 중시하여 사람의 모형으로써의 지능을 목표로 하는 인공지능에 대해 '이 기술의 쓸모를 알 수 없다. 제품화가 안 되지 않나'라고 비판하는 것도 잘못된 비판이다.

두세 살짜리 유아는 놀라운 어휘 획득 능력과 운동 능력, 학습 능력을 갖지만 이들의 지능이 우리의 생활이나 업무에 '쓸모'가 있는가하면, 그렇지 않다. 그러나 자율적인 존재로써의 지능은 최신 기술을 모두 모아도 실현할 수 없는 부분이 있다. 자율적인 지능과 도구로서의 이용 가치가 있는 지능은 서로 다른 관점임을 이해할 필요가 있다.

15.4.3 앞으로의 길

인공지능의 연구는 매우 폭넓은 관련 분야를 갖는다. 예를 들어, 뇌 과학, 정보 이론, 신호 처리, 로봇 공학, 언어학, 심리학을 비롯하여 모두 손꼽기 어렵다. 경우에 따라 인공지능 연구의 일부로 취급되는 영역에도 머신러닝, 정보 추천, 이미지 인식, 음성 인식, 퍼지 이론, 인공 생명, 복잡계 등 수많은 인접 영역이 있다. 이 책은 인공지능의 개론으로서 학문적 접근점을 보여 주는 것이 목적으로, 이들 학문 분야 모두를 충분히 다룰 수는 없다. 이 책을 출발점으로 하여 경계를 뛰어넘어 배움을 지속하는 것이야말로 인공지능을 배우는 것의 본질이라고 생각한다.

인공지능 연구가 시작된 것은 20세기 중반이지만, 우리가 살아가는 21세기는 인공지능의 연구 개발에 있어 20세기와는 전혀 다른 환경에 처해 있다. 인터넷과 웹의 보급, 센서 가격의 하락과 함께 현실에서 사람의 지능이 다루는 것과 동등한 수준의 대규모 데이터를 얻을 수 있게 되었다. 또, 20세기에는 비싼 물건이었던 컴퓨터의 성능이 향상되어 거대한 메모리와 막대한 계산 자원을 매우 저렴한 가격으로 구할 수 있게 되었다. 20세기 위대한 인공지능 연구자들이 매우 절실하게 바랐을 규모의 계산 자원을 지금은 호주머니 속에 들어가는 스마트폰에도 갖출 수 있게 되었다.

소프트웨어 면에서도 통합적인 오픈 소스 지능 정보 처리 환경이 충실히 갖추어져 있다. 이미지 인식에 쓰이는 OpenCV[6], 음성 인식을 위한 Julius[7], 로봇을 위한 운영체제인 ROS[8] 등 다양한 소프트웨어를 무료로 사용할 수 있다. 이젠 대학생이라도 100만 원 정도의 예산으로 시각과 청각을 갖추고 방안을 이동하는 인공지능 로봇을 연구하고 개발할 수 있다. 그 다음은 지식과 기술을 갖추는 것만이 남았다.

그림 15.10 집으로 돌아가는 바퀴오리 2호

정리

- 인공지능에 대한 학습 및 연구에서 내리는 '가정'이 왜 중요한지 배웠다.
- 프로덕션 시스템의 개요를 배웠다.
- 포섭 구조와 수동 보행 기계, 인공 생명의 진화를 소개하고 지능에서 신체가 갖는 중요성을 배웠다.
- 의미망을 통해 기호의 의미를 정의하는 방법에 대해서 배웠다.
- '자율적인 지능'과 '도구로서의 지능'을 실현하는 인공지능 연구의 두 가지 방향성에 대하여 이해하였다.

※6 http://opencv.org/

※7 대규모 어휘 연속 음성 인식 엔진, http://julius.sourceforge.jp/

※8 http://wiki.ros.org

1. 구성론적 접근법에 대한 설명으로 가장 적절하지 않은 것을 고르시오.

   ❶ 사람의 지능을 이해하기 위해 로봇을 만든다.

   ❷ 사람이 할 수 있는 행동 중 어느 한 가지를 할 수 있는 프로그램을 만든다.

   ❸ 구성하는 것에만 관심을 갖는다. 사람의 지능과 인공지능의 관계성에 대해 생각하면 연구에 대한 태도가 순수하지 못하게 되므로 바람직하지 않다.

   ❹ 인공지능 연구에서만 취할 수 있는 접근법이 아니며, 다른 영역에서도 폭넓게 다루어지는 경우가 있다.

2. 프로덕션 시스템의 주요 구성 요소를 모두 설명하라.

3. 뇌, 신체, 환경의 상호작용으로부터 행동, 기능의 창발 사례로 가장 적절하지 않은 것을 고르시오.

   ❶ 프로덕션 시스템으로 문제를 해결

   ❷ 사람이 물체를 쥐는 동작

   ❸ 이족 보행 동작

   ❹ 강화 학습을 이용하여 일어서는 동작을 학습시키기

4. 컴퓨터 비전을 위한 오픈 소스 라이브러리인 OpenCV를 인터넷에서 다운받아 자신의 컴퓨터에서 동작시켜 보아라.

5. 오픈 소스인 대규모 어휘에 대한 연속 음성 인식 엔진 Julius를 인터넷에서 다운받아 자신의 컴퓨터에서 동작시켜 보아라.

6. 이 책에서 소개한 키워드 중 가장 흥미 있었던 것을 하나 고르라. 그 키워드와 관계된 책을 한 권 구하여 처음부터 끝까지 읽어라. 그 후에 그 책을 읽은 뒤 새롭게 얻게 된 지식에 대하여 설명하여라.

신경망 학습법에 대한 유도

이 부록에서는 3층 신경망에서 제곱 오차를 최소화하는 일반적인 경사 하강법을 통해, 신경망의 학습 방법을 유도하는 과정을 설명한다. 각각의 기호에 대한 정의는 본문의 정의를 따른다. 7번째에서 입력 벡터를 x_t, 정답 벡터를 o_t라고 하기로 한다. 이 부록에서는 가능한 한 행렬 표현을 써서 역전파법이 유도되는 과정을 설명하려고 한다.

먼저, 일반적인 경사 하강법을 적용한다.

$$E(W) = \sum_t \|o_t - f(x_t; W)\|^2 \tag{A.1}$$

$$W^* = \underset{W}{\arg\min} E(W) \tag{A.2}$$

$$\Delta W^K = -\eta \nabla_{W^K} E(W) \tag{A.3}$$

$$W^K \leftarrow W^K + \Delta W^K \tag{A.4}$$

이때, $W = \{W^I, W^H\}$이고, W^K는 W^I와 W^H 중 하나를 가리킨다. 그리고 W^I의 요소 w_{ji}^I에 대한 편미분은 합성 함수에 대한 미분의 연쇄 법칙에 따라 다음과 같이 된다.

$$\frac{\partial E}{\partial w_{ji}^I} = -2 \sum_t (W^H \frac{\partial \mathbf{sigmoid}(W^I x_t)}{\partial w_{ji}^I})^\top$$
$$\times (o_t - W^H \mathbf{sigmoid}(W^I x_t)) \tag{A.5}$$

$$= -2 \sum_t (W_{.j}^H x_{ti} \, \text{sigmoid}'(W_{j.}^I x_t))^\top$$
$$\times (o_t - W^H \, \mathbf{sigmoid}(W^I x_t)) \tag{A.6}$$

이때 $W_{j.}$는 W의 j번째 행에 해당하는 행벡터이고, $W_{.j}$는 j번째 열에 해당하는 열벡터다. 또, sigmoid'은 시그모이드 함수의 도함수다. 식 (A.5)에서 (A.6)로의 변형은 행렬을 요소로 바꾸어 써서 계산한 것이다. 직접 해 보기 바란다. 이 내용을 행렬 표현으로 바꾸면 $\frac{\partial E}{\partial W^I} = [\frac{\partial E}{\partial w_{ji}^I}]$이므로 다음과 같이 정리하여 쓸 수 있다.

$$\frac{\partial E}{\partial W^I} = -2 \sum_t \overbrace{\text{diag}(\mathbf{sigmoid}'(W^I x_t))(W^H)^\top (o_t - W^H \mathbf{sigmoid}(W^I x_t)}^{\delta_t^I}(x_t)^\top \tag{A.7}$$

$$\frac{\partial E}{\partial W^H} = -2 \sum_t \underbrace{(o_t - W^H \mathbf{sigmoid}(W^I x_t))}_{\delta_t^H} \underbrace{(\mathbf{sigmoid}(W^I x_t))^\top}_{z_t} \tag{A.8}$$

이때, $\text{diag}(v)$는 열벡터 v의 요소를 행렬의 대각선 요소에 늘어놓고 다른 성분을 0으로 한 행렬이다. $\mathbf{sigmoid}'$은 각 요소에 시그모이드 함수의 도함수를 거치게 하는 벡터값 함수다.

3층 이상의 신경망일 경우에 특히 역전파법이라는 해석이 유용해진다. 출력 층의 오차를 가중치를 이용하며 입력 방향으로 전파하여 기울기를 구할 수 있다는 것을 식 (A.8)에서 확인할 수 있다. 단계 t의 입출력 x_t, y_t에 대응하는 W^H, W^I의 기울기를 $\Delta W_t^H, \Delta W_t^I$ 라 하고, $\Delta W^H = \sum_t \Delta W_t^H$, $\Delta W^I = \sum_t \Delta W_t^I$라고 하면,

$$\Delta W_t^H \propto \delta_t^H \cdot (z_t)^\top \tag{A.9}$$

$$\Delta W_t^I \propto \delta_t^I \cdot (x_t)^\top \tag{A.10}$$

$$(\text{기울기}) \propto (\text{역전파되는 오차항}) \cdot (\text{입력항}) \tag{A.11}$$

이와 같다. 역전파되는 오차항은 아래 식과 같이 되어,

$$\delta_t^I = \text{diag}(\textbf{sigmoid}'(W^I x_t))(W^H)^\top \delta_t^H \tag{A.12}$$

역전파되는 층의 가중치 W^H와 시그모이드의 미분계수항 $\textbf{sigmoid}'(z_t)$를 곱하여 반대 방향으로 전파되는 형태가 된다. 이와 마찬가지로 역전파의 규칙은 3층 이상에서도 성립하므로 같은 식으로 역전파 계산을 수행하여, 임의의 층수 N을 갖는 신경망 학습을 수행할 수 있다.

신경망의 역전파법은 경사 하강법으로 제곱 오차를 최소화하는 방법을 사용하면 합성 함수의 미분에 대한 연쇄 법칙을 통해 자연스럽게 유도될 수 있다는 것이 이 부록의 요점이다.

APPENDIX

연습문제 정답

제1장

1. 1956년
2. 본문 참조
3. **센서 계통**: 360도 카메라, 고해상도 CCD 카메라, 지향성 마이크
   구동 계통: 옴니휠, 입 부분의 스피커

제2장

1.

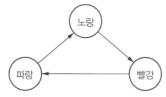

2. 깊이우선 탐색이 스택, 너비우선 탐색은 큐. 스택은 나중에 들어간 데이터가 먼저 나오는 후입선출(LIFO), 큐는 먼저 들어간 데이터가 먼저 나오는 선입선출(FIFO) 특징을 갖는다.
3. 각 칸에 대해 아무것도 없는 상태를 0, 인형이 있는 상태를 1, 상자가 있는 상태를 2, 상자 위에 인형이 있는 상태를 3이라고 할 때, 왼쪽부터 순서대로 숫자를 기술하여 상태를 레이블링한다. 이렇게 하면 과업의 목적은 300에서 003으로 상태를 이동하는 것이 된다. 깊이우선 탐색을 적용하면, 다음 표처럼 오픈 리스트와 클로즈드 리스트가 변하고, 300 → 210 → 012 → 102 → 003과 같은 경로가 탐색된다. 이때, 스택에 푸시할 때에는 레이블의 숫자를 뒤로 넣도록 우선순위를 부여했다.

단계	오픈 리스트	클로즈드 리스트
1	300	(비었음)
2	210, 201	300
3	012, 210	300, 210
4	102, 003, 201	300, 210, 012
5	003, 201	300, 210, 012, 102
6	201	300, 210, 012, 102, 003(목표 상태 도달)

4. 깊이우선 탐색

단계	오픈 리스트	클로즈드 리스트
1	S	(비었음)
2	A, B	S
3	C, D, B	S, A
4	D, B	S, A, C
5	B	S, A, C, D
6	(비었음)	S, A, C, D, B

너비우선 검색

단계	오픈 리스트	클로즈드 리스트
1	S	(비었음)
2	A, B	S
3	B, C, D	S, A
4	C, D	S, A, B
5	D	S, A, B, C
6	(비었음)	S, A, B, C, D

제3장

1. 깊이우선 탐색은 스택, 너비우선 탐색은 큐를 이용하여 오픈 리스트를 관리한다. 최적 탐색은 시작 지점부터 현재 상태까지의 비용에 대한 추정값 $\hat{g}(s)$를, 최상 탐색은 현재 상태로부터 목표 지점까지의 비용에 대한 추정값 $\hat{h}(s)$를 이용하며, A^* 알고리즘은 시작 지점부터 현재 위치를 지나 목표 지점까지 가는 비용에 대한 추정값 $\hat{f}(s)$를 이용하여 오픈 리스트 내의 상태를 정렬하여 관리한다.

2. 최적 탐색

단계	오픈 리스트
1	$S(10)$
2	$S_3(2)$
3	$S_4(5),\ S_7(5)$
4	$S_7(5),\ S_6(7),\ S_1(8)$
5	$S_8(6),\ S_6(7),\ S_9(7),\ S_1(8)$
6	$S_6(7),\ S_9(7),\ S_{10}(7),\ S_1(8),\ S_5(8)$
7	$S_9(7),\ S_{10}(7),\ S_1(8),\ S_5(8),\ S_2(9),\ G(12)$
8	$S_{10}(7),\ S_1(8),\ S_5(8),\ S_2(9),\ G(12)$
9	$S_1(8),\ S_5(8),\ S_2(9),\ G(12)$
10	$S_5(8),\ S_2(9),\ S_5(8),\ G(12)$
11	$S_2(9), G(12)$
12	$G(12)$
13	(비었음)

최고우선 탐색

단계	오픈 리스트
1	$S(10)$
2	$S_3(8)$
3	$S_4(5),\ S_7(5)$
4	$S_6(3),\ S_7(5),\ S_1(8)$
5	$G(0),\ S_2(5),\ S_7(5),\ S_1(8)$
6	$S_2(5),\ S_7(5),\ S_1(8)$

3. 모든 상태에 대해 $\hat{h}(s) \leq h(s)$를 만족하는 조건이다. 그림과 같은 그래프의 경우 $S \to B \to G$라는 잘못된 경로를 구하게 된다.

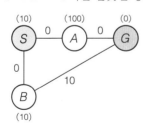

4. A* 알고리즘: $S \to A \to C \to E \to D \to G$
   최적 탐색: $S \to A \to C \to E \to D \to G$
   최고우선 탐색: $S \to B \to E \to G$

제4장

1. **❶**과 **❷**는 그림에 나온 것과 같다. **❸**은 선수가 평가값이 항상 음이므로 이길 수 없다.

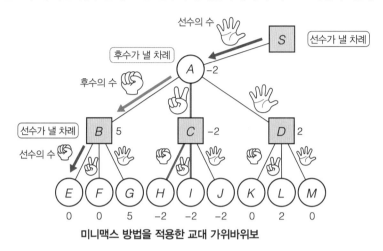

미니맥스 방법을 적용한 교대 가위바위보

❹에 대해서도 선수가 주먹을 낸 경우와 가위를 낸 경우로 나누어 전개해 보면, 가위를 낸 경우는 동점이 되는 것이 최선이라는 것을 알 수 있다. 따라서 선수는 첫 수를 고를 수 있다 해도 이 게임에서 이길 수 없다.

❺ 알파-베타 가지치기로는 α 가지치기를 하는 경우는 없으나, 노드 L과 노드 M이 β 가지치기의 대상이 된다.

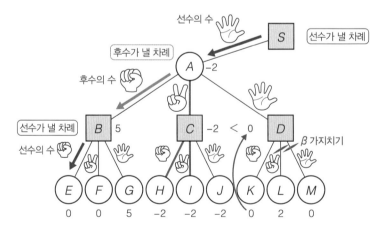

2. 지배 전략 균형은 각 플레이어가 상대의 전략이 어떻게 되든 상관없이 전략이 결정되는 지배 전략을 갖고 있고, 이를 선택함으로써 균형이 달성되는 상황이다. 이에 비하여 내쉬

균형은 내쉬 균형에서 다른 플레이어의 전략을 주어진 조건으로 하여 각 플레이어가 최적의 전략을 선택함으로써 균형이 달성된다.

3. 바퀴오리 2호가 먼저 위로 간 뒤, 적이 왼쪽으로 간 경우에만 주목하여 다른 행동으로 변화시킴으로써 이득이 감소되는 조건을 구하면 된다.

$$\text{바퀴오리 2호:} \quad C_W > D_W$$
$$\text{적:} \quad C_E > D_E$$

제5장

1. 모든 경로를 열거하며 탐색하는 경우의 계산량은 $O(N^T)$이 된다. 이에 비해 동적 계획법을 적용하면 $O(N^2 T)$가 된다.

2. sachet. 평가값은 18

3.

편집된 문자열

		x	s	a	l	m	o	N
문자열의 원형	x	**0**	1	2	3	4	5	6
	s	1	**0**	1	2	3	4	5
	o	2	1	**1**	2	3	3	4
	n	3	2	2	**2**	3	4	3
	n	4	3	3	3	**3**	4	4
	e	5	4	4	4	4	**4**	5
	t	6	5	5	5	5	5	**5**

4. 메모이제이션

제6장

1. ❶

2. ❶

3. ❶ $P(Y_2|X_2) = 1/20$
$$P(X_1) = 2/3$$
$$P(Y_1) = 3/4$$

❷ $P(X_1|Y_2) = 10/11$
$$P(X_2|Y_3) = 1$$

❸ 가죽 주머니

❹ 구슬의 종류 Y에 대한 득점을 $f(y)$라고 할 때, 아래와 같다.

$$E[f|X_1] = \sum_i f(Y_i)P(Y_i|X_1) = 1 \times \frac{15}{20} + 2 \times \frac{5}{20} = 1.25$$

4. $\partial A = \{Z,\ B,\ \lambda,\ X\}$

제7장

1. ❸

2. ❸

3. ❷

4. ❶ TD 오차는 다음과 같이 정의되므로

$$\delta_t = (r_{t+1} + \gamma \max_{a_{t+1} \in A} Q(s_{t+1}, a_{t+1})) - Q(s_t, a_t)$$

아래와 같다.

$$\delta_t = 4 + 0.9 \times 10 - 8 = 5$$

❷ $Q(s_t, a_t = 오른쪽)$을 $\alpha_t = 0.5 \times 5 = 2.5$만큼 증가시킨다.

제8장

1. ❷

2. ❶

3. 아래 그림처럼 된다. 소수점 두 자리까지 표기하였다.

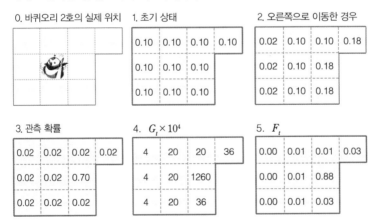

0. 바퀴오리 2호의 실제 위치

1. 초기 상태

0.10	0.10	0.10	0.10
0.10	0.10	0.10	
0.10	0.10	0.10	

2. 오른쪽으로 이동한 경우

0.02	0.10	0.10	0.18
0.02	0.10	0.18	
0.02	0.10	0.18	

3. 관측 확률

0.02	0.02	0.02	0.02
0.02	0.02	0.70	
0.02	0.02	0.02	

4. $G_t \times 10^4$

4	20	20	36
4	20	1260	
4	20	36	

5. F_t

0.00	0.01	0.01	0.03
0.00	0.01	0.88	
0.00	0.01	0.03	

4. 본문 참조

제9장

1. 10명의 표본에 기초하여 계산한 값이 몬테 카를로 방법으로 근사한 값이므로 50점이다.

2. ❶ 처음에는 무정보 상태이므로 모든 상태에 대해 1/4 확률로 존재한다. 나가는 확률만큼 들어오는 확률이 있으므로 1/4이 된다.
   ❷ 상태 천이 후 각 상태에 대한 존재 확률이 1/4이므로 여기에 관측 확률을 곱하면 다음과 같이 된다.

$$(G_t(A),\ G_t(B),\ G_t(C),\ G_t(D)) = (1/40,\ 1/20,\ 1/10,\ 1/40)$$

   따라서 $F_t(C)=1/2$가 된다.

3. 하나 이상 존재할 확률은 하나도 존재하지 않을 확률의 배반사건이므로 네 개의 입자가 모두 D로 오지 않은 확률을 계산한 뒤 1에서 이를 뺀다.

$$1 - (5/6)^4 = 1 - 625/1296 = 671/1296 \approx 0.52$$

4. 네 개의 입자를 A에 있는 것부터 순서대로 나열하면, 각각의 가중치는 $(1/10,\ 1/5,\ 2/5,\ 1/10)$ 이므로 리샘플링되는 확률은 다시 $(1/5,\ 1/5,\ 2/5,\ 0)$이 된다. 각각의 입자에 대한 리샘플링은 독립 사건이므로 첫 번째든 네 번째든 확률은 변하지 않는다. 따라서 리샘플링될 확률은 1/2이다.

제10장

1. ❸
2. ❹
3. ❷
4. ❹
5. ❹

제11장

1. 학습기의 파라미터는 a, b이다. xi가 입력되었을 때의 예측값은 $\hat{y}i = axi + b$이므로 데이터 단위의 제곱 오차 ei는 $ei = (yi - (axi + b))2$이 된다. 따라서 전체에 대한 제곱 오차 $E=\sum_i e_i$는 파라미터 a, b의 함수가 되며, 이번에 주어지는 네 개의 관측값을 (xi, yi) $(i \in \{1,\ 2,\ 3,\ 4\})$라고 하면,

$$E(a,b) = \sum_{i \in \{1,2,3,4\}} (y_i - ax_i - b)^2$$
$$= (2 - a - b)^2 + (4 - 2a - b)^2 + (5 - 3a - b)^2 + (7 - 4a - b)^2$$

이와 같이 된다. 최적의 a, b는 위의 제곱 오차가 최소가 되도록 하는 값이므로 E의 극값을 구하여 얻을 수 있다. 따라서 a, b에 대해 편미분을 취하면,

$$\frac{\partial E}{\partial a} = -2(2 - a - b) - 4(4 - 2a - b) - 6(5 - 3a - b) - 8(7 - 4a - b)$$
$$= -106 + 60a + 20b = 0$$
$$\frac{\partial E}{\partial b} = -2(2 - a - b) - 2(4 - 2a - b) - 2(5 - 3a - b) - 2(7 - 4a - b)$$
$$= -36 + 20a + 8b = 0$$

이를 정리하면 다음과 같다.

$$53 = 30a + 10b$$
$$9 = 5a + 2b$$

이 연립방정식을 풀면 $a = \frac{8}{5}$, $b = \frac{1}{2}$을 얻을 수 있다.

2. ❶

3. ❹

4. **예 1** 제품의 불량품 검사에 사용한다. 제품에 대한 체크 항목을 나이브 베이즈 모형의 출력값으로 삼고, 체크 항목 여러 개의 정보를 통합하여 불량인지 정상인지를 추정한다. **예 2** 인터넷 쇼핑몰의 방문자에게 어떤 부가서비스를 제공할 것인지를 판정하는 데 사용한다. 사용자 행동이 어떤 특징값을 갖고, 이를 나이브 베이즈 모형의 출력값으로 삼아 특징값 여러 개의 정보를 통합하여 사용자가 해당 부가서비스 제공을 원할 것인지 여부를 추정한다.

제12장

1. ❹

2. ❹

3. 생략

4. 생략

제13장

1. ❸

2. ❹

3. ❶

4. $\forall x[\{\neg P(x) \lor Q(x, f(x))\} \land \{\neg P(x) \lor R(x)\}]$

제14장

1. $P \lor \neg Q$

2. 술어 논리식은 술어 안에 변수를 갖기 때문에 완전히 일치하는 술어가 드물다. 단일화를 통해 두 개의 술어를 인자가 동일하도록 할 수 있으며, 이를 통해 도출을 적용할 수 있다. 도출이 가능하지 않으면 반박에 의한 증명은 불가능하므로 단일화는 술어 논리에서 반박에 의한 증명을 수행하는 데 매우 중요한 조작이다.

3. "지훈이는 무엇을 플레이하는가?"라는 질문은 다음과 같으며,

$$\exists x \, \text{play}(x, \text{JINYOUNG})$$

이의 부정은 다시

$$\forall x \neg \text{play}(x, \text{JINYOUNG})$$

이와 같다. 전제가 되는 지식 C_1, C_2와 결론의 부정인 $C_3 = \neg \text{play}(x, \text{JINYOUNG})$을 이용하여 반박에 의한 증명을 한다. C_2, C_3에 (POKER/x)와 같이 단일화를 한 뒤, 도출을 하면 NIL 절을 유도할 수 있다.

4. ❶ $\forall x (\neg U(x) \lor \neg M(x))$

   ❷ **전제 1** $\forall x (\neg H(x) \lor P(x) \lor S(x) \lor U(x))$

   전제 2 $\forall y (\neg S(y) \lor \neg M(y)) \land (\neg P(y) \lor \neg M(y))$

   전제 3 $\exists z (H(z) \land M(z))$

   ❸ 스콜렘 표준형으로 변형하고 나서 절 집합 형태로 바꾸면, 아래 그림과 같은 절 집합을 얻을 수 있다. 그림에서 보듯이 도출을 반복하지 않아도 NIL 절이 유도되어 증명이 끝난다.

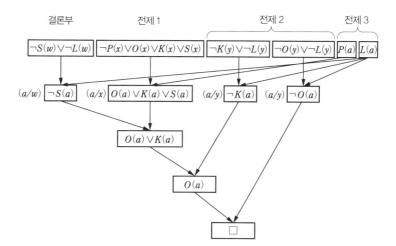

❹ **결론**: 사가이고, 호수가 있는 지역(현)이 존재한다.

　　전제 1: 요도 강이 흐르고 있다면 오사카 혹은 교토 혹은 사가이다.

　　전제 2: 교토 혹은 오사카라면 호수가 없다.

　　전제 3: 요도 강이 흐르고 호수가 있는 지역이 존재한다.

제15장

1. ❸
2. 작업 메모리, 인터프리터, 규칙 베이스
3. ❶
4. 생략
5. 생략
6. 생략

맺으며

재미있게 읽으셨나요? 이 책의 첫 페이지에서는 지도가 있어도 목표 지점까지 가지 못했던 바퀴오리 2호가 이제는 꽤 똑똑해졌습니다. 약간 능력치 인플레(inflation)인 감이 없잖아 있지만, 애니메이션의 주인공이 성장해 나가는 것처럼 즐겁게 지켜봐 주셨기를 바랍니다.

인공지능이라는 학문이 대상으로 하는 분야는 매우 넓어서, 혼자서 이 모든 것을 다루는 책을 쓰기는 쉽지 않습니다. 학계나 업계에서 꽤 경력이 쌓였으면 또 모르겠으나, 삼십대 언저리의 신임 교원이 이러한 주제로 교과서를 쓴다는 것은 분에 넘치는 것이 아닐까 하는 걱정이 집필하는 내내 중압감으로 다가왔습니다. 집필에 몰두했던 지난 반년 동안 위가 아파왔던 것도 한두 번이 아닙니다. 그런 상황에서도 어떻게든 이 책을 세상에 내놓을 수 있었던 것은 많은 선생님들의 도움 덕분입니다.

이 책을 마무리하면서 각각의 주제에 대해 수준 높은 전문성을 갖춘 분들이 원고를 읽어 주고, 문제점을 고쳐주거나, 개선을 위한 코멘트를 해 주었습니다. 아소 히데키 선생님, 코마치 마모루 선생님, 마키노 타카키 선생님, 우에다 류이치 선생님, 이시구로 카츠히코 선생님, 카와카미 코지 선생님, 아라토 히로키 선생님, 이시카와 류이치로 선생님, 타구치료 선생님, 오카다 히로유키 선생님, 마츠다 준이치 선생님, 이와바시 나오토 선생님, 타카노 토시아키 선생님, 오쿠켄타 선생님께 이 책의 전체 혹은 일부에 대해 많은 조언을 받았습니다. 바쁘신 중에도 사적인 시간을 할애해 준 모든 선생님께 진심으로 감사를 드립니다. 여러 선생님의 협력으로 훨씬 완성도 높은 책이 될 수 있었다고 생각합니다. 또, 각 장의 연습문제는 리츠메이칸대학 정보이공학부(Information

Systems Science and Engineering, ISSE) 창발시스템(emergent system) 연구실의 학생들이 검토해 주었습니다. 이 지면을 빌려 감사의 인사를 드립니다. 그럼에도 이 책에 아직 문제점이 남아 있다면, 그것은 전적으로 저의 불찰입니다. 양해를 바랍니다.

이 책을 쓰면서 고단샤 사이언티픽의 요코야마 신고 님에게 매우 큰 신세를 졌습니다. 또, 일러스트를 담당해 주신 미네기시 모모 님에게도 감사를 드립니다. 그녀가 저희 연구실에 와 주지 않았다면 바퀴오리 2호는 태어나지 못했을 것입니다. 또, 트위터에서 이 캐릭터의 이름을 모집했을 때, '바퀴오리 2호'라는 딱 맞는 이름을 제안해 준 카키모토 카즈키 군에게도 감사를 드립니다. 고맙습니다.

지방자치단체에는 마스코트 캐릭터가 너무 많다고 하지만, 인공지능 업계에는 아직 마스코트 캐릭터가 많지 않습니다. 아니, 거의 없죠. 이런 블루오션에 바퀴오리 2호가 앞으로 어떤 식으로 자리매김할지는 알 수 없지만, 바퀴오리 2호가 많이 사랑받아서 인공지능이라는 학문을 배우려는 사람이 늘어났으면 좋겠습니다.

이 책은 독자 한 분 한 분이 인공지능을 배우고, 만들고, 활용하기 위한 지식의 세계로 가기 위한 열쇠에 지나지 않습니다. 이 열쇠로 모험을 떠나기 위한 문을 열지 말지는 독자 여러분께 달려 있습니다. 여러분의 배움이라는 모험에 이 책이 조금이라도 도움이 된다면 좋겠습니다.

타니구치 타다히로

찾아보기